Peter Sloterdijk
Mein Frankreich

Suhrkamp

Zusammenstellung: Raimund Fellinger

suhrkamp taschenbuch 4297
Erste Auflage 2013
© dieser Zusammenstellung Suhrkamp Verlag Berlin 2013
Suhrkamp Taschenbuch Verlag
Alle Rechte vorbehalten, insbesondere das
der Übersetzung, des öffentlichen Vortrags sowie der Übertragung
durch Rundfunk und Fernsehen, auch einzelner Teile.
Kein Teil des Werkes darf in irgendeiner Form
(durch Fotografie, Mikrofilm oder andere Verfahren)
ohne schriftliche Genehmigung des Verlages reproduziert
oder unter Verwendung elektronischer Systeme
verarbeitet, vervielfältigt oder verbreitet werden.
Satz: TypoForum GmbH, Seelbach
Druck: CPI – Ebner & Spiegel, Ulm
Umschlag: Göllner, Michels, Zegarzewski
Umschlagfoto: Basso Cannarsa/Agence Opale
ISBN 978-3-518-46297-3

Mein Frankreich

Inhalt

Es gibt wenige Epochen in der Geschichte des Denkens, die den Zeitgenossen so fremd geworden sind wie jenes 17. Jahrhundert, das von den Geschichtsbüchern als Gründerzeit der neuzeitlichen Philosophie dargestellt zu werden pflegt. In der Tat ist es für die Spätergeborenen und Späterdenkenden kaum noch möglich, sich in eine Zeit zu versetzen, in der Gestalten wie Francis Bacon, René Descartes und Thomas Hobbes Neue Philosophen waren. Geblendet von der Geschichtsmächtigkeit der Impulse, die sich mit dem Namen dieser Größen verbunden haben, will es uns kaum gelingen, mit unbefangenem Blick in die Epoche zurückzugehen, in der das, was man später das Projekt der Moderne zu nennen beliebte, kaum mehr war als ein animierter Briefwechsel zwischen einigen Dutzend Korrespondenten.

Die optischen Täuschungen der Historie lassen das, was anfangs nur eine anspruchsvolle Vorahnung vom inneren Zusammenhang zwischen Macht und Methode war, als Aufbruch ins Zeitalter der technologischen Machtergreifung erscheinen. Zu den Merkwürdigkeiten jenes 17. Jahrhunderts gehört auch die halbmythische Qualität seiner eminenten Autoren; ihnen wurden ihre Versuche als Grundlegungen und ihre Programme als Epocheneinschnitte angerechnet. Dieser mythologische Habitus wurde von den konservativen Feinden der Neuzeit bald eifrig übernommen, so daß der Name Descartes' zum Symbol für die frivole Abweichung einer allzu selbstbewußten Menschheit von der gottgewollten Ordnung der Dinge werden konnte. Nicht umsonst hat die Restauration des 19. Jahrhunderts Descartes – dessen Werke seit 1663 auf dem Index der katholischen Kirche standen – zu den ferneren Vätern der Französischen Revolution rechnen wollen, als wären es von der Grundlegung des Denkens im Prinzip des

Cogito bis zur Auflösung aller Dinge nur zwei oder drei Schritte. Descartes' Welt freilich ist nicht die der bürgerlichen Revolution, sondern die der Konfessionskriege. Das Pathos, mit dem er in seinen Grundlegungsschriften die Unterscheidung von Gewißheiten und Wahrscheinlichkeiten betrieb, war auch gespeist vom Anschauungsunterricht, den der religiöse Bürgerkrieg den Zeitgenossen lieferte. Denn was war der Dreißigjährige Krieg der Konfessionsparteien (der ganz in Descartes' wache Lebenszeit fiel) anderes als der Kampf der bloßen Wahrscheinlichkeiten, die aus den theologischen Seminaren auf die Schlachtfelder gesprungen waren?

Gegen diese Waffendienste des Wahrscheinlichkeitsfanatismus setzte Descartes sein Bekenntnis zur absoluten Evidenz und zur sicheren und friedlichen Gangart seiner Methode. Wo Methode und Evidenz die Oberhand gewonnen hatten, dort müßten – wie der Philosoph zu verstehen gab – bewaffneter Glaubenseifer und Positionsanmaßung das Feld räumen, und was nach dem Ende des Krieges der Ungenauigkeiten zurückbliebe, könnte idealiter nichts anderes sein als das friedliche Vorrücken aller wahrheitsliebenden Geister auf den sichergemachten Straßen regulierter und verbindender Vernunft: Descartes' große Idee war es, das Denken in einen streitlosen Raum zu versetzen.

Es gibt in der Geschichte des Denkens wohl keinen zweiten Autor, bei dem das Wort Methode mit soviel Verheißungen beladen wurde wie bei Descartes. In den Obertönen des neuen Präzisionsgedankens klingen pazifistische Schwingungen deutlich vernehmbar mit; er steht für Selbstsicherheit und Solidarität, Großzügigkeit und Unternehmungsgeist in einem. In seinem Begriff von Methode hat Descartes seine Absage an den dogmatischen Ballast der aristotelischen Universitäten allgemein bekannt gemacht. Elegant und antiautoritär wies die cartesische Reflexion die Ansprüche der Tradition und ihrer Professoren zurück: Wer die Kraft hat, neu zu beginnen, muß keine Dialoge mit den Toten mehr führen; wer die neue Seite aufschlägt, ist vom Gespräch mit der Geschichte fürs erste befreit. Bei solcher Gesinnung fand der neue Philosoph keinen Geschmack mehr an den Argumentationsturnieren einer ohnmächtigen und selbstbezüglichen Sorbonnekultur, die längst den Zusammenhang mit den Künsten, den Werkstätten und den Konturen verloren hatte. Mit dem Wort Methode stieß Descartes die Fenster zur Gegenwart auf, und es erwies sich, daß dies eine Zeit war, in der das erstarkte menschliche Können danach verlangte, auf eine neue logische und moralische Grundlage gestellt zu werden. Es war, als habe Descartes damit neben dem alten Blut- und Schwert-Adel und der jüngeren *noblesse de robe* einen eigenständigen Methoden-Adel geschaffen, der seine Mitglieder in allen Schichten rekrutierte, sofern seine Angehörigen den Eid auf Klarheit und Deutlichkeit zu leisten bereit waren. An dem anti-feudalen Charakter dieser Gruppe von neuen Könnenden bestand von Anfang an kein Zweifel. Auch wenn der philosophierende Edelmann Descartes nie einen Zweifel an seinem doppelten Adelsbewußtsein aufkommen ließ, dem ererbten und dem selbst geschaffenen, so erkannten doch die nachfolgenden Generationen bürgerlicher Intelligenz in ihm ihren natürlichen Verbündeten. Aus dem cartesischen Kompetenz-Adel entstand jene Klasse der vorurteilslos selbst denkenden Geister, die von der frühen Neuzeit an das kritische Ferment der europäischen Intelligenz gebildet haben. Noch heute beruft sich, nicht ganz ohne Grund, der Mythos vom rationalistischen Nationalcharakter der Franzosen auf die cartesianischen Privilegien der Deutlichkeit.

Das theoriegeschichtliche Ereignis Descartes bezeichnet eine radikale Währungsreform der Vernunft. In einer Epoche galoppierender Diskurs-Inflation – ausgelöst durch hemmungslose allegorische Mechanismen und Wucherungen der Theologensprachspiele – hat Descartes ein neues Wertkriterium für sinnvolle Reden geschaffen, aufgebaut auf dem Goldstandard der Evidenz. Die notwendige Knappheit dieses Werts ergibt sich aus der Bedingung, daß aus wahren Sätzen immer einerseits gute Gesinnungen, andererseits nützliche Maschinen folgen müssen. »Keinem nützen heißt soviel wie nichts wert sein«, wird der Verfasser des *Discours de la méthode* erklären.

Wenn der Name Descartes' durch Epochen hindurch umstritten blieb, dann vor allem deswegen, weil er wie kaum ein anderer den Sieg der Ingenieure gegen die Theologen symbolisiert. Er hat einem Denken den Weg geebnet, das sich vorbehaltlos öffnet für die Epochenaufgabe: Maschinenbau. Die nicht-maschinenbauenden Formen der Intelligenz fühlen sich daher zu Recht durch die cartesischen Impulse entwertet oder desavouiert. Als Schöpfer des analytischen Mythos hat Descartes gleichsam die Metaphysik des Maschinenbaus geschaffen, indem er alles Seiende in einfache kleinste Teile zu zerlegen begann und die Regeln bekanntzumachen suchte, die deren Zusammensetzungen regieren. Indem er das Denken ganz auf das Hin und Her von Analysis und Synthesis verpflichtete, machte er die Vernunft selbst ingenieursförmig und nahm die alte kontemplative Muße von ihr. Nun werden Gedanken zu verinnerlichten Formen von Arbeit, und das Leben des Geistes selbst wird auf den Weg gebracht zur Herstellung nützlicher Dinge. Gleichwohl wäre es falsch, zu glauben, Descartes' mechanistische Grundüberzeugung habe zu einem Bruch mit der theologischen Überlieferung führen müssen. Gerade beim methodischen Neubeginn des wissenschaftlichen Denkens erweist sich das Fundieren als die eigentlich metaphysische Tätigkeit. Weil aber im großen philosophischen Rationalismus nur Gott das Fundament der Fundamente liefern kann, bleibt die moderne Philosophie cartesischen Typs charakteristisch in der Schwebe zwischen Theologie und Maschinentheorie. Nicht umsonst haben die großen Systemarchitekten des Deutschen Idealismus in Descartes ihren Vorgänger

gefeiert. Für sie war wie für den großen Franzosen das Grund-
legen die Frömmigkeit des Denkens. Daß nun aber Bewußtsein in die Funktion des Grundlegenden gebracht worden
war, das machte die Modernität des transzendentalen Ansatzes aus. Erst mit der Auflösung der bewußtseinsphilosophi-
schen Grundstellung im 20. Jahrhundert ist das cartesische
Universum ganz historisch geworden. Descartes' Werk bleibt
aktuell als Zeugnis für jene Verschränkung von Wissenschaft
und Besinnung, die heute mehr denn je dem philosophischen
Denken seine prekäre Würde verleiht.

Pascal

Wer durch Autoren wie Goethe und Nietzsche erzogen worden ist zu einem Denken in Wahlverwandtschaften und Wahlfeindschaften über Epochen hinweg, für den präsentiert sich die Pascal-Renaissance des 20. Jahrhunderts als eines der stimmigsten Rezeptionsereignisse der jüngeren Geistesgeschichte. Vom Naheliegenden zum Notwendigen ist es nur ein Schritt, und es konnte nicht ausbleiben, daß die Denker des christlichen wie des nicht-christlichen Existentialismus während der ersten Hälfte unseres Jahrhunderts in Pascal die verwandte Seele witterten. Haben seine Verstimmungen nicht die unserer Zeit vorweggenommen? War seine Melancholie nicht auch schon die einer aufklärungsmüden späteren Moderne? War seine Rede über den Menschen nicht schon kongenial mit der Selbsterfahrung einer Zivilisation, die in diesem Jahrhundert wie in keinem zuvor die Menschen das Fürchten gelehrt hatte: vor sich selbst wie vor der Entartung ihrer hochzielenden Projekte?

Wenn Pascal in einer unvergeßlichen Prägung vom Menschen als einem denkenden Schilfrohr sprach – wer hätte dies nicht als Emblem für unsere neuerlebte Zerbrechlichkeit verstehen müssen? Und wenn er vom Menschen handelte als einem entmachteten König, wer hätte nicht an die soziopolitischen Großprojekte unserer Zeit gedacht und an das Ende der demiurgischen Überspannungen? Zu den Charaktermasken unserer Zeit gehören der entthronte Geschichte-Macher und der bloßgestellte Phyturg (Naturschöpfer) – zwei Figuren, die wie aus Pascals anthropologischen Sentenzen entstiegen scheinen. Pascals erstaunliche Zugänglichkeit – zumindest in manchen Partien seines Werks – läßt sich aber nicht nur darauf zurückführen, daß dessen protoexistentialistische Töne projektive Aneignungen durch spätere Wahlverwandte leichtmachen mußten.

Pascal kommt auch ins Blickfeld radikaler revisionistischer Interessen, denen es darum zu tun ist, das Gesamtverhängnis der platonisch-christlichen Ideengeschichte von vitalistischen oder subjekt-kritischen Grundstellungen aus dekonstruktiv zu überdenken. Nietzsche hat vorgemacht, wie dieses wahlfeindschaftliche Verhältnis gerade vor den Größten der alten Welt nicht haltmacht: Mit einer Kraft zur Vergegenwärtigung, die an Gewaltsamkeit grenzt, hat der Erzdekonstruktivist Nietzsche die Gründer der moralisierten metaphysischen Weltanschauung, Sokrates, Paulus und Augustinus, auf einem überepochalen Kampfplatz zum Duell gefordert. In diesem Kampf der Titanen wird Pascal als Mitkombattant aufgerufen, weil Nietzsche in ihm die höchste Wiederverkörperung des augustinischen Genies auf neuzeitlichem Boden wahrnimmt. Pascal repräsentiert wie sein großer Vorgänger einen Typus von Intelligenz, der stolz genug ist, um für Demütigungen zugänglich zu sein. Erst von einer gewissen Höhe des Anspruchs an wird der Geist anfällig für die Erfahrung des Scheiterns an sich selbst. Von augustinischen Einsichten in die menschliche Gebrochenheit inspiriert, hat Pascal mit einer Neuvermessung des Umfangs von menschlicher Größe und menschlichem Elend begonnen. Nicht nur hat er hierbei die bis in aktuelle Diskurskonstellationen lebendige Korrelation von Erkenntnis und Interesse ursprünglich aufgedeckt, sondern er hat auch die Dialektik von Könnenssteigerung und anschwellender Ohnmachtserfahrung klassisch exponiert. Er ist hierin, tiefer und diskreter als Descartes, zum Ahnherrn der Moderne geworden. Aber während Descartes seine Leser eher in morgendlicher Stimmung und in programmatischen Aufbrüchen anspricht, ist Pascal ein Autor für nächtliche Lektüren und ein Komplize unserer intim gebrochenen Nach-Gedanken.

Nietzsches hingezogene Aversion gegen den melancholischen christlichen Mathematiker stellt den Stärken dieses Autors ein so beredtes wie (in Grenzen) gerechtes Zeugnis aus. An Pascal entdeckt Nietzsche, was bei einem geistigen Menschen am höchsten zu schätzen ist: jenen Sinn für intellektuelle Redlichkeit, der sich auch gegen die eigenen Interessen zu wenden vermag: *fiat veritas, pereat mundus*. Doch er bemerkt an ihm zugleich, worin er die größte Gefahr erkennt: die Neigung zum Miserabilismus und zum Sich-sinken-Lassen in eine affirmative Schwäche. Will der Nicht-Christ vom paradoxen Christen sich belehren lassen, dann vor allem dort, wo dieser sein letztes Wort über die *condition humaine* ausspricht: Hat nicht tatsächlich Pascal Nietzsches Theorem vom Willen zur Macht mit seiner Rede vom *désir de dominer* im 14. Provinzialbrief vorweggenommen?

Wenn es aber darum geht, für den Menschen der Zukunft die Möglichkeiten einer metaphysisch unvergifteten Selbstliebe zurückzugewinnen, dann ist Pascal kein Alliierter, sondern ein lehrreicher und schätzenswerter Gegner. Ein unverzichtbarer Verbündeter bleibt er für alle, die das Selbstverstehen der Selbstliebe vorangehen lassen wollen. Mit fast archaischer Heftigkeit verkörpert Pascal den Grundkonflikt der neuzeitlichen Welt: den Widerspruch zwischen dem operativen und dem meditativen Geist. Könnte das moderne Wissenschaftssystem so etwas wie Gewissen haben, Pascal müßte sein schlechtes Gewissen sein, denn sein Werk bezeugt, wie der scharfe und der tiefe Sinn vereint sein konnten. Zusammen mit Thomas Hobbes, mit Jean Baptiste Racine, mit John Milton steht Pascal als dunkle, von Bedenken zerklüftete Portalfigur am Eingang zur modernen Welt. Die Schatten seiner Nachdenklichkeit hatten Zeit, über die Nachgeborenen zu fallen. Seine Paradoxe haben der französischen Literatur bis in die Gegenwart ihr Zeichen aufgeprägt; wenn noch Sartre darauf beharrte, sich zu mißfallen, um sich vom eigenen trägen Sosein loszureißen, oder wenn Michel Leiris sich zu dem Glück bekannte, sein Unglück auszusprechen, so bewegen sich solche Äußerungen und Haltungen in einem Raum, den

Pascals generöse Dialektik mitgeschaffen hat. Wäre die Geistesgeschichte der letzten Jahrhunderte ein Bericht von den Konjunkturen des Absurden: Pascals Platz in ihr wäre für immer gesichert. Er ist der Erste unter den philosophischen Sekretären der modernen Verzweiflung.

Jean-Jacques Rousseau

Die zweite Urszene in der Entfaltung des europäischen Freiheitsbegriffs spielt auf Schweizer Boden, und zwar im Herbst 1765. Durch ihren einzigen Zeugen, der zugleich die Hauptperson im Geschehen darstellt, besitzen wir von ihr eine relativ ausführliche Kenntnis. Längst hatte die Schweiz zu dieser Zeit eine Schlüsselrolle in der Geschichte des erneuerten republikanischen Freiheitsgedankens inne, doch sollte sie, wie gleich zu zeigen ist, eine ebenso bedeutende Rolle in der zu jenem Zeitpunkt an Fahrt aufnehmenden Geschichte der modernen Subjektivität erhalten. Der Held der Geschichte ist niemand anderes als der aus Genf gebürtige Jean-Jacques Rousseau, in jenem Jahr dreiundfünfzig Jahre alt, ein Mann auf der Flucht. Seit seinem vierzigsten Lebensjahr eine europäische Berühmtheit, nachdem er im Jahr 1750 den Preis der Lyoner Akademie gewonnen hatte, war er zu Anfang der sechziger Jahre – nach Veröffentlichung von Erfolgsbüchern wie *Julie oder die Neue Héloïse* (1761) (nahezu einhundert Auflagen bis 1800), dem *Contrat social* (1762) und dem *Émile* (1762) – in den Rang einer Skandalperson aufgestiegen. In heutiger Terminologie würde man sagen: Er hatte die Beförderung vom Star zum Superstar geschafft. Insbesondere hatte das faszinierendste Stück aus dem *Émile*, das »Glaubensbekenntnis des savoyardischen Vikars«, das als Manifest einer pantheistischen Herzensreligion gelesen wurde, dem Verfasser die Feindschaft des hohen Klerus von Paris und die des Genfer Establishments eingebracht; es waren Haftbefehle ergangen und Aufenthaltsgenehmigungen widerrufen worden. In der Nacht vom 6. auf den 7. September 1765 bewarf anonymer Pöbel das Wohnhaus Rousseaus in Môtiers im damals preußischen Kanton Neuchâtel mit Steinen – ein Ereignis, das der Autor noch zwölf Jahre später als »Steinigung« (*lapidation*) beschrieb.[1] Erstaunlicherweise kam ihm nie in den Sinn, diese Angriffe durch sein eigenes Auftreten provoziert zu haben, hatte er sich in Môtiers doch im Kostüm eines reisenden Armeniers, mit schlafrockartigem Kaftan und kecker Pelzmütze, präsentiert. Das erinnert an andere Medienstars des letzten Jahrhunderts und auch der Gegenwart, denen jede Verkleidung recht ist, um ihre Andersheit hervorzukehren. Man kann wohl resümierend sagen, Rousseau hat die Gesetze moderner Prominenz nie begriffen. Ein Ehrenplatz in der Geschichte der beginnenden Massenkultur kommt ihm dennoch zu. Er war nicht der erste Weltberühmte, der seine Laufbahn in Verbitterung beschloß. Ein noch größerer Ehrenplatz gebührt ihm in der Geschichte der Psychologie: Er war der Kronzeuge der Erkenntnis, daß es Paranoiker gibt, die wirklich verfolgt werden.

In seiner bedrängten Lage faßte Rousseau den Entschluß, sich gemeinsam mit seiner ihm unentbehrlichen, ihn tyrannisch bewundernden Lebensgefährtin Marie-Thérèse Le Vasseur auf eine fast menschenleere Insel inmitten des Bieler Sees zurückzuziehen. Fleißige Biographen haben die Daten seines Aufenthalts auf der Île St. Pierre vom 12. September bis zum 25. Oktober 1765 präzise ermittelt – die Insel wurde schon bald zu einem Wallfahrtsort der Rousseau-Verehrung. Diese Tage sind ideengeschichtlich von hoher Bedeutung, weil sich an ihnen so etwas wie der Urknall der modernen Subjektivitätspoesie ereignete, die unmittelbar in Freiheitsphilosophie überging – sofern man dem Bericht des Autors in den *Träumereien eines einsamen Spaziergängers* von 1776/77 Glauben schenken darf. Den Ausdruck Urknall muß ich allerdings sofort zurücknehmen, da es sich in Wahrheit nicht um ein explosives, sondern um ein fast unmerkliches Geschehen von eher

---

1 Jean-Jacques Rousseau, Träumereien eines einsamen Spaziergängers, Stuttgart 2003, S. 84. Vgl. auch Les Confessions, 12. Buch.

implosivem oder kontemplativem Charakter handelte. Rousseau hat die Szene in dem legendären *Fünften Spaziergang* der *Träumereien* anschaulich wiedergegeben. An manchen sonnigen Herbsttagen war der verfolgte Autor, inzwischen zur Ruhe gekommen und vom Charme der stillen Insel bezaubert, mit einem Ruderboot auf den See hinausgefahren. Irgendwo weit draußen ließ er die Ruder sinken und legte sich rücklings auf den Boden des Boots, um sich seiner liebsten Beschäftigung hinzugeben. Er überließ sich einem inneren Driften, das der Autor mit dem Wort *rêverie*, Träumerei, umschrieb. Man könnte dieses seelische Fließen, das an keinem Thema haftet, auch als ungegenständliche Meditation bezeichnen – im europäischen, nicht im fernöstlichen Sinn des Ausdrucks. Rousseau sagt selbst, mitunter habe er sich stundenlang treiben lassen, dabei sei er in Träumereien versunken, die keinen eigentlichen Gegenstand hatten und ihm doch hundertmal süßer waren als alles, was man gemeinhin die Freuden des Lebens nennt.[2] Des öfteren näherte er sich dem Punkt, an dem er bereit war zu sagen: »Ich wollte, dieser Augenblick währte für immer.« In seinem absichtslosen Driften entdeckte er die reine psychische Dauer, in der die gewöhnliche ablaufende Zeit mit ihren Erinnerungen und Vorwegnahmen verschwindet, um einer strömenden Sukzession von Jetzt-Momenten Platz zu machen, die durch keinen Mangel korrumpiert und durch keine Vorstellung von Abwesendem gestört werden.

Es lohnt sich, dem Autor das Wort zu geben, um von ihm zu hören, wie er seine Selbstentdeckung auf der Schwelle zwischen Selbstverlust und Selbstinbesitznahme kommentiert. Es gelingen ihm hierbei kühne Verallgemeinerungen, die für die Geschichte der modernen Subjektivität und *eo ipso* die der modernen Freiheitstendenzen bedeutsam werden sollten.

»Was eigentlich genießen wir in solcher Lage? Nichts, was

2 Jean-Jacques Rousseau, Träumereien, a.a.O., S. 88.

dem eigenen Selbst äußerlich wäre, nichts außer sich selbst und die eigene Existenz. Solange dieser Zustand anhält, genügt man sich selbst wie Gott. Das Existenzgefühl als solches, von allen anderen Affekten entkleidet, ist durch sich selbst ein wertvolles Empfinden von Frieden und Zufriedenheit, und bereits dies allein würde genügen, diese Existenz demjenigen lieb und teuer zu machen, dem es gelänge, die sinnlichen und irdischen Eindrücke fernzuhalten, die uns sonst unablässig von ihr abziehen.«[3]

Der heutige Leser hat wahrscheinlich Mühe, die stille Sensation nachzuvollziehen, die sich in diesen Zeilen manifestiert. Den Zeitgenossen blieb sie nicht verborgen. Sie vermitteln nicht weniger als das Debüt eines Begriffs von Existenz, in dem das moderne Individuum auf die Bühne tritt. Dieses Individuum stellt sich zugleich als ein neues Subjekt der Freiheit vor. An dieser Urszene des Existenz-Denkens ist abzulesen: Die junge Freiheit von 1765 ist noch keine Freiheit für Unternehmer, für Entdecker und Autoren. Ausdrücklich betont der Autor, er habe *in situ* von der Lizenz zur literarischen Aussprache des eigenen Inneren zunächst nichts wissen wollen. (Rousseau beteuert später, er habe auf der Île St. Pierre nicht einmal eigenes Schreibzeug besessen, so daß er, wenn es doch einmal etwas zu notieren gab, die Feder des Inselpächters ausleihen mußte; allzugern habe er das Schreiben über dem träumerischen Bei-sich-Sein vergessen.) Sie ist die Freiheit eines Träumers im Wachzustand. Das diskret Sensationelle von Rousseaus *Fünftem Spaziergang* zeigt sich darin, daß hier vermutlich zum ersten Mal auf europäischem Boden eine Freiheitserfahrung zum Ausdruck kommt, bei der das Subjekt der Freiheit sich ausschließlich auf seine gespürte Existenz beruft, jenseits aller Leistungen und Verpflichtungen, auch jenseits möglicher An-

---

3 Jean-Jacques Rousseau, Les rêveries du promeneur solitaire, Paris 2010, S. 97 f., eigene Übersetzung.

sprüche auf Anerkennung durch andere. Der Autor behauptet nicht, er sei Gott nahe gewesen oder in den dritten Himmel entrückt worden. Das erste Wort des Subjekts ist eine Selbstanzeige. In dieser gibt es bekannt, daß es sich in einer Ekstase des Bei-sich-Seins selbst entdeckt hat – und daß es darüber hinaus nichts zu sagen hat. Indem es das Gefühl der puren Existenz erfährt, glaubt es, einen souveränen Seinstitel erworben zu haben.

Um diese Beobachtungen in bei Hegel entliehene Ausdrücke zu übersetzen, könnte man sagen: Inmitten des weltweit herrschenden unglücklichen Bewußtseins (das Stoikern, Buddhisten, Juden, Christen, Muslims, Sozialisten, Entwicklern, Therapeuten und Konsultanten Arbeit gibt) entdeckt Rousseau – obschon episodisch doch exemplarisch – einen zeitgenössischen Zugang zu einem glücklichen Bewußtsein. In diesem Moment nimmt der Begriff Freiheit unwillkürlich eine neue Bedeutung an – eine Bedeutung, die allem widerspricht, was je zuvor mit diesem Begriff verbunden wurde (Freiheit als Recht auf Unbehelligtsein von Willkürherrschaft, als Rechtsgenossenschaft in der *polis*, als individuelle Autarkie, als Kultfreiheit, als Herrenprivileg, als Freiheit des Christenmenschen usw.). Er bezeichnet einen Zustand erlesener Unbrauchbarkeit, in dem der einzelne ganz bei sich ist, und zugleich weitgehend losgelöst von seiner alltäglichen Identität. In der Freiheit der *rêverie* ist der einzelne von der »Gesellschaft« weit abgerückt, doch auch losgelöst von der eigenen, ins soziale Gewebe verstrickten Person. Er läßt beides hinter sich, die Welt der kollektiven Sorgenthemen und sich selbst als Teil von dieser. Frei ist demnach, wem die Eroberung der Sorglosigkeit gelang. Freiheit im aktuellsten Sinn erfährt, wer eine sublime Arbeitslosigkeit in seinem Inneren entdeckt – ohne sich gleich bei einer Vermittlungsagentur zu melden. Wahrhaft frei dürfte sich künftig nur nennen, wem die Zuwendung zu sich selbst in der Weise gelingt, daß die Quelle des Gefühls der Existenz in ihm zu strömen beginnt – nicht im Modus der Langeweile wie bei Heidegger, nicht im Modus des Ekels wie bei Sartre, sondern mit der Klangfarbe einer leisen Euphorie, die eine ungegenständliche Bejahung der Gesamtlage vor jeder artikulierten Zustimmung zu diesem und jenem manifestiert. Das Entscheidende an diesen Entdeckungen ist das Fehlen jedes Bezugs auf Leistungen. Das Subjekt des *Fünften Spaziergangs* ist weder ein Erkenntnissubjekt noch ein Willenssubjekt, noch ein Unternehmenssubjekt, noch ein politisches Subjekt. Es ist nicht einmal ein künstlerisches Subjekt. Es hat nichts zu sagen, es hat keine Meinung, es drückt sich nicht aus, es hat kein Projekt. Es ist weder kreativ noch progressiv, noch gutwillig. Seine neue Freiheit zeigt sich in seiner ekstatischen Unbrauchbarkeit zu allem. Der freie Mensch nach Rousseau macht die Entdeckung, daß er der unnützeste Mensch der Welt ist – und er findet das vollkommen in Ordnung.

Mme de Warens hielt sich in Les Charmettes bei Chambéry ab 1737 neben dem jungen Rousseau einen zweiten Liebhaber, einen gewissen Wintzenried, den die Literatur sehr zu Recht als ihr Fucktotum bezeichnet. Man könnte sich fragen, wieso Rousseaus Paranoia nicht schon während seiner unfreiwilligen Beteiligung an dieser ménage à trois zum Ausbruch gelangte. Vermutlich hat der freimütige Umgang der Dame mit der prekären Situation bewirkt, daß Rousseau sich nur zurückgesetzt, nicht hintergangen fühlte. Zudem war er zu jener Zeit noch ein Niemand, und Niemande sind vor Verfolgung besser geschützt als etablierte Persönlichkeiten. Rousseau mußte ein berühmter Jemand werden, um wahnsinnig werden zu können.

Ob es eine altersbedingte Abrüstung von Aversionen ist oder eine Wirkung meiner wiederholten Lektüre der *Rêveries*, deren listige Genialität sich nur nach und nach erschließt: ich beobachte jedenfalls, wie der Anti-Rousseau-Affekt bei mir sich allmählich abschwächt. Obwohl es keinen Grund gibt, die Reserven hinsichtlich seiner Person und die Anklagen gegen seine fatalen Wirkungen zu widerrufen, erscheint er als Autor heute weniger abstoßend als früher, und wäre es auch nur, weil ich mit schwindendem Widerwillen zugebe, daß Kant und Goethe, die beide Rousseau verehrten, unmöglich ganz ins Leere gegriffen haben können. An Rousseau ist Goethe aufgegangen, wie ein Schriftsteller zu einer höheren Gewalt werden kann.

Voltaire
Die Prinzessin von Babylon

Lese über dem Atlantik Voltaires kleinen Roman *Die Prinzessin von Babylon* von 1768. Der Ansatz des Erzählers ist alles andere als romantisch, wenn er auch den Helden seiner Geschichte in einer von sechs Einhörnern gezogenen Kutsche reisen läßt. Das Märchengenre kommt der philosophischen Satire entgegen. Bei einem Buch dieser Art kann man den Rat befolgen, irgendwo in der Mitte zu beginnen, da die Handlung hier wie anderswo zumeist für das unintelligente Element der Literatur steht.

Hübsch ist die Rom-Satire, in der sich der Erzähler darüber mokiert, wie der Papst mit zwei Fingern die Stadt und den Erdkreis umfassen will und wie die vatikanischen Würdenträger den hübschen Jüngling Amazon unter che-bel-fanciullo-Rufen mit den Augen verzehren – bis er zuletzt die schwülen Herren in Violett zum Fenster hinauswirft. So schnell er kann, reist der Junge aus der seltsamen Stadt ab, wo man dem Papst die Füße küssen soll, »als ob er die Wange am Fuß hätte«.

Frappierend, mit welcher Bedenkenlosigkeit Voltaire den klugen Despoten seiner Zeit schmeichelt, der Zarin Katharina, Friedrich dem Großen, dem Kaiser von China Chi-Au Long, 1737-1796, bei dem er das Prinzip der Meritokratie entdeckt haben will.

Hat man sich davon überzeugt, daß der *modus vivendi*, das heißt der Entwicklungsrhythmus, der modernen »Gesellschaft« auf einem Doppeltakt beruht – der Auseinanderlegung der sozialen Konglomerate in individuierte komplexe Einheiten und deren Rekombination in kooperativen Ensembles –, so springt ins Auge, wie sehr sich in der Formel vom »Eintritt der Massen in die Geschichte« auch eine architektonische Problematik artikuliert. Dem neu gelockerten Aggregatszustand ihrer Symbionten entsprechend, müssen sich die modernen Kollektive der Aufgabe stellen, die Raumverhältnisse hervorzubringen, in denen hier die Vereinzelung der Individuen, dort die Zusammenfassung der Einzelnen zu vielköpfigen Kooperations- oder Kontemplationsensembles ihre Unterstützung finden. Dies fordert neue Einsätze für Architektur.

Schon während der Französischen Revolution war manifest geworden, daß die Aktivisten des Umsturzes für ihre Zusammenkünfte ausschließlich auf die Gebäude des *ancien régime* oder den öffentlichen Raum der Städte, insbesondere die Plätze vor großen Gebäuden, zurückgreifen konnten. Was man eines Tages mit dem irreführenden Terminus »Revolutionsarchitektur« belegen würde,[1] war in den anregendsten Teilen schon vor 1789 entworfen worden – man denke an das um-

---

1 Vgl. Emil Kaufmann, Architektonische Entwürfe aus der Zeit der Französischen Revolution, in: Zeitschrift für bildende Kunst 63, 1929/30, S. 38-46; Antonio Hernandez, Grundsätze einer Ideengeschichte der französischen Architekturtheorie von 1650-1800, Basel 1972. Irreführend ist der Terminus Revolutionsarchitektur nicht nur in chronologischer Hinsicht, sondern auch in der Sache, da die entsprechenden Projekte kaum mit den Ideen von 1789 in Verbindung stehen, hingegen unverkennbar Prägungen durch freimaurerische, pythagoreische und platonische Motive aufweisen.

strittene *Haus der Flurwächter* (*Maison des gardes agricoles*) von Claude Nicolas Ledoux, das zwischen 1768 und 1773 datiert wird, den *Newton-Kenotaph* von Etienne-Louis Boullée aus dem Jahr 1784 oder das *Haus eines Kosmopoliten* von Vaudoyer, 1785. Daß diese Projekte ohne Ausnahme im Papierstadium verblieben, war nicht so sehr auf widrige Umstände zurückzuführen, sondern entsprach ihrer eigenen spekulativen Logik – noch war die Zeit für die Emanzipation der skulpturalen Raumauffassung und der geometrischen Formalismen nicht reif.[2]

Die umstürzenden Vorgänge der Großen Tage spielten sich also in Gebäuden und auf öffentlichen Plätzen ab, die zu den Ereignissen, die sie beherbergten, in keinem Bezug standen. Bekanntestes Beispiel: die Tagungen der von Louis XVI einberufenen Generalstände in Versailles. Hier waren Anfang Mai 1789 in den Flügeln des Schlosses einige Säle für die Zusammenkünfte der zunächst getrennt tagenden Stände umgerüstet worden. Als die fast sechshundert Deputierten des Dritten Standes, die sich inzwischen den offen aufrührerischen Titel »Nationalversammlung« beigelegt (und für diese das Vorrecht der Steuerbewilligung reklamiert) hatten, am 20. Juni die ihnen zugewiesene *Salle Menus-Plaisirs* verschlossen fanden (vermutlich wegen der Vorbereitungen für die geplante große gemeinsame Sitzung der Stände unter dem Vorsitz des Königs zum 23. des Monats), verlegten sie ihre Beratungen, einem Hinweis des Abgeordneten Guillotin folgend, kurzerhand in das nahe *Jeu de Paume*, ein Gebäude, das wie sein Vorgänger bis dahin ganz seiner Bestimmung im Dunstkreis fürstlicher

2 Zu der Ansicht der Konservativen, daß sie nie hätte reif werden sollen, vgl. Hans Sedlmayr, Die Kugel als Gebäude, oder: Das Bodenlose, in: Das Werk des Künstlers 1, 1939/40, S. 279-310; sowie in: Klaus Jan Philipp (Hg.), Revolutionsarchitektur. Transformation und Utopie des Raums in der Französischen Revolution. Von der Zerstörung der Königsstatuen zur republikanischen Idealstadt, Braunschweig/Wiesbaden 1994, S. 125-154.

Plaisirs gewidmet war. Sie legten dort den berühmten Schwur ab, nicht eher auseinanderzugehen, als bis die Verfassung des Königreichs ausgearbeitet sei und auf festen Grundlagen ruhe. An diesem Gelöbnis, dem ersten Sprechakt der bürgerlichen Machtergreifung, ist bemerkenswert, daß er die Einschwörung der Versammelten auf die Versammlung als solche zum Gegenstand hatte; er konnte keinen Zweifel lassen am Vorrang des politischen Inhalts (der gerade erst in Formung begriffen war) vor der lokalen und architektonischen Form (die von Fall zu Fall zu bestimmen oder zu errichten blieb): »Die Nationalversammlung ... beschließt, niemals auseinanderzugehen und sich überall, wo die Umstände es gebieten, zu versammeln ...«[3] Zur Souveränität der ersten *Assemblée*, die ihre Arbeit bis zum 30. September 1791 fortsetzte (um von der Gesetzgebenden Versammlung abgelöst zu werden, welche ihrerseits vom 20. September 1792 an dem Konvent weichen sollte), gehört von Anfang an die Freiheit zur *ad-hoc*-Bestimmung des Tagungslokals – ein Vorgang, der in der Terminologie der Subversiven im 20. Jahrhundert Umfunktionierung heißen wird. Von ihr muß schon wenige Tage später Gebrauch gemacht werden, als der *Tiers Etat* eine Zusammenkunft in der Kirche des heiligen Ludwig zu Versailles improvisierte – es ist die historische Sitzung, auf welcher sich ein großer Teil des Klerus mit dem Dritten Stand vereinigte; dann von neuem im Herbst 1789 mit dem Umzug der Nationalversammlung in die Pariser *Salle du Manège*, die Reitschule der Tuilerien, die hastig für die Bedürfnisse der Konstituante hergerichtet wurde. Im Mai 1793 übersiedelte die Versammlung, jetzt als Konvent, ins Schloß der Tuilerien, wo inzwischen nach den Plänen des Künstlers Gisors ein Sitzungssaal in der Form eines

3 Nach Denis Richet, Revolutionäre Versammlungen, in: Kritisches Wörterbuch der Französischen Revolution, hg. von François Furet und Mona Ozouf, Band II, Institutionen und Neuerungen, Ideen, Deutungen und Darstellungen, Frankfurt am Main 1996, S. 850-862, hier S. 853.

halbelliptischen Amphitheaters mit 700 Sitzen für die Abgeordneten und 1400 Plätzen für Zuschauer eingerichtet worden
war. In derselben Zeit war die Planungsphantasie der Architekten nicht untätig: von 1789 an wurden zahlreiche Entwürfe für
würdige Tagungsgebäude der Nationalversammlung angefer-
tigt, in der Regel aus Anlaß von akademischen Wettbewerben,
die meisten im heroisch-klassizistischen Stil, nicht wenige bereits in monumentalen Dimensionen,[4] als könne sich die Republik formal nur im Dekor eines römischen Imperiums erklären – die Linie, die von Etienne-Louis Boullée zu Albert
Speer führt, läßt übrigens an Deutlichkeit nichts zu wünschen
übrig; wie insgesamt die politischen Liturgien, deren die europäischen Faschismen sich bedienten, in nahezu allen Details –
die radiophonen Techniken der Massenerfassung ausgenommen – von Praktiken, Projekten und stilistischen Mustern der
Französischen Revolution präfiguriert wurden.

Man könnte im Blick auf diese Vorgänge ein »revolutionäres« Geschehen als etwas definieren, das »statt«findet, obwohl es sich nach Lage der Dinge zunächst ausschließlich an
ungeeigneter Stätte ereignen kann. Die Versammlungen der
neuen politischen Aktionsgrößen, der ersten *Assemblée nationale*, der Gesetzgebenden Versammlung und des Konvents
und ihrer Ausschüsse auf der einen Seite, der Clubs und Par-
teien, der Sektionen und Diskussionsgesellschaften auf der
anderen, übersetzten sich in ebenso viele revolutionäre Raumforderungen, die fürs erste nur die Verlegenheit gemeinsam
hatten, daß sie sich in der Bausubstanz der Alten Ordnung
einnisten und dieser eine heterodoxe Funktion abgewinnen
mußten. Exemplarisch für eine Unzahl analoger Vorgänge
sind die Schicksale eines leerstehenden Klosters der Domini-
kaner, die im Volksmund Jakobiner hießen, in der Pariser rue

---

4 Vgl. u. a. Hans Christian Harten, Transformation und Utopie des Raums
in der Französischen Revolution, Braunschweig 1987, S. 213-217.

Saint Honoré, aus dem nach dem Umzug der Deputierten von Versailles in die Hauptstadt das Versammlungslokal des Bretonischen Clubs, nachmals »Gesellschaft der Verfassungsfreunde«, wurde – das Ideenkraftwerk des patriotischen Radikalismus und Mutterzelle Hunderter von Ablegern in der Provinz, über deren explosive Verbreitung Camille Desmoulins schon im Februar 1791 schreiben konnte: »In der Verbreitung des Patriotismus, d. h. der Philanthropie, scheint ... der Klub oder die Kirche der Jakobiner, zum selben Primat berufen zu sein wie die Römische Kirche in der Ausbreitung des Christentums ...«[5] Daß sich die hier entstandene Machtgruppierung alsbald aktiv wie passiv mit dem Namen ihrer Tagungsstätte identifizierte, verrät etwas von der Macht der Ortsgeister über die Versammelten; umgekehrt stellt es die Unabhängigkeit der neuen Kräftekonstellationen von überlieferten Lokalsemantiken vor Augen. Allenfalls dürfte man sagen, daß es hier wie an zahllosen anderen Orten zu einer Autoritätsübertragung vom Klerus auf die eloquentesten Volksvertreter kam, besser noch: zu einer Überbietung des christlichen Eifers durch den Elan der menschheitstrunkenen Patrioten.

Analoge Mechanismen wirkten vorübergehend zugunsten der gemäßigten Kräfte um Barnave, als sie sich im Juli 1791 vom Jakobinerclub lossagten und sich zur Bekräftigung ihrer Sezession in dem benachbarten Kloster der Feuillants etablierten – wie das Jakobinerkloster nur wenige Schritte von der *Salle du Manège* entfernt. Als der Populist und Sparta-Schwärmer Jean-Paul Marat am 13. Juli 1793 durch Charlotte Corday ermordet worden war, bereiteten ihm Mitglieder des Konvents und die Angehörigen des »revolutionären Geschlechts«, der Frauen von Paris, eine prunkvolle Totenfeier. Nach seiner Aufbahrung in der Kirche der Franziskanermönche, im Volks-

5 Zitiert nach Walter Markow, Albert Soboul, 1789. Die Große Revolution der Franzosen, Köln 1977, S. 131.

mund Cordeliers genannt, wurde sein Herz in den Gewölben des Klosters separat bestattet, indessen der Körper im *Jardin des Cordeliers* beigesetzt wurde (von wo er wenig später ins Pantheon überführt wurde); diese kirchlichen Gebäude hatten seit April 1790 der »Gesellschaft der Freunde der Menschen- und Bürgerrechte« als Clubhaus und Parteizentrale gedient; die Herz-Vase verschwand nach dem Ende der *terreur* unter ungeklärten Umständen.

Wie immer man das symbolische Gewicht solcher Einquartierungen und Okkupationen traditionellen Raums bewerten möchte, gewiß ist jedenfalls, daß die Ereignisse wie die Diskurse und Gebärden zwischen 1789 und 1795 in keiner Hinsicht dem konstruktivistischen Phantasma eines Neubeginns auf einer *tabula rasa* nahekamen: Es gab zu keiner Zeit einen leeren »republikanischen Raum«, in dem sich die Männer der Stunde wie Geschöpfe aus einer zukünftigen Welt hätten bewegen können. Wenn in der Revolution fast nichts beim alten blieb, so doch im alten. Die operativen Qualitäten des Umbruchs manifestierten sich durchwegs in Form von Neubesetzungen, Subversionen und Umfunktionierungen gegebener Bestände. Dem entspricht die Beobachtung, daß die Revolution fast nichts gebaut, aber fast alles umbenannt hat.[6] Mit diesen politischen Sprechakten, von denen naturgemäß keiner so folgenreich war wie die Umbenennung und Umwandlung der Generalstände in die Nationalversammlung, gehen oft reale und einschneidende Umwidmungen einher, von denen die beiden symbolpolitisch anspruchsvollsten die Einrichtung eines nationalen Pantheons in der Votivkirche der heiligen Genoveva bewirkten – einer Art von Nationalarchiv für die Asche und den Nimbus großer Männer;[7] ferner die Umwandlung des Louvre in das erste nationale Großmuseum, in dem

6 Harten, a. a. O., S. 20-29.
7 Vgl. Mona Ozouf, Das Pantheon. Freiheit Gleichheit Brüderlichkeit. Zwei französische Gedächtnisorte, Berlin 1996, S. 7-38.

befreite (*vulgo* geraubte) Kunstschätze aus aller Welt nebeneinander zur letzten Ruhe gebettet werden sollten.[8] Immerhin
fallen auf dem Gebiet des Abschaffens einige Innovationen
auf: Nachdem bereits 1790 die Sklavenfiguren am Sockel der
Statue Ludwigs XVI. auf der Place des Victoires in Paris entfernt worden waren, wurde nach dem Volksaufstand des
10. August 1792 die Statue selbst beseitigt.[9] Auf dem Höhepunkt der Jakobinerherrschaft wird der »öffentliche Raum«
von den Personendenkmälern der Monarchie leer geräumt; sie
werden vorübergehend durch Freiheitsstatuen und republi-
kanische Allegorien ersetzt; an zahlreichen Orten verweisen
improvisierte Altäre des Vaterlands, nebst den obligaten Frei-
heitsbäumen, auf die martialische Zivilreligion des Jakobinis-
mus, die ihren Adepten die Pflicht zum Selbstopfer so energisch auferlegte, wie eine monotheistische Missionsreligion es
kaum auf dem Höhepunkt ihres Expansionselans vermocht
hätte.

Mit der nationweiten Umfunktionierung feudaler und kle-
rikaler Säle für die Versammlungsbedürfnisse der Vertreter des
Dritten Standes (allein Paris mit seinen revolutionären 48 Sektionen meldete einen enormen Bedarf an Tagungsstätten, Be-
ratungskabinetten, Gerichtssälen, Verwaltungszimmern und
Gefängnissen an) waren die Raumforderungen des *nouveau
régime* keineswegs erfüllt. Schon im ersten Jahr der Revolution wurde die Notwendigkeit erkennbar, große Versamm-
lungsstätten zu schaffen, in denen sich nicht allein die Reprä-
sentanten treffen konnten, sondern auch die Repräsentierten,
die Volksmasse selbst, die Gelegenheit erhalten sollten, sich
bei festlichen Anlässen als aktuell präsentes Plenum der neu-
en »Gesellschaft«, das heißt als souveränes Nationalvolk, in

8 Vgl. Eduard Pommier, Der Louvre als Ruhestätte der Kunst der Welt, in:
   Gottfried Fliedl, Die Erfindung des Museums. Anfänge der bürgerlichen
   Museumsidee in der Französischen Revolution, Wien 1996, S. 7-25.
9 Vgl. Mona Ozouf, Das Pantheon, a.a.O., S. 31.

wohlgeordneten Formen physisch zu versammeln. Daß dies angesichts der demographischen und geographischen Verhältnisse Frankreichs, das damals circa 25 Millionen Menschen zählte, bestenfalls auf der Ebene der größeren Städte und dort nur approximativ zu verwirklichen gewesen wäre, konnte dem Ideal des republikanischen Massenplenums nichts von seiner mobilisierenden Wirkung nehmen. Die Bürgernation, die sich als erhabene Adresse vor sich selbst aufgerichtet hatte, wollte zumindest okkasionell auch gleichsam vollzählig festlich an einem einzigen Ort bei sich und unter sich sein – ohne Rücksicht auf die Tatsache, daß die moderne Gesellschaft asynodisch verfaßt ist: Es ist ihr erstes und wichtigstes Merkmal, daß sie keine versammlungsfähige Einheit mehr bildet. Dies unterscheidet sie radikal von der antiken Demokratie, die ganz von der Forderung durchdrungen war, die Polis müsse eine versammelbare Größe bleiben (bei Ausschluß von Frauen, Kindern und Sklaven).

Unter der Wirkung des Versammlungsenthusiasmus kamen – man möchte meinen unvermeidlich – die antiken Modelle von Bauwerken für Großversammlungen umgehend wieder suggestiv ins Gespräch: Mit dem Amphitheater der Griechen sowie dem Zirkus oder der Arena der Römer stellte die europäische Antike zwei bewährte Großversammlungskonzepte zur Verfügung, deren formale Perfektion auch nach einer Unterbrechung von mehr als 1500 Jahren eine Wiederaufnahme gestattete. Es wirkt im Rückblick wie eine prophetische Vorübung, wenn die Pariser Akademie schon zu Beginn der achtziger Jahre Wettbewerbe für öffentliche Festgebäude ausschrieb: 1781 für eine *Fête publique*; 1782 für einen Zirkus, 1783 für eine Menagerie mit einer Arena; ähnliche Motive lagen den Wettbewerben der Jahre 1789 und 1790 zugrunde – wobei auch zu dieser Zeit an eine Realisierung kaum gedacht war. (Immerhin hatte das *ancien régime* mit der antiken Arena als absolutistischer Festkulisse kokettiert: 1769 wurde anläßlich der Hochzeit des Dauphins mit Marie-Antoinette am Rond Point auf den Champs Elysées ein riesiges Gebäude im Stil des Kolosseums aufgeführt, das ein Jahrzehnt lang als populäre Vergnügungsstätte diente, ehe es wegen Baufälligkeit abgerissen werden mußte.) Die akademischen *concours* bewegten sich noch ganz im Bann spätabsolutistischer Volks-Regie-Phantasmen. Sie genossen die Lizenz, mehr oder weniger folgenlos von großen Behältern für die passiv-jubilatorische Zusammenballung der Untertanen angesichts spektakulärer Macht- und Kunstrepräsentationen des Königtums zu träumen.

Erst nach dem Ausbruch der Revolution konnte das Arena- und Amphitheatermodell der »Massen«öffentlichkeit politisch virulent und okkasionell realisierbar werden – wie man vor allem an dem großen Fest der Föderation, der Patriotenbünde, die sich zur Abwehr gegenrevolutionärer Umtriebe zusammengeschlossen hatten, beim ersten Jahrestag des Bastillesturms am 14. Juli 1790 auf dem Marsfeld zu Paris erkennt.[10] Mit dieser größten Massenveranstaltung der europäischen Geschichte seit den Tagen des römischen *Circus maximus* vollzog sich die dichteste Annäherung der Französischen Revolution an die überschwengliche Idee der realen und integralen Volksversammlung – es sollen sich an diesem Tag rund 400000 Menschen in den improvisierten Zirkusrängen um den Festplatz zusammengedrängt haben, in dessen Zentrum Talleyrand eine patriotische Kultmesse an einem eigens aufgestellten, liturgisch prekären »Altar des Vaterlands« zelebrierte. (Nur ein Ereignis, das nicht lange zurücklag, konnte sich hinsichtlich der Besucherzahl mit dem Föderationsfest messen: Bei dem ersten Flug des Physikprofessors Charles am 1. Dezember 1783 in seinem Wasserstoffballon sollen mehr

---

10 Vilém Flusser hat in seiner Kommunikologie den Typus der »Amphitheaterdiskurse« mit dem Begriff des Totalitarismus in Zusammenhang gebracht; vgl. Dinge und Undinge. Phänomenologische Skizzen, München 1993, S. 27-28.

als eine Viertelmillion Pariser in den Tuileriengärten zusammengeströmt sein, um der größten Sensation ihrer Zeit, der Überwindung der Schwerkraft, beizuwohnen.) In Talleyrands Person vollzog sich in einer einzigen geschichtlichen Stunde die Transformation des Priesters in den Zeremonienmeister des »Massen«zeitalters – genauer die Geburt des Medienpolitikers als Showmasters und Konsensusregisseurs. Der Blickfang der Festaufbauten auf dem Marsfeld bestand in einem gewaltigen Triumphbogen aus Karton, Holz und Gips, mit dessen Errichtung die militante Patriotenrepublik unmißverständlich ihr Interesse am Siegersymbolismus der römischen Kaiserzeit anmeldete. Man könnte angesichts dieses massiven Rom-Zitats auf den Gedanken kommen, daß die napoleonischen Siege des folgenden Jahrzehnts nur die Exekution dessen waren, was das heroische Dekorum der Patriotengesellschaften vom Beginn der Revolution an gefordert hatte: Ist nicht immer ein Sieg ein Entgegenkommen des Realen gegenüber den Forderungen des Phantasmas? Ohne Zweifel floß in die Szenen auf dem Marsfeld noch die elaborierte Zeremonialkompetenz des Absolutismus ein, unterstützt von der habitualisierten Kultmagie des Katholizismus, mochten auch der eine wie der andere in der Semantik des Festes selbst als abgeschaffte oder zurückgedrängte Größen behandelt werden. Wie singulär diese Versammlung für die Versammelten selbst war, geht aus dem von Lafayette im Namen der Föderierten aller Départements vorgesprochenen Schwur hervor, der sowohl die Einheit der Franzosen untereinander als auch die Verschmelzung der Bevölkerung mit ihrem König bekräftigte (der seinerseits der Nation und dem Gesetz Treue schwur, meineidig, wie sich versteht) – als gehe es bei dieser direkten Volksversammlung darum, die Versammelten auf ihr aktuelles Beisammensein und mehr noch ihr imaginäres Beisammenbleiben nach der Rückkehr in den unversammelten Zustand einzuschwören – wenig später wird man sagen: auf ihre nationale Solidarität. Im übrigen dürfte es am Anbruch der politischen Moderne kaum eine Situation gegeben haben, in der die von Gabriel Tarde aufgestellte Gleichung von Soziabilität und Somnambulismus eine so radikale Gültigkeit besaß wie an jenem ersten Jahrestag des 14. Juli; die Einübung der Franzosen in solche Zustände mag miterklären, wieso Bonaparte eine so ungewöhnlich hypnosebereite, mobilisierbare und entflammbare »Nation« vorfand.

Kurz nach dem enthusiasmierenden Ereignis taucht in den Diskursen der Frühsozialisten die folgenschwere Frage auf, ob diese Zusammenfassungen der Gesamtnation in einem berauschten Wir nicht einen Betrug des Besitzbürgertums an den besitzlosen Schichten der Bevölkerung bedeuteten. Weil diese Frage semantisch wie politisch richtig gestellt war, gehörten die nächsten einhundertfünfzig Jahre europäischer Sozialpolitik der Kritik der internationalen Arbeiterbewegungen am Versammlungsbetrug und Verwandtschaftsschwindel der Bourgeois-Nationen. Tatsächlich, das Phänomen der Schein-Inklusion, die harte reale Exklusionen bemäntelt, hatte mit einem Schlag die ideologische Bühne betreten. Mit seiner systematischen Denunziation beginnt das Zeitalter des Verdachts. Kritik will von da an die Bloßstellung der gegenwärtigen falschen Universalität im Namen einer vorgeblich kommenden wahren bedeuten. Vor diesem Hintergrund konnte der Begriff der Klasse in den späteren Diskursen der Revolutionsverlierer erstrangig werden: Er sollte künftig, polemisch gegen die Pseudoinklusivität von Nation- und Volksbegriffen, das wahre (wenn auch noch vage), für alle wirkliche Wertschöpfung zuständige Kollektiv der pauperisierten Arbeiter sowie ihre intellektuellen Alliierten gegen die dem Kapital dienstbaren Ausbeuter und Ideologen zur Aufstellung bringen.[11]

---

11 Am 12. Juni 1790 bereits, während der Vorbereitungen zum Föderationsfest, hatte Marat in seinem Blatt L'ami du peuple gegen den Ein-

Die Modernität des patriotischen Kultspektakels auf dem Pariser Marsfeld (das in allen wichtigeren Städten Frankreichs mit analogen Großversammlungen in improvisierten Stadien nachgeahmt wurde und dem bis ins Jahr VIII des Revolutionskalenders, sprich 1799, zahlreiche ähnliche Feste folgten, gelegentlich schon unter Hinzunahme agonaler und sportlicher Momente) besteht darin, daß mit ihm die Formung der vielköpfigen hauptstädtischen Menge zu einer präsenten »Masse« als architektonische, organisatorische und ritualtechnische (später auch versammlungsrechtliche) Aufgabe ins Stadium der expliziten Ausarbeitung überging. Die Vorbereitung und Durchführung des Föderationsfests von 1790 und seiner Nachfolge-Ereignisse machte evident, daß es die »Masse«, die »Nation« oder das »Volk« als Kollektivsubjekt nur in dem Maß geben kann, wie die physische Versammlung dieser Größen zum Gegenstand kunstgerechter Inszenierung wird – von der Mobilisation zur Teilnahme über die Affektregie im Stadion und die Bindung der »Massen«aufmerksamkeit durch faszinogene Spektakel bis zu der von Bürgergardisten überwachten Auflösung der heimkehrenden Menge. Kein Teig ohne Gefäß, in dem er geformt wird; keine »Masse«, ohne eine Hand, die weiß, wozu sie knetet.

Das Föderationsfest vom 14. Juli 1790, von dem *de facto* und *de iure* die moderne »Massen«-Kultur als Event-Inszenierung ihren Ausgang nahm, ist informativ, weil sich bei ihm das Verhältnis von Publikum, Schauspiel und Versammlungsbehälter bereits in exemplarischen und endgültigen Formen präsentierte. Bei dem Défilé der Bürgergarde auf dem riesigen

heitsschwindel agitiert: »Man lullt euch ein mit den Worten *Frieden* und *Einheit* (union), während man schon insgeheim den Krieg gegen uns vorbereitet.« Die wahren Freunde des Vaterlands müßten darum sowohl die Gleichgültigen als auch die Feiglinge und Verräter vom Fest ausschließen. Marat kennt ausschließlich moralische und psychopolitische Klassen, noch nicht solche, die durch die »Stellung im Produktionsprozeß« definiert sind.

Feld im Zirkus-Inneren und der von Talleyrand zelebrierten patriotischen Messe wurde erkennbar, daß es bei kollektiven Liturgien dieser Größenordnung zur allesdurchdringenden Herrschaft des Rituals kommen muß – und daß auch der versammelte neue Souverän, das anwesende Publikum, sich gerade wegen seiner numerisch überwältigenden Präsenz mit der Rolle des animierten Beobachters und Akklamateurs zu begnügen hat. Umgekehrt bedeutet dies, daß die Organisatoren der Großversammlung wissen müssen, in welchem Ausmaß sie selbst für das Gelingen der affektiven Synthese, sprich die Kollektivbegeisterung, verantwortlich sind. Da der wiedergeborene Zirkus, als politischer Fokus wie als faszinogener Massenkollektor, eine Maschine zur Produktion von Konsensus darstellt, ist durch die Ritualregie sicherzustellen, daß sämtliche Vorgänge in ihm von elementarer Evidenz bleiben. Wer den Text nicht versteht, muß die Handlung begreifen; wem die Handlung fremd bleibt, muß durch die Farbigkeit des Schauspiels gefesselt werden. Den Rest besorgt die sonosphärische Verschmelzung. Der sogenannte Souverän kann in dieser Situation zwar nie unmittelbar das Wort ergreifen; er kann jedoch den Auftritten seiner Vertreter applaudieren, mehr noch, es steht ihm frei, durch Jubel und Geschrei sich selbst zu einem akustischen Wir-Phänomen *sui generis* zu entfalten. Wo eine diskrete Abstimmung nicht möglich ist, führt auch die kollektive Abbrüllung zu psychopolitisch relevanten Ergebnissen. Die im Zirkus-Stadion versammelte Quasi-Nation erlebt sich selbst in einem akustischen Plebiszit, dessen direktes Resultat, der jubilatorische Lärm über den Köpfen aller, wie eine Emanation aus den Versammelten hervorbricht, um in das Gehör jedes einzelnen zurückzukehren. Die Autopoiese des Lärms kommt einer Verwirklichung des Gemeinplatzes von der *vox populi* nahe. Solches Brüllen, noch durch keine moderne Abstimmungsanlage differenziert, macht die Rhetorik einzelner Sprecher überflüssig. Auf dem Weg der mimetischen Ansteckung wird der Schrei des einen zum Schrei des anderen; allenfalls setzen sich im Stadion zwei oder mehr Brüllparteien gegeneinander ab. Wo die musikalische Vereinigung an die Stelle des Aufschreis tritt, entsteht Raum für die politische Hymnik. Wie die Geschichte der Marseillaise und anderer Nationalhymnen zeigt, suggeriert der gemeinsame Gesang die Verwandlung der Menge in den Chor – nach anderen Auffassungen legt er sogar die wahre chorische Natur der Gemeinschaft unter den prosaischen Alltagsbeziehungen der Menschen frei.[12]

Was die architektonischen Behälter für die revolutionären Großversammlungen angeht, so war es evidentermaßen mit der Umwidmung feudaler oder kirchlicher Säle nicht getan: Weniger als die renaissancehafte Wiederholung einer bis dahin inaktuellen antiken Form würde nicht genügen, wenn die entstehende »Massen«kultur der Moderne an die des europäischen Altertums anknüpfen sollte – und sie mußte dies tun, um ihre Nachfrage nach Großgebäuden für aggregierte Menschenmengen zu befriedigen.

Der Gebäude-Imperativ für die Großversammlungen des Zeitalters souveränisierter Völker ergibt sich nicht zuletzt aus der Erfahrung, daß Massenzusammenkünfte unter freiem Himmel – im 20. Jahrhundert oft in Form von Demonstrationszügen (im deutschen Versammlungsgesetz als »Aufzüge« bezeichnet und als Versammlungen, die sich fortbewegen, definiert) – ein hohes Potential zur Gewalteskalation in sich bergen, indessen die architektonisch gehegten, sogar überdachten Konvente eine starke situative Vorgabe für zivilisierte Abwicklungen bieten.[13] Aber da es kaum möglich ist, eine

---

12 Vgl. Esteban Buch, Beethovens Neunte. Eine Biographie, Berlin/München 2000, Erster Teil, Die Geburt der modernen Staatsmusik, S. 19-126.

13 Die Unterscheidung zwischen öffentlichen Versammlungen in geschlossenen Räumen und solchen unter »freiem Himmel« bleibt sowohl im

Form zu reaktivieren, ohne auch, zumindest mittelbar, die Inhalte wieder ins Spiel zu bringen, die ursprünglich mit ihr verbunden waren, erweitert sich das moderne Interesse an den antiken »Massen«-Containern, am Amphitheater, an der Arena, am Zirkus, zu einer Popular-Renaissance, in der zusammen mit den Bauformen die zugehörigen Ereignistypen, die Kämpfe, die Wettbewerbe, das Unterscheidungsdrama, das Sieger und Verlierer sortiert, wiederkehren; allein der Tod kann im modernen Stadion, anders als in der antiken Arena, kein offiziell willkommen geheißener Gast mehr sein.[14] Man hat zu Recht darauf hingewiesen, daß die Moderne in bemerkenswerter Gleichzeitigkeit mit der Demokratie auch die beiden antiken Institutionen der Tragödie und der olympischen Athletenkämpfe wiederbelebt hat.[15] Von dem Revolutionsredner Danton wird überliefert, er habe bereits im Jahr 1793 die Abhaltung Olympischer Spiele auf dem Marsfeld in natio-

deutschen Grundgesetz Artikel 8 als auch im Versammlungsgesetz bedeutsam, da der Grundsatz, daß alle Deutschen das Recht haben, sich ohne Anmeldung oder Erlaubnis friedlich und ohne Waffen zu versammeln, bei Versammlungen unter freiem Himmel durch Gesetz beschränkt werden kann. Vgl. Helmut Ridder/Michael Breitbach/Ulli Rühl/Frank Steinmeier, Versammlungsrecht. Kommentar, Baden-Baden 1992; sowie Martin Quilisch, Die demokratische Versammlung. Zur Rechtsnatur der Ordnungsgewalt des Leiters öffentlicher Versammlungen – Zugleich ein Beitrag zu einer Theorie der Versammlungsfreiheit, Berlin 1970.

14 Daß den Förderern der frühen olympischen Bewegung deren Renaissancecharakter nicht verborgen war, bezeugt u. a. die Schrift des französischen Sportpädagogen Philippe Daryl, Renaissance physique, Paris 1888. Zum antiken Circus-System vgl. Karl-Wilhelm Weeber, Panem et circenses. Massenunterhaltung als Politik im alten Rom, Mainz 1994; Paul Veyne, Le pain et le cirque. Sociologie historique d'un pluralisme politique, Paris 1976, (deutsch: Frankfurt 1988); Clemens Heucke, Circus und Hippodrom als politischer Raum. Untersuchungen zum großen Hippodrom von Konstantinopel und zu entsprechenden Anlagen in spätantiken Kaiserresidenzen, Hildesheim/Zürich/New York 1994.

15 Gunter Gebauer, Olympia als Utopie, in: G. G. (Hg.), Olympische Spiele – die andere Utopie der Moderne. Olympia zwischen Kult und Droge, Frankfurt am Main 1996, S. 10.

nalpädagogischer Absicht gefordert. Vor ihm hatte Gilbert Romme, Mitautor des Revolutionskalenders, 1792 die Durchführung von französischen Olympiaden an den Schaltjahren angeregt. Wo solche Patrioten das Wort ergreifen, sind Römer und Spartaner mit im Aufgebot. Nicht umsonst ist Brutus, der Caesarmörder, der Held der Stunde. Wie lange wird man warten müssen, bis die Gladiatoren aus den Arenen von einst neben ihn treten?

Im Blick auf diese »Massen«container, die zwischen den antiken Vorbildern der »Massen«kultur und ihrer modernen Wiederholung die architektonische Brücke schlagen, wird eines der Strukturprobleme der zeitgenössischen Gesellschaft profiliert: Sosehr auch für diese gilt, daß sie als ganze nur azephal und asynodisch organisiert sein kann, so mächtig hält sich doch in ihr die Nachfrage nach zephalen und synodischen Instanzen am Leben – in den Phantasmen von der Haupt- oder Generalversammlung der Gesellschaft fallen beide sogar unmittelbar in eins (man darf sich allenfalls fragen, ob eine solche Versammlung, die im Realen unmöglich ist, wenigstens in einem panoramatischen oder philosophischen Text simulierbar wäre, und man besäße, im Fall der bejahenden Antwort, immerhin den Ansatz zu einer Erklärung für die bemerkenswerte Autorität der Philosophie in den totalitätsfrommen Phasen der Moderne). Die bei Republikanern populäre staatsrechtliche Fiktion von einer Übernahme der Souveränität durch das Volk, das als Nachfolger des Königs in seine Rechte trete, legt die Neu-Inkarnation der Kopf-Funktion durch ein Volksplenum nahe, wäre es denn praktisch durchführbar. Im übrigen sollte es nicht lange dauern, bis den Verfassungsdenkern und Juristen des Dritten Standes aufging, welche Gewaltpotentiale solche Vorstellungen bargen; in den Tumultszenen der Volksaufstände vom 14. Juli 1789, vom 10. August 1792, bei den Septembermassakern und zahllosen heftigen Episoden in Paris wie in der Provinz war manifest geworden,

wohin eine litterale Deutung des Theorems von der Volkssou-
veränität führte. Nur durch stringente Einschränkungen der
Versammlungs- und Koalitionsfreiheit ließ sich verhindern,
daß die Menge das in der Luft liegende volksdemokratische
Dogma: »Alle Gewalt geht von der Straße aus«, sich buchstäblich zu eigen machte.

Diese Limitationen sprechen für die rasche Auffassungs-
gabe des Besitzbürgertums angesichts seiner ersten Gewalt-
lektionen – mochten auch die Populisten der frühen Stunde
gegen die unvollständige Verwirklichung der *égalité* durch die
»neuen Herren« polemisieren und den halbherzigen Patrioten
mit furchtbaren Wahrmachungen der Philosophie drohen.
Schon die Verfassung von 1791 unternahm den Versuch, Versammlungen zu unterdrücken, auf denen sich eine anwesende
Menge als politische Volksgesellschaft, somit als Teil des leib-
haftigen Souveräns, artikulieren wollte. Die Direktorialver-
fassung verbot dann geradezu alle Versammlungen unter offe-
nem Himmel als Zusammenrottungen – ein Verbot, das durch
das ganze 19. Jahrhundert aufrechterhalten wurde – juristi-
sche Prämisse des unruhigen Quietismus (oder des eingeord-
neten Radikalismus), der die französische Kultur vom Ende
der Napoleonischen Ära an bis in die Epoche der Weltkriege
(boshaftere Geister behaupten: bis in die Gegenwart) prägen
wird.[16] Tatsächlich war unter der Herrschaft der Jakobiner
der anfangs kräftige Glaube an die expressive Wahrheitsmäch-
tigkeit der »Massen«veranstaltung ins Wanken geraten – zu
oft hatte man erlebt, wie leicht eine auf öffentlichen Plätzen
versammelte Menge von *enragés* sich auf ein zufälliges Empö-
rungsstichwort hin in eine halbblind vorwärts stürzende »Masse« verwandeln ließ. Canetti hat die energetisierten Haufen,

16 Vgl. Klaus Deinet, Die mimetische Revolution oder Die französische
Linke und die Re-Inszenierung der Französischen Revolution im neun-
zehnten Jahrhundert (1830-1871), Stuttgart 2001; François Furet,
1789 – Jenseits des Mythos, Hamburg 1989.

denen eine Intention eingepflanzt ist, die Hetzmassen[17] genannt; als sansculottische Meuten hinterließen sie ihre Visitenkarte an den Laternen. Wenn es eine List der Vernunft in der Revolution von 1789 gab, so lag sie in der immer nur partiellen Verwirklichung ihrer Prinzipien; allein auf diese Weise wahrte sie eine gewisse Widerständigkeit gegen die enthemmenden Postulate des Universalismus von unten. Dessen Stunde schlug von neuem im frühen 20. Jahrhundert, als die europäischen Faschismen, untereinander solidarisch wie eine Internationale der Nationalen, die Einheit von Straße und Staat durchsetzten und das Ernstmachen mit der egalitären Totalinklusion jeweils eines Volkes in sich selbst auf die Tagesordnung brachten.

17 Elias Canetti, Masse und Macht, Frankfurt am Main und Wien 1988, S. 53 f.

Alexis de Tocqueville
L'Ancien régime et la révolution

Tocqueville gab mit *L'Ancien régime et la révolution*, 1856, den Anstoß zu einer großräumigen Betrachtung, in der die Französische Revolution keinen absoluten Bruch, geschweige denn einen Ursprung bedeutete, ausgenommen den des egalitären Mythos. Vielmehr wäre sie eine Episode in einem längeren Prozeß gewesen, der schon bei Richelieu und Louis XIV. Kontur gewonnen hatte: Dieser zielte auf die Herausbildung eines modernen Verwaltungsstaats, zu dessen wohlverstandenem Funktionieren eine bürgerliche, in Maßen demokratische Gesellschaft gehören sollte. Folglich lag die Revolution auf der Linie des besseren Ancien régime, genauer der Herrschaft der großen Kardinäle und Louis' Quatorze.

An Ludwig XVI. bleibt der Vorwurf hängen, er habe die Radikalisierung der Revolution und ihre Entartung in den Gesinnungsterror mit auf dem Gewissen, weil er durch seine törichte Flucht im Juni 1791 den Beweis lieferte, wie wenig er die Unumgänglichkeit des Übergangs von der absoluten zur konstitutionellen Monarchie begriffen hatte. Sein Verhalten war schuld daran, daß die unvordenkliche Liaison von König und Volk ihre bindende Kraft verlor. Als König, der vor seinem Volk floh, hatte er nicht nur sein Amtscharisma verspielt, sondern auch die persönliche Anhänglichkeit der Massen an den Mann auf dem Thron leichtfertig zerrüttet. Bis zuletzt vermochte er nicht einzusehen, wie man anders als von Gottes Gnaden König sein könnte. Weder sah er die plebiszitäre Monarchie der beiden usurpatorischen Kaiser noch die präsidiale Monarchie Louis Philippes voraus. Einer möglichen Änderung seiner ererbten Ansichten kam der Tod unter der Guillotine zuvor.

In seiner Ahnungslosigkeit hinsichtlich des Kommenden

war Ludwig XVI. der durchschnittliche Vertreter der europäischen Eliten. Als die Revolution geschehen war, waren alle von ihrer Fatalität überwältigt. Bevor sie begann, ahnte niemand, was kommen würde. Tocqueville: »Nichts ist geeigneter, Philosophen und Staatsmänner zu Bescheidenheit zu mahnen, als die Geschichte unserer Revolution, denn niemals gab es ein größeres, ein länger und besser vorbereitetes und trotzdem weniger vorhergesehenes Ereignis.«

Wenn eine Revolution nicht genügt

Die späteren »Revolutionen« im Realen werden nur ganz zu Beginn von Symmetriephantasmen vergleichbarer Qualität mit bewegt. Wer je geglaubt haben sollte, die Letzten würden wirklich die Ersten sein, für den erweist sich die verwirklichte Revolution als strenge Lehrmeisterin, die von dem Erziehungsmittel Enttäuschung reichlich Gebrauch macht. Restif de la Bretonne erwähnt in seinen *Revolutionären Nächten* unter dem Datum des 13. Juli 1789 eine Gruppe von Räubern aus dem Faubourg Saint-Antoine, einen »grauenerregenden Pöbel«, dem er die Worte in den Mund legt: »Heute ist der letzte Tag der Reichen und Wohlhabenden angebrochen: morgen sind wir an der Reihe. Morgen schlafen wir in den Federbetten, und die, deren Leben wir gnädigst geschont haben, können dann, so es ihnen beliebt, in unseren finsteren Löchern hausen.«[1] Die geschichtliche Empirie wird binnen weniger Wochen zeigen, daß die Revolution nicht zum Wohnungstausch zwischen Reichen und Armen führt. Zwar kommt es zur Umbesetzung von Positionen, allenfalls zur Vermehrung von Vorzugsplätzen und attraktiven Ämtern, jedoch nie zu einer Umkehrung von oben und unten, geschweige denn einer materiellen Gleichheit. Im günstigsten Fall verbreitert der Umsturz das Spektrum der Elitefunktionen, so daß sich eine

---

1 Restif de la Bretonne, Revolutionäre Nächte in Paris, herausgegeben von Ernst Gerhards, Bremen 1989, S. 20. Bei den Unruhen des Jahres 1848 lagen ähnliche Parolen in der Luft. Alexis de Tocqueville berichtet von einem jungen armen Landarbeiter, der als Diener bei einer Pariser Familie Arbeit gefunden hatte. »Am Abend des ersten Aufruhrtages hörte er (sein Arbeitgeber) ihn beim Abtragen der Familienmahlzeit sagen: ›Nächsten Sonntag‹ – es war an einem Donnerstag – ›werden wir die besten Stücke vom Huhn essen!‹ Worauf ein junges, gleichfalls im Hause arbeitendes Mädchen bemerkte: ›Und wir werden die schönen Seidenkleider tragen!‹« Vgl. Alexis de Tocqueville, Erinnerungen. Eingeleitet von Carl J. Burckhardt, Stuttgart 1954, S. 211.

größere Zahl von Anwärtern ihre Pfründen sichern können. Das Personal und die Semantik ändern sich, die Asymmetrien bestehen fort. Vermeidlich oder unvermeidlich? Wir haben von jetzt an die Geschichte, um diese Alternative zu prüfen.

Da Asymmetrie nur ein technisches Wort für Ungleichheit ist – und unter egalitaristischen Prämissen auch für »Ungerechtigkeit« –, werden alle Revolutionen seit der französischen von 1789 von Heckwellen aus Enttäuschung und Frustration begleitet, aus denen sich neben Resignation und zynischer Abkehr von gestrigen Illusionen immer wieder akute und aktuelle Zornformierungen ergeben. Diesen entsprangen die epochentypischen Aspirationen auf eine erweiterte und vertiefte Neu-Inszenierung des revolutionären Dramas.

Seit den Ereignissen, die auf den Sturm auf die Bastille folgten, wird die ideologische und politische Geschichte Europas durchzogen von dem Warten der Enttäuschten auf die zweite, die wahre, wirkliche und integrale Revolution, die den Betrogenen und Zurückgebliebenen der Großen Tage nachträglich Genugtuung verschaffen soll. Daher das Epochenmotto: *Der Kampf geht weiter!*, das mehr oder weniger explizit in allen dissidenten Bewegungen von den Radikalen des Jahres 1792 bis zu den Altermondialisten von Seattle, Genua und Davos nachzuweisen ist. Nachdem 1789 der siegreiche Dritte Stand sich das Seine geholt hatte, wollten endlich auch die Verlierer von damals zum Genuß kommen, namentlich die Vorsprecher des von den Festmählern der Bourgeoisie ausgeschlossenen Vierten Standes.

Die Hauptschuld am Ausschluß der vielen von den besseren Plätzen wurde üblicherweise nicht der strukturellen Knappheit von Vorzugsstellungen zuerkannt. Man wählte statt dessen eine argumentative Strategie, nach welcher ein Komplex aus Unterdrückung, Ausbeutung und Entfremdung dafür verantwortlich war, daß gute Plätze für alle nicht verfügbar sind. Mit der endgültigen Überwindung der bösen Trias sollte eine

Welt geschaffen werden, in der die Gespenster der Knappheit und Ungleichheit vertrieben wären. Zum ersten Mal in der Geschichte der Menschheit wollte man ein Theater errichten, dessen Zuschauersaal nur aus ersten Reihen bestünde.

Man hat in der zweihundertjährigen Tradition der Linken zumeist die Tatsache unbeachtet gelassen, daß die Triebkraft der Sozialutopien nur zu einem kleinen Teil dem Vorsatz entsprang, die Privilegien der herrschenden Klasse abzuschaffen. Zwar hatte Saint-Just, der Todesengel des Egalitarismus, doziert, die Macht der Erde liege bei den Unglücklichen. Sollte man deswegen, um dem Gesetz der Gleichheit Genüge zu tun, die Minderheit der Glücklichen so unglücklich machen wie die elende Mehrheit? Wäre es nicht tatsächlich einfacher gewesen, von den 20 Millionen Franzosen die glückliche Million ins Elend zu stürzen, als die Illusion zu wecken, man könne die elenden 19 Millionen in zufriedene Bürger verwandeln? Viel attraktiver erschien seit je die phantastische Idee, die Privilegien der Glücklichen in egalitäre Ansprüche umzuformulieren. Man darf behaupten, daß diese Operation den originellen Beitrag Frankreichs zur Psychopolitik des 19. und 20. Jahrhunderts lieferte. Nur ihr war es zu verdanken, wenn die Franzosen nach dem furchtbaren Zwischenspiel der Guillotine ihre Seele zu retten vermochten – obschon um den Preis einer Anhänglichkeit an rebellische Illusionen, die seither kaum eine Gelegenheit versäumt, sich in Szene zu setzen. In letzter Minute war die revolutionäre Nation von dem Abgrund, aus dem das Ressentiment gegen die Glücklichen lockte, einen Schritt zurückgetreten und hatte Mut gefaßt zu einer Offensive der Generosität zugunsten der Unglücklichen. Die Demokratisierung des Glücks bildet das Leitmotiv moderner Sozialpolitik in der Alten Welt, von den Phantasien der Frühsozialisten – »Ja, Zukkererbsen für jedermann!« – bis zu den Umverteilungsströmen des Rheinischen Kapitalismus.

Es nimmt angesichts der illusionsdynamischen Implikationen der »fortschreitenden Revolution« nicht wunder, wenn die stärksten sozialrevolutionären Impulse immer vom Aufstiegswillen jener Aktivisten ausstrahlten, die für die Massen sprachen, ohne die eigenen Ambitionen zu vergessen. Die Schwäche dieser Anwärter zeigte sich darin, daß sie eine elementare Tatsache willentlich ignorierten: Auch nach erfolgreichen Umwälzungen bleiben gute Stellungen selten und umkämpft. Dieses Wegsehen vom Realen hat Methode. Wenn es einen blinden Fleck im Auge des Revolutionärs gibt, liegt dieser in der uneingestehbaren Erwartung, sich von den Früchten des selbstbewirkten Wandels ernähren zu können. Dürfte man darum sagen, Revolutionäre seien Karrieristen wie alle übrigen? Sie sind es durchaus, und doch nicht ohne Einschränkung, da das revolutionäre Geschäft, an seinen Anfängen zumindest, unter dem Gesetz der Selbstlosigkeit steht oder zu stehen scheint. Nicht umsonst findet man in den Lobreden auf die rücksichtslosesten Funktionäre des Umsturzes die Behauptung, sie hätten für sich selbst keinen Ehrgeiz gehegt. Das beweist allerdings nur die Möglichkeit, mehrere blinde Flecke zur Deckung zu bringen – ein Milieu, revolutionär oder nicht, ist immer auch eine Allianz zum gemeinsamen Ignorieren von Sachverhalten, die Milieufremden ins Auge springen. Was dabei abgedunkelt wird, zeigt sich nachträglich an der Verbitterung gescheiterter Aspiranten darüber, daß sie unversorgt blieben, während andere nach oben kamen. Dann wird die Klage angestimmt, die Revolution habe wieder einmal ihre Kinder gefressen. Den Regungen der Zurückgefallenen verdankt man den Beweis, daß der Zorn unter die erneuerbaren Energien zu rechnen ist.

Gespenstische Aufheiterungen

Unter diesen Bedingungen wird psychologische Nachrüstung bei den Verlierern unentbehrlich. In den politischen Krisen der Moderne schließt die Heiterkeit ein Bündnis mit dem Aufruhr, um diesem sein Geschäft zu erleichtern: von Zeit zu Zeit die Illusion zu erneuern, oben und unten würden demnächst doch noch die Plätze tauschen. Ein Augenzeuge der Pariser Unruhen von 1848, kein Geringerer als Alexis de Tocqueville, hat in seinen *Erinnerungen* eine Episode geschildert, die dem Lachen der Erniedrigten und Beleidigten eine prophetische Bedeutung verlieh. Antonio Negri hat sie zitiert, um Jacques Derridas für seinen Geschmack viel zu friedfertigen, um nicht zu sagen zahnlosen Ausführungen über *Marx' Gespenster* eine robustere Lesart des revolutionären Spuks entgegenzusetzen. Die Szene spielt an einem Junitag des Jahres 1848 in einer hübschen Wohnung auf der *rive gauche*, im 7. Arrondissement von Paris, zur Zeit des Abendessens:

»Die Familie Tocqueville ist versammelt. Man vernimmt jedoch plötzlich in der abendlichen Stille das Kanonenfeuer der Bourgeoisie gegen die Rebellion aufständischer Arbeiter – ferne Geräusche vom rechten Seineufer. Die Tischgesellschaft erschaudert, ihre Mienen verdunkeln sich. Jedoch entschlüpft der jungen, soeben vom Faubourg Saint-Antoine gekommenen Dienerin, die bei Tisch serviert, ein Lächeln. Sie wird auf der Stelle entlassen. Ist aber nicht das wahre Gespenst des Kommunismus das, welches in diesem Lächeln erscheint? Das Lächeln, das den Zaren, den Papst … und den Herrn von Tocqueville in Schrecken versetzte? Liegt nicht in ihm ein freudiges Leuchten, das dem Gespenst der Befreiung eigen ist?«[2]

Dieses Zeichen der Heiterkeit ist schon von ganz anderer Art als das forcierte Lachen, das uns in der tertullianischen Gerichtsphantasie begegnet – es ist auf seine Weise Teil der aktuellen Unruhen. Wie munterer Schaum schwimmt es auf der

2 Antonio Negri, The Specter's Smile, in: Michael Sprinker (ed.), Ghostly Demarcations. A Symposium on Jacques Derrida's Specters of Marx, New York/London 1999, S. 15.

Ereigniswelle, die hin und wieder den Beweis liefert, daß wirklich alles ganz anders kommen kann, als die gesättigten Herren des Tages erwarten.

Da die neuere Geschichte die Aufgaben des Gerichts über die Alte Welt übernimmt, exekutiert sie in ihren heftigen Momenten das Urteil der Gegenwart über die Vergangenheit. Für einen Augenblick schlägt sich die lächelnde Dienerin diskret und dennoch deutlich auf die Seite der Aufständischen, vor deren Verdikten sich zu fürchten die Angehörigen der tafelnden Runde zweifellos allen Grund hatten. Es entzieht sich der Kenntnis der Nachwelt, ob in dieser kleinen Aufheiterung eher der Klassenhaß zum Vorschein kam oder mehr die Vorfreude über die bewegten Zeiten, die sich im Lärm auf den Straßen ankündigten. Lächelte die Magd beim Gedanken daran, die folgenden Nächte bei einem der Kämpfer zu verbringen? Oder sollte sie geglaubt haben, demnächst säße sie selber am Tisch und der Herr von Tocqueville würde ihr servieren? Auf jeden Fall hat ein solches Lächeln keine apokalyptischen Vorwände mehr nötig. Das aktuelle Geschehen birgt genug Enthüllungen, um seinen Deutern zu erlauben, die Zukunft aus dem Zorn der Gegenwart vorherzusagen.

Wenn revolutionäres Wollen zu einer ausgeformten Handlungsrolle wird und längere Zeitbögen bewältigen muß, erweist sich eine explizite Psychopolitik nach innen wie nach außen als unverzichtbar. Sie steht vor der Aufgabe, durch die Schaffung einer disponiblen Zornreserve die depressiven Versuchungen abzuwehren, die sich nach politischen Rückschlägen unvermeidlich einstellen – man denke etwa an Lenins *emigration blues*[3] und seine zunehmenden Nervenkrankheiten nach dem Scheitern der revolutionären Hoffnungen von 1905. Der richtige Weg scheint darin zu bestehen, an einer festen Verknüpfung zwischen Heiterkeit und Militanz zu arbeiten. Fried-

3 Christopher Read, Lenin, London/New York, 2005, S. 103.

rich Engels hat in einem Brief an Karl Marx vom 13. Februar 1851 einen Teil der psychopolitischen Klugheitsregeln formuliert, die dem Revolutionär das Überleben inmitten des historischen »Strudels« ermöglichen. Dazu gehört, eifersüchtig über die eigene geistige Superiorität und materielle Unabhängigkeit zu wachen, »indem man der *Sache* nach revolutionärer ist als die anderen«. Folglich ist jede offizielle Staatsstellung zu meiden, nach Möglichkeit auch jede Parteifunktion. Wer revolutionär in der Sache ist, braucht keine förmliche Bestätigung durch Ämter – und keine Akklamation durch »eine Bande von Eseln, die auf uns schwört, weil sie uns für ihresgleichen hält«.[4] Also: »... kein Sitz in Komitees pp, keine Verantwortlichkeit für Esel, unbarmherzige Kritik für alle, und dazu jene Heiterkeit, die sämtliche Konspirationen von Schafsköpfen uns doch nicht nehmen werden«.[5] Hiermit erwacht die aristotelische Empfehlung: »Nie hassen, aber oft verachten« zu revolutionärem neuem Leben.

In einem zu Recht berühmt gewordenen Brief, den Rosa Luxemburg am 28. Dezember 1916 aus einem Berliner Gefängnis an ihre Freundin Mathilde Wurm richtete, treten vergleichbare affektdynamische Figuren in reicherer Orchestrierung zutage, ergänzt durch ein verzweifelt-mutiges, revolutionärhumanistisches Credo, das begreiflicherweise ins Album der linken Militanz eingegangen ist. Zu Beginn des Schreibens entlädt sich der heftige Unmut der Gefangenen gegen die Weinerlichkeit in einem kurz zuvor bei ihr eingetroffenen Schreiben der Freundin:

»Ihr seid mir ›zu wenig draufgeherisch‹, meinst Du melancholisch. ›Zu wenig‹ ist gut! Ihr seid überhaupt nicht ›geherisch‹, sondern ›kriecherisch‹. Es ist nicht ein Unterschied des Grades, sondern der Wesenheit. ›Ihr‹ seid überhaupt eine

---

4 Marx, Engels, Werke, Band 27, Berlin 1972, S. 190.
5 Mohr an General. Marx & Engels in ihren Briefen, herausgegeben von Fritz J. Raddatz, Wien/München/Zürich/New York 1980, S. 40.

andere zoologische Gattung als ich, und nie war mir euer griesgrämiges, sauertöpfisches, feiges und halbes Wesen so verhaßt, wie jetzt. ... Was mich anbelangt, so bin ich in der letzten Zeit, wenn ich schon nie weich war, hart geworden wie geschliffener Stahl und werde nunmehr weder politisch noch im persönlichen Umgang auch (nur) die geringste Konzession machen ... Hast Du jetzt genug zum Neujahrsgruß? Dann sieh, daß du M e n s c h bleibst ... und das heißt: fest und klar und h e i t e r sein, ja heiter trotz alledem und alledem, denn das Heulen ist Geschäft der Schwäche ...«[6] Das singuläre Dokument macht deutlich, daß es nicht nur ein bürgerliches Melancholieverbot im Hauptstrom des siegessicheren Fortschritts gegeben hat – wie es in Wolf Lepenies' inzwischen klassischer Studie *Melancholie und Gesellschaft*, 1969, beschrieben wurde, sondern auch ein Larmoyanzverbot bei den bürgerlichen Führern der proletarisch-revolutionären Bewegung. Jede selbstmitleidige Regung zöge bei den Agenten der Weltumwälzung Energien ab, die für das große Vorhaben verloren sind. Vor diesem Hintergrund würde man gern lesen, was Rosa Luxemburg an Jenny Marx, geborene von Westphalen, geschrieben hätte, über deren chronisch verdüsterte Gemütslage Karl Marx dem Freund Engels im November 1868 anvertraute: »Meine Frau hat seit Jahren ... ihr seelisches Gleichgewicht durchaus verloren und quält mit ihrem Jammer und Reizbarkeit und schlechten Stimmung die Kinder zu Tode ...«[7]

Nahezu einhundert Jahre später, und mit dem Wissen vom Scheitern des sowjetischen Großversuchs, wird Antonio Negri eine erneute Reklamation der Heiterkeit versuchen – doch nicht mehr im Namen des Industrieproletariats, das seine Rolle als geschichtemachendes Zornkollektiv unter messiani-

6 Rosa Luxemburg, Briefe an Freunde, herausgegeben von Benedikt Kautsky, Köln 1976, S. 44-46.
7 Mohr an General, a.a.O., S. 203.

scher Fahne längst ausgespielt hat. Die neuen Subjekte militanter Heiterkeit sollen von nun an die Armen, die Marginalen, die Lebenskünstler der Erde sein, die Negri als »Multitude« erneut zu den Fahnen ruft. Bei ihnen will er ein zukunftsträchtiges Lachen beobachtet haben – ein »armes, vogelfreies Lachen«, das sich endgültig aus allen Dienstbarkeiten an den bestehenden Verhältnissen emanzipiert habe. Sein Muster hat Charlie Chaplin geliefert, als er in dem Film *Moderne Zeiten* die Armut und die unbezähmbare Vitalität auf subversive Weise verknüpfte.[8] Nach dem Abschied von der Weltrevolution bleibt, wie es scheint, der ewigen Militanz nur das Lachen derer, die wirklich nichts zu lachen haben.

---

8 Michael Hardt, Antonio Negri, Empire. Die neue Weltordnung, Frankfurt/New York 2002, S. 171.

Die Botschaft von Monte Christo

Drei Jahre vor dem Erscheinen des *Manifests der Kommunistischen Partei* im Februar 1848 war die französische Öffentlichkeit von einem Romanfieber ergriffen worden, das sie über nahezu anderthalb Jahre in Atem hielt. Vom August 1844 bis zum Januar 1846 entrollte sich vor den Augen eines verzauberten und unersättlichen Publikums die größte Rachefabel der Weltliteratur, ein Erzählwerk in Form eines Feuilletonromans von einhundertfünfzig Folgen des *Journal des débats*, das sich in der Buchfassung von 1846 über mehr als eintausendfünfhundert Seiten erstreckte. Was Hegel zufolge im modernen »Weltzustand« nicht mehr möglich ist: der Auftritt eines Helden, dessen Lauf durch die Welt *per se* das Epos ergibt – hier lag es in der evidentesten Weise noch einmal vor, wenn auch nur in der künstlerisch wenig respektablen Gestalt des Unterhaltungsromans. Die Massenkultur machte möglich, was der Hochkultur längst verboten war – eine moderne *Ilias*, deren Held, ein junger Seemann aus Marseille, der von Neidern und Karrieristen denunzierte Edmond Dantès, vierzehn Jahre unschuldig in den vom Meer umspülten Felsenverliesen des Château d'If verbrachte, um nach seiner Befreiung ausschließlich für die Erfüllung seiner feierlichen Racheschwüre zu leben. Sein Martyrium hatte während Napoleons Elbaaufenthalt 1814 begonnen – der Weg des Auferstandenen führte, nach einem Jahrzehnt des regenerativen Rückzugs, der Reisen und der Rachevorbereitungen, in das Paris des Jahres 1838, zur höchsten Blütezeit der Julimonarchie, als die großbürgerliche Finanzwelt endgültig der alten Aristokratie das Ruder aus der Hand genommen hatte.

Titel und Handlungsverlauf des Romans ließen keinen Zweifel daran, daß Dumas die Geschichte eines Messias erzählen wollte, der wiederkehrte, um Rache zu üben. Nicht umsonst trägt die Schrift von Edmond Dantès' spirituellem Mentor und Verlies-Gefährten, dem Abbé Faria, die der Held am Ende seines Feldzugs im einstigen Gefängnis wiederfindet, das zorntheologische Motto: »Du wirst dem Drachen die Zähne ausreißen und die Löwen mit Füßen treten, hat der Herr gesagt.«[1] Seinem Schwur getreu, will der mysteriöse Graf eine Demonstration liefern, »wieviel in unseren modernen Zeiten ein Mann mit einem Vermögen von dreizehn oder vierzehn Millionen seinen Feinden Böses zufügen könnte«.[2]

Als Meister der Massenunterhaltung war der Romancier zu der Einsicht gelangt, daß nichts die Phantasie des großen Publikums so heftig anspricht wie die profanierte Heilsgeschichte. Vielleicht war Dumas der erste, der die metaphysische Mission der Massenkultur darin sah, den Mythos der Wiederkehr vom Himmel auf die Erde zu versetzen. Aus dem Zorn Gottes sollte die menschliche Rache werden – und aus dem Warten auf die jenseitige Vergeltung eine diesseitige Praxis, hinreichend kühl, um mit Umsicht ans Ziel zu gelangen, doch auch heiß genug, um von der Forderung nach Genugtuung nicht im mindesten abzulassen. Hier wurde die Rache unverhüllt als das beschrieben, was sie ihrer thymotischen Natur nach seit je bedeutet – als die Behebung des unerträglichen Mangels an Leiden, der in einer Welt voll ungesühnten Unrechts herrscht.

Aus dieser Sicht verkörpert Edmond Dantès die Weltseele der Bürgerzeit. Ihm ist in klarer und einfacher Evidenz gegeben, wonach die politischen Weltveränderer von damals erst noch suchen mußten. Er ist der Mensch, der seinen Kampf gefunden hat. Sein *modus vivendi* ist das Durchdrungensein von einer Motivation, die jede Mehrdeutigkeit vertilgt. Wer

1 Alexandre Dumas, Der Graf von Monte Christo, Band 2, München 2002, S. 675.
2 Alexandre Dumas, Der Graf von Monte Christo, Band 1, München 2002, S. 221.

für die Rache lebt, besitzt jenes einfache, unwiderlegliche Um-zu, das nach Kierkegaard den Apostel vom Genie unterschei-det.[3] Denn wenn dieses immer erneut auf Einfälle warten muß – und Einfälle sind launisch genug, um bei jeder Gelegenheit die Richtung zu wechseln –, weiß jener ein für alle Mal, was zu tun ist. Was die Junghegelianer auf der anderen Seite des Rheins zur selben Zeit in philosophischen Ausdrücken postu-lierten, wurde von Alexandre Dumas für die Welt des Romans mit allen Konsequenzen wahr gemacht. Der *Graf von Monte Christo* lieferte das französische Pendant zu den Marxschen Thesen über Feuerbach. Durch einen großen erzählerischen Apparat entfaltete diese Geschichte den Satz: »Die Erniedrig-ten und Beleidigten haben bisher den Schurken dieser Welt gegenüber nur unter verschiedenen Vorwänden Nachsicht ge-übt; es kommt darauf an, sich an ihnen zu rächen.«

Der Übergang zur agierten Rache setzt voraus, daß für den Rächer von Anfang an feststeht, wo er die Übeltäter suchen soll. Dumas bleibt diesem Gesetz der großen Rachegeschichte nichts schuldig. Seine Bösewichter sind seit dem ersten Tag der Handlung präzise identifizierbar – alle tragen sie die Ge-sichter der herrschenden Klasse in der Ära des Bürgerkönig-tums. In gewisser Weise sind sie durchwegs »Charaktermas-ken des Kapitals« – doch ist ihre Schuld in keinem Fall auf ihre Klassenlage zu reduzieren. Angeführt wird die Reihe von dem kleinen Halunken Caderousse, der beim Verrat an Dantès die Rolle eines Zwischenträgers gespielt hatte – er verkörpert den Typus des ewigen Handlangers, der unter allen Regimen sei-nen Vorteil wittert, gleich ob in Francs, in Rubel oder in Dol-lar. Auf ihn folgt die Figur des korrupten Richters Villefort, der von der Unschuld des Angeklagten wußte und ihn den-noch, um die eigene Karriere nicht zu gefährden, zu immer-

3 Sören Kierkegaard, Über den Unterschied zwischen einem Genie und einem Apostel (1848).

57

währender Festungshaft verurteilte – auch er ein Inbegriff des zeitlosen Opportunisten, bei dem es nicht verwundert, wenn ihm der Aufstieg zum Amt des Generalstaatsanwalts gelang. Und schließlich die beiden unmittelbaren Autoren des Komplotts gegen den jungen Kapitän, Fernand und Danglars, von denen der eine aus Eifersucht, der andere aus Karriereneid die bösen Pläne geschmiedet hatte. Der erste hat es unter Louis Philippe bis zum General gebracht, der zweite zum saturierten Bankier, geschmückt durch einen gekauften Adelstitel. Das Spektrum dieser Karrieren ist lehrreich: Im Unterschied zur Zeit der bourbonischen Reaktion sind die Arrivisten der Julimonarchie nicht mehr durch die fatale Alternative von Rouge und Noir gefesselt. Die Zahl der guten Positionen hat sich dramatisch vermehrt, die Stadt Paris vibriert von neuen Chancen. Die Wege nach oben haben sich so sehr vervielfacht, daß erstmals in der Geschichte des alten Europa eine Mehrheit von neuen Leuten zur Spitze vorgedrungen ist.

In den Portraits dieser Figuren gibt der Romancier der Überzeugung Ausdruck, das Böse in den Beziehungen zwischen Menschen entspringe letztlich nicht aus den sozialen Strukturen, sondern aus den Herzen der korrupten Einzelnen. Gegen die zeitlose Infamie vermag keine politische Umwälzung etwas auszurichten – allein die ruhig bis zum Ende vollzogene Rache erlaubt, das gestörte Gleichgewicht der Welt wiederherzustellen. Daher fällt der populären Literatur die Aufgabe zu, den Zorn der Benachteiligten zu entpolitisieren und ihn auf seine »natürlichen« Objekte, die präzise identifizierten Schurken, zu lenken. Die wahre Satisfaktion, wenn man dem Evangelium nach Monte Christo glauben darf, liegt nicht im Sieg eines Kollektivs aus Erniedrigten und Beleidigten über seine alten Herren. Sie gelingt ausschließlich infolge der Rache eines auserwählten Opfers an denen, die ihre Hand an sein Leben gelegt hatten.

Nur ein einziges Mal, auf dem Höhepunkt der Rachehandlung – von Dumas mit Bedacht bis zum Schluß der Handlung aufgespart –, bricht in die Abrechnung des Grafen mit seinen Feinden ein Hauch von klassenkämpferischer Spannung ein. Dantès begnügt sich am Ende seines Missionswerks nicht damit, den Bankier Danglars durch manipulierte Börsenoperationen zu ruinieren; er muß seinen Feldzug bis zur Vernichtung der kapitalistischen Persönlichkeit als solcher vorantreiben. Damit nimmt Monte Christo stellvertretend Rache am Geist der Bürgerzeit im ganzen. Danglars wird auf Geheiß des Grafen von einer Bande italienischer Räuber unter dem Kommando eines gewissen Luigi Vampi gefangengenommen – eines pittoresken Banditen, der in seiner freien Zeit Plutarchs *Leben Alexanders* liest, was wohl auf einen Studienabbrecher schließen läßt. Höflich und bestimmt wird der Bankier, der den Sinn seiner Entführung nur mit Mühe begreift, in einer entlegenen Höhle festgehalten. Erst allmählich geht ihm ein Licht über seine Lage auf: In seiner Zelle ist der Gefangene darauf angewiesen, sich von Gerichten auf »Luigi Vampis Speisekarte« zu ernähren. Für jedes Gericht des alternativen Restaurants ist ein gewisser Preis zu bezahlen, »wie dies sich bei allen ehrlichen Christen versteht« – die Preise sind jedoch auf absurde Summen festgesetzt, so daß der Geizhals, vom Hunger gemartet, sich genötigt sieht, sein gesamtes Vermögen, bis auf einen symbolischen Rest, für den täglichen Lebensunterhalt auszugeben, fünf Millionen Francs in zwölf Tagen – ein Betrag, von dem berichtet wird, er sei vom Grafen sofort an Hospitäler und Armenhäuser weitergegeben worden.

Wer als bewegter Leser den Untergang Danglars' mitvollzieht, begreift, wie sehr Marx unrecht hatte, wenn er behauptete, das Proletariat habe keine Ideale zu verwirklichen.[4] Es

4 Vgl. Karl Marx, Friedrich Engels, Werke, Band 17, Berlin 1973, S. 343: »Die Arbeiterklasse hat keine Ideale zu verwirklichen; sie hat nur die

gibt einen proletarischen Idealismus, der sich im Sinn für die geglückte Rache ausspricht. In solchen Fällen wird – wie bei dem volkstümlichen Ruf nach der Todesstrafe – die bis zum Ende ausgeübte Grausamkeit als Verwirklichung einer erhabenen Mission empfunden.

Mit diesen genußreich ausgemalten Szenen überschreitet das Verlangen nach Rache die Schwelle, jenseits welcher keine Steigerung mehr in Aussicht steht. Wenn Danglars nach kaum zwei Wochen, weißhaarig geworden, aus seinem Verlies ins Freie taumelt, ist alles geschehen, was unter den Auspizien des irdischen Gerichts zu erreichen war. Die höchste Satisfaktion wird von der Zerstörung des bourgeoisen Charakters gewährt. Durch sie wird das Prinzip der korrupten Karriere als solches offengelegt, und der Karrierist erleidet seine wohlverdiente Strafe. Studiert man die Speisekarte des Räubers so aufmerksam, wie ihr dies als einer gastronomischen Gestalt des *contrat social* gebührt, wird evident, daß sie nichts anderes als einen populären Kommentar zum Begriff der Ausbeutung darstellt. Durch die Umkehrung der Ausbeutungsrichtung ließ der Romancier aus dem Millionär einen armen Teufel werden, der am eigenen Leib erlebt, was es bedeutet, wenn man sein Leben um der nackten Selbsterhaltung willen Tag um Tag auf den Markt trägt. Er muß nicht seine Arbeitskraft verkaufen, um zu überleben, sondern seine Kaufkraft opfern, um das Verhungern abzuwenden. Die Moral der Szenen liegt auf der Hand. Sie lautet: Jeder Blutsauger lebt mit dem Risiko, früher oder später einem Vampir höherer Ordnung zu begegnen.

Die entscheidende Botschaft von Monte Christo zielt darauf, die Herrschaft des Kapitals über das Begehren der Bürger insgesamt außer Kraft zu setzen. Dieser Wechsel soll nicht durch die Expropriation der Produktionsmittel geschehen,

Elemente der neuen Gesellschaft in Freiheit zu setzen, die sich bereits im Schoß der zusammenbrechenden Bourgeoisgesellschaft entwickelt haben.« (Der Bürgerkrieg in Frankreich, 1871)

wie die marxistische Vulgata wollte, vielmehr durch den Fund eines Schatzes, der selbst den größten Reichtum aus Industrie- und Bankgeschäften in den Schatten stellt. Die Losung heißt: zurück zum Schatz – nicht: vorwärts zur Enteignung der Ex- propriateure! So erweist sich die Schatzsuche gegenüber Ar- beit, Profit und Umverteilung als das tiefere Phänomen. Mit dieser Demonstration verlassen wir die politökonomische Szene und tauchen in die Welt des Märchens zurück. Werden aber die tieferen Schichten jeder Kritik der politischen Öko- nomie nicht immer nur von der Kritik des Bereicherungsmär- chens berührt? Beruhen nicht alle Geldphantasien auf dem Motiv, daß der Held einen Weg finden soll, wie man seine Mit- tel verausgabt, ohne an Liquidität zu verlieren? Dem wahren Liebling der Fortuna darf das magische Manna selbst dann nicht fehlen, wenn er es mit vollen Händen unters Volk ge- bracht hat. Ebendiesen Effekt verkörperte der mysteriöse Graf, seit er begonnen hatte, wie ein orientalisches Phantom durch die Gespräche der Pariser Gesellschaft zu spuken.

Es kommt nicht wirklich überraschend, wenn eine solche Geschichte mit einer frommen Lüge endet. Nachdem der Graf alle offenen Rechnungen beglichen und die Urheber seiner Leiden der Reihe nach mit kühler Überlegung ausgelöscht hat, sagt er sich in einem sentimentalen Abschiedsbrief von der Rache los und bekennt, er sei, wie vormals der Satan, der Ver- suchung erlegen, Gott sein zu wollen. Nun aber, da er die Anmaßung, selber Gerichtstag zu halten, überwunden habe, kehre er zum menschlichen Maß zurück. Er möchte künftig nur noch ein Mensch unter Menschen sein, besser: ein reicher Mann unter reichen Leuten. Von seinen Freunden nimmt er Abschied mit der Mahnung: »Die ganze menschliche Weisheit liegt in den Worten: warten und hoffen!«

Von diesem Mann will das Publikum aus begreiflichen Gründen nichts mehr hören. Es hat ganz recht, wenn es den fade gewordenen Privatier ohne Bedauern ziehen läßt. Ein

Angehöriger der zufriedenen Klasse mehr oder weniger – das ändert nichts an der Lage der Welt. Was gehen uns die Schicksale eines Deserteurs an, der die erhabene Sache des Unglücks im Stich läßt, sobald er für sich selbst Satisfaktion erlangt hat? Wer den Fahneneid auf den Geist der Rache bricht, hat den Anspruch auf unsere Aufmerksamkeit verspielt. Mit sicherem Urteil hält sich der Leser weiterhin an den Unbekehrten, der nach seiner Auferstehung aus dem Kerker auf der Exekution seines Zorns bestand wie auf einem heiligen Rechtstitel. Ihm allein gelten auch die Träume Fidel Castros, wenn er an den langen Nachmittagen von Havanna in seinem Lieblingsbuch, dem *Grafen von Monte Christo*, blättert.

Jules Verne und Hegel

Was globalisierter Verkehr bedeutet und leistet, hat kaum jemand treffsicherer und unterhaltsamer zu veranschaulichen gewußt als Jules Verne in seinem satirisch getönten Erfolgsroman *Le Tour du Monde en Quatre-Vingts Jours* aus dem Jahr 1874. Das Buch bietet, in seiner galoppierenden Oberflächlichkeit, eine Momentaufnahme aus dem Prozeß der Moderne als Verkehrsprojekt. Es illustriert die quasi-geschichtsphilosophische These, es sei der Sinn moderner Verhältnisse, den Verkehr im Weltmaßstab zu trivialisieren. Nur in einem globalisierten Ortsraum lassen sich die neuen Mobilitätsbedürfnisse organisieren, die den Personentransport ebenso wie den Warenverkehr auf die Basis von ruhigen Routinen stellen wollen. Verkehr ist der Inbegriff reversibler Bewegungen. Sobald diese auch auf Langstrecken zu einer zuverlässigen Institution ausgebaut sind, wird es schließlich gleichgültig, in welche Richtung eine Weltumrundung unternommen wird. Es sind äußere Zufälle, die den Helden von Jules Vernes Roman, den Engländer Phileas Fogg, Esquire, und seinen beklagenswerten französischen Diener, Passepartout, dazu bewegen, die Fahrt um die Erde in achtzig Tagen auf der Ostroute zu bewältigen. Es steckt dahinter zunächst nicht mehr als eine Zeitungsmeldung, die besagte, der indische Subkontinent sei durch die Eröffnung des letzten Teilstücks der *Great Indian Peninsular Railway* zwischen Rothal und Allahabad in bloß drei Tagen durchquerbar geworden. Daraus konstruierte ein Journalist einer Londoner Tageszeitung den provozierenden Artikel, der den Anlaß zu Phileas Foggs Wette mit seinen Whist-Freunden vom Reform-Club geben sollte. Worüber Fogg mit seinen Club-Partnern wettet, ist im Grunde die Frage, ob die touristische Praxis imstande sei, die Verheißungen ihrer Theorie wahrzumachen. Der folgenreiche Aufsatz im *Morning Chron-*

icle enthielt eine Aufstellung der Zeitspannen, die ein Reisender würde veranschlagen müssen, um von London um die Welt herum nach London zu gelangen – unnötig zu betonen, daß die britische Hauptstadt zu dieser Zeit der Standort aller Standorte war; von hier aus gingen ein Großteil der Schiffe und Kapitale auf ihre Reisen um die Welt. Daß diese Kalkulation auf der Hypothese einer Reise nach Osten beruhte, entsprach, neben der habituellen britischen Affinität zum indischen Teil des Commonwealth, einem Topos der Epoche: Die Eröffnung des Suezkanals im Jahr 1869 hatte in Europa eine Sensibilisierung für das Thema Beschleunigung im Weltverkehr erzeugt und Anreize für die dramatisch verkürzte Ostroute geschaffen. Wie der Verlauf von Foggs Reise bezeugt, handelte es sich hier bereits um einen vollständig gewesteten Osten, der mit all seinen Brahmanen und Elefanten nicht mehr bedeutete als ein beliebiges Bogenstück auf dem ortsräumlich dargestellten und verkehrstechnisch disponibel gemachten Planeten.

»Hier steht die Berechnung gedruckt im *Morning Chronicle*:

London–Suez über Mont-Cenis und Brindisi,
per Eisenbahn und Dampfschiff 7 Tage;
Suez–Bombay, Dampfschiff 13 Tage;
Bombay–Kalkutta, Eisenbahn 3 Tage;
Kalkutta–Hongkong (China), Dampfschiff 13 Tage;
Hongkong–Yokohama (Japan), Dampfschiff 6 Tage;
Yokohama–San Franzisco, Dampfer 22 Tage;
San Franzisco–New York, Eisenbahn 7 Tage;
New York–London, Dampfer und Eisenbahn 9 Tage.
Total: 80 Tage.

›Tatsächlich, bloß achtzig Tage!‹ rief Andrew Stuart ... ›aber da müssen auch noch das schlechte Wetter, die Gegenwinde, ein möglicher Schiffbruch, Zugentgleisungen einberechnet ...‹

›Alles inbegriffen‹, antwortete ihm Phileas Fogg.

›Auch wenn Hindu oder Indianer die Schienen aufreißen, die Züge anhalten, die Postwagen plündern und die Reisenden skalpieren, auch dann?‹ ereiferte sich Andrew Stuart.

›Alles inbegriffen‹, wiederholte Phileas Fogg.«[1]

Es ist die Botschaft Jules Vernes, es gebe in einer technisch gesättigten Zivilisation keine Abenteuer mehr, sondern nur noch die Gefahr der Verspätung. Darum legt der Autor Wert auf die Beobachtung, daß sein Held keine Erfahrungen macht. Herrn Foggs imperiales Phlegma darf sich durch keine Turbulenz beirren lassen, denn als Globalreisender ist er der Aufgabe enthoben, dem Lokalen Respekt zu bezeigen. Nach der Herstellung von Umrundbarkeit ist die Erde für den Touristen selbst auf den fernsten Schauplätzen bloßer Inbegriff von Situationen, von denen die Tageszeitungen, die Reiseschriftsteller und die Enzyklopädien längst ein kompletteres Bild geliefert haben. So versteht sich, warum das sogenannte Fremde dem Durchreisenden kaum eines Blickes wert ist. Welche Zwischenfälle sich auch ereignen, ob eine Witwenverbrennung in Indien oder ein Indianerüberfall im amerikanischen Westen, es kann sich im Prinzip nie um etwas anderes handeln als um Vorgänge und Umstände, über die man als Mitglied des Londoner Reform-Clubs vollständiger informiert ist als der Tourist am Ort. Wer unter solchen Bedingungen reist, tut dies weder zum Vergnügen noch aus geschäftlichen Gründen, sondern der Bewegung als solcher zuliebe; *ars gratia artis; motio gratia motionis.*[2]

Seit den Tagen des Giovanni Francesco Gemelli Careri (1651-

---

1 Jules Verne, Reise um die Erde in achtzig Tagen, übersetzt von Erich Fivian, Zürich 1974, S. 23-24.

2 Zum Lob der reinen Bewegung vgl. Karl Marx/Friedrich Engels, Das Manifest der Kommunistischen Partei, 1848; sowie Thomas de Quincey, The Glory of Motion, 1849 (deutsch: Die englische Postkutsche, Erster Teil, Der Zauber der Bewegung, in: Th. de Q., Bekenntnisse eines englischen Opiumessers und andere Schriften, Stuttgart 1962, S. 287f.).

1725) aus Kalabrien, der aus Verdruß über Familienstreitig-keiten in den Jahren 1693 bis 1697 eine Weltumsegelung unternahm, ist der Typus des Weltreisenden ohne Geschäfts-interessen, der Tourist, eine im Spielplan der Moderne eta-blierte Größe. Sein 1699 publizierter *Giro del Mondo* gehört zu den Gründungsdokumenten einer Literatur der Globalisie-rung aus purer Laune. Auch Gemelli Careri machte sich den Habitus des Entdeckers zu eigen, der glaubte, das Mandat des Zeitgeistes zu besitzen, zu Hause von seinen Erfahrungen draußen zu berichten. Seine mexikanischen Beobachtungen und seine Schilderung der Pazifikpassage galten noch Genera-tionen später als ethno-geographisch respektable Leistungen. Auch wenn sich spätere Weltenbummler einem subjektiv ge-prägten Berichtstil zuwendeten, blieb die Liaison von Rei-sen und Schreiben bis ins 19. Jahrhundert unangetastet. Noch 1855 konnte das Brockhaussche *Conversationslexicon* kon-statieren, einen Touristen nenne man »einen Reisenden, der keinen bestimmten, z. B. wissenschaftlichen Zweck mit seiner Reise verbindet, sondern nur reist, um die Reise gemacht zu haben und sie dann beschreiben zu können«.

Bei Jules Verne hat der Weltreisende seinem dokumentari-stischen Beruf entsagt und ist zum reinen Passagier geworden. Er präsentiert sich als Kunde von Transportdiensten, der dafür bezahlt, daß seine Reise zu *keiner* Erfahrung wird, von der danach zu berichten wäre. Die Weltumrundung ist für ihn eine sportliche Leistung und keine philosophische Lektion, ja nicht einmal mehr Teil eines Erziehungsprogramms. Darum darf Phileas Fogg sprachlos bleiben wie ein Sportler.

Was die technische Seite der Weltumrundung in 80 Tagen anbelangte, war Jules Verne im Horizont des Jahres 1874 kein Visionär: In Rücksicht auf die ausschlaggebenden Verkehrs-mittel, Eisenbahn und Schraubendampfer, die Hauptmotoren der Transport»revolution« im mittleren und späteren 19. Jahr-hundert, entsprach die Reise seines Helden exakt dem Stand der Kunst, apathische Engländer von A nach B und zurück zu bringen. Nichtsdestoweniger haften an der Figur des Phileas Fogg prophetische Züge, sofern er als Prototypus des verallgemeinerten blinden Passagiers auftritt, dessen einziger Bezug zu den vorbeigleitenden Landschaften in seinem Durchquerungsinteresse besteht. Der stoische Tourist bevorzugt es, bei geschlossenen Fenstern zu reisen; als Gentleman beharrt er auf seinem Recht, nichts für sehenswürdig halten zu müssen; als Apathiker lehnt er es ab, Entdeckungen zu machen. Diese Attitüden kündigen ein Massenphänomen des 20. Jahrhunderts an – den hermetischen Pauschalreisenden, der überall umsteigt, ohne irgendwo etwas wahrzunehmen, was anders aussähe als die Prospekte. Fogg ist das vollendete Gegenteil seiner typologischen Vorgänger, der Weltumsegler und Geographen im 16., 17. und 18. Jahrhundert, für die jede Fahrt mit der Erwartung von Entdeckungen, Eroberungen und Bereicherungen verbunden war. Diesen Erfahrungsreisenden folgten vom 19. Jahrhundert an die Erlebnistouristen auf dem Fuß, die in die Ferne fuhren, um sich durch Eindrücke aufwerten zu lassen.

Unter den impressionistischen Reisenden des vergangenen Jahrhunderts hat es der Kulturphilosoph Hermann Graf Keyserling durch seine Reisenotizen zu einem gewissen Ruhm gebracht – sein *Reisetagebuch eines Philosophen* war in der Zeit nach dem Ersten Weltkrieg ein fester Bestandteil jeder seriösen deutschen Privatbibliothek. Der Autor absolvierte seine große Runde durch die Weltkulturen in dreizehn Monaten als eine Art von hegelianischem Experiment – Erleuchtung durch verzögerte Rückkehr in die deutsche Provinz.[3] Phileas Fogg freilich war gegenüber Keyserling deutlich im Vorteil, weil er nicht mehr so tun mußte, als sei für ihn bei der Fahrt

---

3 Hermann Graf Keyserling, Reisetagebuch eines Philosophen (1918), Frankfurt am Main 1980.

ums Ganze noch etwas Wesentliches zu lernen. Jules Verne ist der bessere Hegelianer, da er begriffen hatte, daß in der eingerichteten Welt keine substantiellen Helden mehr möglich sind, sondern nur noch Helden des Sekundären. Lediglich mit seinem Einfall, auf der Atlantikpassage zwischen New York und England in Ermangelung von Kohlen die Holzaufbauten des eigenen Schiffs zu verfeuern, rührte der Engländer für einen Moment noch einmal an das originale Heldentum und gab der Idee des Selbstopfers eine Wendung, die dem Geist des Industriezeitalters entsprach. Ansonsten beschreiben Sport und Spleen den letzten Horizont für männliche Anstrengungen in der eingeräumten Welt. Keyserling hingegen streift die Lächerlichkeit, wenn er wie eine verspätete Personifikation des Weltgeistes die Erde umrunden will, um »zu sich« zu kommen – sein Motto heißt dementsprechend komisch: »Der kürzeste Weg zu sich selbst führt um die Welt herum.« Aber wie sein Buch zeigt, kann der reisende Philosoph keine Erfahrung machen, sondern nur Impressionen sammeln.

Marxistische Elegie:
Althusser und der »Bruch« in Marx

Unbefriedigt ist und bleibt die Aufklärung. Der zweite große Faktor ihrer Selbstdementierung ist die Enttäuschung durch den Marxismus. In den Erfahrungen, was aus »orthodox« marxistischen Bewegungen wurde, im Leninismus, im Stalinismus, im Vietcong, auf Cuba und in der Bewegung der Roten Khmer, hat ein Großteil des heutigen zynischen Zwielichts seinen Ursprung. Am Marxismus erleben wir den Zusammenbruch dessen, was »das vernünftige Andere« zu werden versprach. Die Entwicklung des Marxismus war es, die in die Verbindung der Aufklärung mit dem Prinzip Links einen Keil getrieben hat, der sich nicht mehr entfernen läßt. Die Entartung des Marxismus zur Legitimationsideologie verkappt nationalistischer und offen hegemonialer und despotischer Systeme hat das vielgerühmte Prinzip Hoffnung ruiniert und die ohnedies schwierige Lust in der Geschichte verdorben. Auch die Linke lernt, daß man nicht länger vom Kommunismus reden kann, als gäbe es keinen und als könnte man unbefangen von neuem beginnen.

Die eigenartige Doppelstruktur des Marxschen Wissens habe ich angedeutet: Es ist ein Kompositum aus emanzipierender und verdinglichender Theorie.[1] Verdinglichung zeichnet jedes Wissen aus, das Herrschaft über die Dinge anstrebt. In diesem Sinn war das Marxsche Wissen von vornherein Herrschaftswissen. Lange bevor der Marxismus theoretisch oder praktisch irgendwo an der Macht war, taktierte er schon, in perfekt »realpolitischem« Stil, als Vormacht vor der Machtergreifung. Er war schon immer ein allzu genaues Diktat der »richtigen Linie«. Schon immer hat er jede praktische Alter-

---

1 P. Sl., Kritik der zynischen Vernunft, Frankfurt am Main, 1983, S. 87-95.

native jähzornig vernichtet. Schon immer hat er zum Bewußtsein der Massen gesagt: Ich bin dein Herr und Befreier, du
sollst keine anderen Befreier haben neben mir! Jede Freiheit,
die du dir anderswo nimmst, ist eine kleinbürgerliche Abweichung. Im Verhältnis zu anderen Tendenzen der Aufklärung
nahm auch der Marxismus jene Position ein, die der einer
»reflektierenden Fläche« entspricht. Die intellektuellen Stu-
dienkader des Marxismus haben sich verhalten wie die Zen-
surabteilungen bürgerlicher Innen- und Polizeiministerien,
die zwar alles studierten, was die nichtmarxistischen Aufklä-
rer hervorbrachten, jedoch alles zensierten, was auch nur den
Verdacht des Nonkonformismus nährte.

Louis Althusser, der frühere theoretische Kopf der französischen Kommunistischen Partei, hat vor mehr als einem Jahrzehnt Unruhe ausgelöst, als er meinte, im Werke Marx' einen
»wissenschaftstheoretischen Bruch« festzustellen, einen Übergang von einer humanistischen Ideologie zu einer antihuma-
nistischen Strukturwissenschaft, der zwischen dem Jugend-
werk und dem Werk der Reifezeit stattgefunden habe. Dieser
Bruch, den Althusser, als einer der besten Marx-Kenner der
Gegenwart, theoretisch aufgespürt hatte, scheint sich in seiner
eigenen Persönlichkeit reinkarniert zu haben. Er erkrankte
gewissermaßen an dem, was er sah. Dieser Bruch wurde sein
wissenschaftlicher, sein politischer, sein existentieller Ort.
Weil Althusser Marx sympathetisch begriff, prägte sich der
Bruch in der Marxschen Theorie und Existenz geradezu mit
symbiotischer Tiefe in seine Lehre und sein Leben ein. Althusser ist, man darf es auszusprechen wagen, an diesem Konflikt
zerbrochen. Seit Jahren hatte der Widerspruch zwischen seiner philosophischen Kompetenz und seiner Loyalität gegenüber der Kommunistischen Partei an seiner Theoriearbeit wie
an seiner Existenz gezerrt. Verheiratet mit einer Soziologin
»bolschewistischer Richtung«, verfolgte ihn der Konflikt zwischen Orthodoxie und Erkenntnis, zwischen Treue und Frei-

heit bis in sein privates Leben. Althusser erkannte, daß Marx in einer gewissen Hinsicht selbst nicht mehr Marx war und daß sich ein Bruch, eine Doppeldeutigkeit durch sein Werk zieht, die dessen theoretische und praktische Geltung immer erneut schwierig macht. In seiner Treue zur Wahrheit *und* zur Kommunistischen Partei war auch Althusser nicht mehr fähig, Althusser zu bleiben. So hat der weltberühmte marxistische Philosoph in einem, wie man sagt, »psychotischen« Anfall von Verwirrung am 16. November 1980 seine Ehefrau Hélène ermordet, vielleicht in einem jener verzweifelten Zustände, in denen man nicht mehr weiß, wo der andere beginnt und das Ich endet – wo die Grenzen zwischen Selbstbehauptung und blinder Zerstörung zerfließen.

Wer ist der Mörder? Ist es Althusser, der Philosoph, der sich selbst auf dem Umweg über seine Frau, die »Dogmatikerin«, umbrachte, um den Zustand der Spaltung zu beenden, in dem der Philosoph nie richtig zum Leben kam? Ist es der Befreiungsmord eines Gefangenen, der in innerer Notwehr tötete, was ihn tötete? Ist es ein Mord an Althusser, dem Berühmten, der nur durch das Eintauchen in die zynische Sphäre der Kriminalität seine eigene falsche Identität, seinen falschen Ruhm, seine falsche Repräsentanz zerstören konnte? Wie die Psychologie von Selbstmördern weiß, die im Grunde Mörder eines anderen sind, so gibt es auch Mörder, die im Grunde Selbstmörder sind, indem sie im anderen sich selbst vernichten.

Ich will versuchen, den Althusserschen »Bruch« anders zu interpretieren, als er selbst es tat, wobei ich auf sein Beispiel und die Sprache seiner Tat höre. Ich möchte dem Philosophen ein Denkmal setzen, indem ich seine Marxerkenntnis rekonstruiere – den wirklichen Bruch in der Marxschen Theorie. Es ist ein Denkmal für einen Mörder, der mit konfuser Gewalt jenen Bruch sichtbar machte, den kein Wille zur Vermittlung, keine Loyalität und keine Trennungsangst zum Verschwinden bringen kann.

Im Marxschen Werk gibt es nicht einen Bruch zwischen einer »ideologischen« und einer »wissenschaftlichen« Phase, sondern einen Bruch zwischen zwei Modalitäten der Reflexion – einer kynisch-offensiven, humanistischen, emanzipatorischen Reflexion und einer objektivistischen herrenzynischen Reflexion, die das Freiheitsstreben anderer im Stil einer funktionalistischen Ideologiekritik verhöhnt. Marx hat auf der einen Seite etwas vom Rebellen, auf der anderen vom Monarchen; seine linke Hälfte gleicht Danton, seine rechte erinnert an Bismarck. Wie Hegel, der ein ähnliches Doppelnaturell von Revolutionär und Staatsmann in sich trug, ist er einer der größten dialektischen Denker, weil in ihm eine fruchtbare innere Polemik mindestens zweier sich aneinander abarbeitender Denkerseelen wirksam war. Althussers theoretische und existentielle Tragödie nimmt ihren Ausgang von seiner Parteinahme für den »rechten« Marx, den er in dessen Schriften *nach* der sog. *coupure épistémologique* entdeckt; es ist jener »realpolitische« Marx, dem Althusser eine absolut »wissenschaftliche«, von allen humanistischen Sentimentalitäten gereinigte »Realtheorie« des Kapitals unterstellt; dies ist der Sinn seiner »strukturalen Lektüre«.

Das Werk des jungen Marx gründet in den Eindrücken der Hegelschen Logik, mit der er gegen den Hegelschen Idealismus selbst zu Felde zog. Arbeit und Praxis sind die Schlüsselbegriffe, mit denen man hegelianisch aus dem Gehäuse des Systems hinausfindet. Sie versprechen einen wissenschaftlichen Ansatz neuen Typs, eine Empirie, die nicht hinter die Höchstpositionen philosophischer Reflexion zurückfällt. Mit diesen Begriffen von Arbeit und Praxis, die sich in dem pathetischen Begriff der Politik vereinigten, ging die linkshegelianische Generation über ihren Meister hinaus. Aus diesem Geist erwuchs eine kräftige, angriffslustige Sozialkritik, die sich als »realer Humanismus«, als Wendung zum »wirklichen Menschen« verstand.

Die Genialität des jungen Marx erwies sich darin, daß er mit einer Wendung vom Hegelschen »System« zur nachhegelschen humanistischen »Kritik« sich nicht zufriedengab. Seine heftigste Polemik richtete sich darum zunächst gegen seine größte Versuchung, die er mit seiner Intelligenzgeneration teilte: die, in bloßer »kritischer Kritik« zu verharren. Er spürte und rationalisierte sein Gespür dafür, daß eine kraftvolle kritische Theorie die Gegenstandswelt und die Wirklichkeit selbst erobern muß, um sie sowohl positiv wie kritisch zu begreifen. Dieser Impuls begründet unter anderem seine Wendung zur Ökonomie, die er in ihrer naiven bürgerlichen Gestalt aufgreift, um sie mit einer reflektierten Theorie zu überbieten. Das blasse Wort Lernprozeß reicht an dieses Drama einer kreativen Reflexion nicht heran. Marx' Denken ging den Weg vom Hegelschen System zur Kritik der politischen Ökonomie, von einem kontemplativen Theoriebegriff zum Verständnis von Theorie als Weltmovens, von der Sphäre der Ideen zur Entdeckung der Arbeit, von der abstrakten zur konkreten Anthropologie, vom Naturschein zur Selbsterzeugungsgeschichte der Menschheit. Als Theorie sozialer Emanzipation konnte sich das Marxsche Wissen nur Geltung verschaffen, wenn es zugleich ein massenhaftes Ich benannte, das im Spiegel dieser Theorie die Möglichkeit seiner Freiheit erkennen würde. Hier machte sich Marx zum historisch-logischen Lehrer und Patron des Proletariats, das er als den prädestinierten Schüler seiner Theorie identifizierte. An ihm wollte er der große Befreier werden, indem er sich als Lehrer der Arbeiterbewegung in den Gang der europäischen Geschichte einschaltete.

Nun ist Marx jedoch mindestens zweimal in einer Weise über Leichen gegangen, die Zweifel an seinem Lehranspruch und seinem Realismus weckt. Ich sehe in Max Stirner und in Bakunin die intimsten Gegner von Marx, weil sie jene Theoretiker waren, die er nicht einfach überbieten konnte, sondern die er, um sie auszuschalten, mit seiner Kritik förmlich vernichten mußte. Denn beide repräsentierten nichts anderes als logische und sachliche Alternativen zu den Marxschen Lösungen, Stirner in der Frage, ob und wie man »privat« Entfremdung durchbrechen könne, Bakunin in der Frage, ob und wie man zur künftigen »entfremdungsfreien Gesellschaft« finde. Beide hat Marx mit einem geradezu vivisektorischen Haß in Grund und Boden kritisiert. Die berühmte posthume *Deutsche Ideologie*, zum größten Teil gegen Stirner gerichtet, enthält die intensivste Einzelauseinandersetzung, die Marx und Engels jemals mit einem Denker geführt haben; und die Bakuninvernichtung war für Marx ein über viele Jahre gehendes Geschäft. Im Haß von Marx gegen beide, in seinem Hohn und in seiner bodenlosen Verachtung wirkte eine Energie, die mit Temperament und Konkurrenzgefühl bei weitem nicht zu erklären bleibt. Beide zeigten ihm systematische Grenzen seines eigenen Ansatzes – Erfahrungen, die er weder integrieren noch einfach mißachten konnte. Es kamen hier elementare und unabweisliche Überlegungen ins Spiel, für die im Marxschen Entwurf kein Raum war und kein Raum werden sollte. Ja, mehr noch, in Stirner wie in anderen Vertretern der kritischen Kritik und der »Heiligen Familie« erkannte Marx etwas, was auch in ihm wirksam war, dessen Lebensrecht er jedoch leugnen mußte, um *dieser* Marx zu werden. Mit seiner rechten Hälfte, mit seiner »realistischen«, staatsmännischen, realpolitischen und großtheoretischen Seite drückte er die linke, revoltische, vitale, bloß »kritizistische« Seite nieder, die ihm in den anderen als »Position für sich« entgegentrat. Bei der kritischen Vernichtung von Stirner und Bakunin ging er gewissermaßen über seine eigene Leiche, den konkreten, existentiellen, ja letztlich »weiblichen« Teil seiner Intelligenz. Mit diesem hatte er noch realistisch-konkret gegen Hegel kritisch revoltiert; nun tritt er als Herrendenker gegen diese Seite in ihrer Einseitigkeit auf.

Stirner gehört wie Marx zu jener jungdeutschen Generation, die im Klima der Hegelschen Philosophie mit ihrem subversiven Reflexionstraining ein außergewöhnliches Gespür für alles, was »im Kopf passiert«, entwickelt hatte (Feuerbach, Bruno Bauer, Arnold Ruge, Moses Hess, Karl Grün, Heinrich Heine u. a.).

Hegels Logik hatte einen Raum erobert, der weder bloß Sein noch bloß Bewußtsein ist, sondern »etwas von beidem« an sich hat; das besagt die Denkfigur von der vermittelten Unmittelbarkeit. Das Zauberwort der neuen Logik ist Vermittlung. Wir dürfen es mit »Medium« übersetzen. Es gibt zwischen Sein und Bewußtsein ein Mittleres, das beides ist und in dem die Scheinantithese von Geist und Materie verschwindet; Marx hat diese Vision in seiner Theorie des Kapitals umgesetzt.

Sagen wir es handfest: In den Köpfen der Menschen arbeiten historisch geformte Denk- und Wahrnehmungsprogramme, die alles, was von außen nach innen und von innen nach außen geht, »vermitteln«. Der menschliche Erkenntnisapparat ist gewissermaßen ein inneres Relais, eine Schaltstation, ein Transformator, in welchem Wahrnehmungsschemata, Urteilsformen und logische Strukturen einprogrammiert sind. Das konkrete Bewußtsein ist niemals etwas Unmittelbares, sondern durch die »innere Struktur« vermittelt.

Zu dieser tradierten inneren Struktur kann sich die Reflexion grundsätzlich in drei Einstellungen verhalten: Sie kann ihr zu entkommen versuchen, indem sie sich »deprogrammiert«; sie kann sich so wach wie möglich in ihr bewegen; und sie kann sich selbst, als Reflexion, preisgeben, indem sie auf die These setzt, daß die Struktur alles ist.

Mit diesen drei Einstellungen bekommen wir es nun zu tun. Stirners Idee ist es, aus seinem Kopf alle fremden Programmierungen einfach hinauszuwerfen. Nach dieser totalen Selbstreinigung des Kopfes soll ein nackter, gewissermaßen leerer, reflektierter Egoismus übrigbleiben. Wenn es wirklich so ist, daß die Gesellschaft »Sparren« in meinem Kopf hineindressiert hat, so müßte, schnell gedacht, meine Emanzipation wohl darin bestehen, daß ich diese fremden Programmierungen in mir demontiere. Das Eigene im Ichbewußtsein will sich so im Handumdrehen des Fremden entledigen. Stirner visiert eine Befreiung von der Entfremdung im eigenen Inneren an. Das Fremde nistet sich in mir ein; so gewinne ich »mich selbst« zurück, indem ich das Fremde ausstoße. Man kann auf vielen hundert Seiten nachlesen, wie sich Marx und Engels über diesen im Grunde schlichten Gedanken aufgeregt haben. Sie kritisieren diese neo-egoistische Position vernichtend – nicht moralisch, sondern erkenntnistheoretisch: als eine neue Selbsttäuschung. Sie zeigen, daß das Stirner-Ich, jener »Einzige«, der seine Sache auf Nichts gestellt hat und sich selbst als sein einziges Eigentum betrachtet, in eine neue Naivität springt, die sich nicht zuletzt an dem kleinbürgerlich prahlerischen Nur-noch-Ich-Standpunkt verrät. In Stirner kulminiert erstmals der theoretische Anarchismus des 19. Jahrhunderts. Stirner hat eine »existentialistische« Reduktion auf das reine Ich vollzogen – jedoch hierbei ganz naiv das Ich als etwas unterstellt, was »es gibt«. Habe ich erst das Fremde, die Gesellschaft, aus »mir« hinausgeworfen, meint Stirner, so bleibt ein schönes, eigenes Ich übrig, das sich am »Besitz« seiner selbst gütlich tut. In strahlender Naivität redet Stirner vom »Eigentum«, das der Einzige an sich selber hat. Besitzen kann man aber nur etwas, was real existiert. Es liegen hier gültige Reflexionserfahrung und verworrene Naivität um Haaresbreite nebeneinander. Die existentialistische Reflexion auf das »eigene« Bewußtsein ist so realistisch wie der Übergang zur Vorstellung des Selbsteigentums falsch. Selbstreflexion läßt nichts Gegenständliches, das man besitzen könnte, übrig.

Marx und Engels demontieren diese Konstruktion bis in die Atome. Von Verachtung beflügelt, liefern sie sich ein Fest der satirischen Reflexion, die so wach wie nur möglich in der inneren Struktur des Bewußtseins sich bewegt. Aber in der Zerstörung der Stirnerschen Illusion zerstören sie mehr als nur den Gegner – sich selbst in ihm. Wie sie das machen, Zeile für Zeile, mit intensiver Logik, akribischer Philologie und grausamer Zerstörungslust, das ist mehr als Kritik; es ist die Beschwörung einer Gefahr, die Ausschaltung einer »anderen Möglichkeit«. Tatsächlich konnte der Marxismus den anarchistischen und existentialistischen Schatten, der auf Stirner zurückfiel, niemals von sich abschütteln. Erst bei Sartre und Marcuse gewann dieser Schatten in einem marxistisch inspirierten Denken wieder dichteres Leben.

Marx gehört nicht zum Typ jener Naiv-Genialischen, die, wie Schelling, »ihre Ausbildung vor dem Publikum« machen. Die *Deutsche Ideologie* blieb ein Privattext. Er wurde vor 1932 nicht veröffentlicht. Seither hat ihn die Marxphilologie als heiligen Text herumgereicht. In der Studentenbewegung wurde er als antisubjektivistische Waffe ins Feld geführt – von den »strengen« Marxisten gegen die Spontaneisten und die akademischen Blumenkinder. In Wahrheit jedoch hatte die Diskretion von Marx und Engels hinsichtlich ihrer intensivsten ideologiekritischen Schrift einen guten Grund. Die *Deutsche Ideologie* plaudert aus der Schule. Man kann an ihr lernen, daß sich Marx und Stirner in der Frage der Subjektivität symmetrisch falsch verhalten. Beide wissen, daß das Bewußtsein der Menschen, so wie man es zunächst findet, »entfremdet« ist und von einer geduldigen Reflexion »angeeignet« werden muß. Beide denken in der Dialektik des Eigenen und des Fremden, jedoch finden beide nicht das Mittlere, sondern stürzen sich in exklusive Alternativstellungen. Stirner wählte den rechten, Marx den linken Weg. Stirner meint, in einem individualistischen Reinigungsakt die Enteignung aufheben zu können. Der Einzige lernt in seinem »Mannesalter«, sich von seinen inneren Fremdprogrammierungen abzustoßen, so daß er sie zugleich hat und nicht hat, sie also als ihr freier Herr und Besitzer »behält«. Indem er Gedanken und Dinge als seine eigenen preisgibt, verlieren sie ihre Macht über ihn. Es gehen bei Stirner realistische Selbstreflexion und ideologischer Ich-Kult hart ineinander über. Was eine produktive Erfahrung innerer Distanzierung von Dressuren sein kann, wurde im Stirnerianismus dogmatisch verhärtet zu einem neuen »kurzen Denken«.

Die Marxsche Untersuchung der Klassenbewußtseine ist im Ausgangspunkt ebenso realistisch. Klassenbewußtseine, Weltbilder und Ideologien lassen sich in der Tat als »Programmierungen« verstehen; sie sind Vermittlungen, geformt-formende Schemata des Bewußtseins, Ergebnisse eines weltgeschichtlichen Selbstbildungsprozesses jeglicher Intelligenz. Diese Betrachtungsweise bahnt den Weg zu einer fruchtbaren Analyse von Bewußtseinsgebilden, die vom Fluch des naiven Idealismus frei werden kann. Aus diesem Ansatz jedoch fallen Marx und Engels mit ihrem »in letzter Instanz« *dogmatischen* Materialismus wieder heraus. Sie heben die Subjektivität im historischen Prozeß auf. Das zeigt sich in der Härte und Verachtung, mit der Marx gerade seine »existentiellen« Gegner behandelt. In dieser Brutalität rührt sich bereits die andere, die herrenmäßige Form der Reflexion. Wo Stirner sein revoltisch-auftrumpfendes Ich in die öffentliche Arena führte, produzierte der Marxismus einen Revolutionär, der mit dem Gefühl höchster Schlauheit und raffinierter Realistik sich selbst als Mittel im historischen Prozeß benutzt. Im Clinch mit Stirners *falschem Einzigen* entsteht in der Marxschen Theorie der Ansatz zum *falschen Niemand*, jenem Revolutionär, der selber nur noch ein verbissenes Instrument des Fetischs Revolution sein wird. Das ist der Bruch, den Althusser im Marxschen Werk nach der *Deutschen Ideologie* herausgelesen hat. Schon früh, spätestens seit der Stirnerpolemik, beginnt im Marxschen Denken eine Tendenz, sich selbst quasi in der Haltung von Revolutionsjesuiten an den Prozeß der geschichtlichen Entwicklung anzuketten, in der Meinung, die Entwicklung sowohl erkennen als auch unterwerfen zu können. Die Marxsche Theorie verspricht sich Herrschaft, indem sie das Subjekt der Theorie als Funktion der Entwicklung denkt. Durch Selbstverdinglichung meint sie zur Beherrschung der Geschichte gelangen zu können. Indem sie sich zum Instrument der angeblichen Zukunft macht, meint sie die Zukunft zu ihrem eigenen Werkzeug machen zu können.

Diese schizoid-herrenzynische Logik ist historisch beispiellos. Nur ein extrem hochentwickeltes Bewußtsein kann sich selbst so hereinlegen. Der einzige Denker, bei dem die Selbstreflexion ähnliche Höhen raffinierter Selbstverleugnung erreichte, war Friedrich Nietzsche, dessen Wirkungsgeschichte bekannt ist.

Den philosophisch bedeutungsvollen Gipfel dieser raffinierten Selbstverdinglichung erstiegen jene tapferen alten Kommunisten, die in den Moskauer Schauprozessen angesichts des sicheren Todes falsch gestanden, gegen »die Revolution« konspiriert zu haben – ein Geständnis, das nicht bloß erpreßt war, sondern insofern einen Aspekt von Freiheit besaß, als die Angeklagten mit ihren Geständnissen von der Revolution größeren Schaden abwenden wollten als den, der ihr durch Anklage und Hinrichtung ohnehin zugefügt wurde. Mit herkömmlichen Konzepten von »Tragik« ist die Subtilität dieser Verdoppelung von Justizmorden durch Selbstmorde nicht zu erfassen. Es sind Morde, bei denen nur noch im biologischen Sinn klar ist, wer wen in Wahrheit umbringt. Es sind Morde und Selbstmorde innerhalb einer schizophrenen Struktur, wo sich das Ich, das tötet, von dem Ich, das getötet wird, nicht mehr klar unterscheiden läßt. Sicher ist nur, daß am Ende die Leichen intelligenter Menschen am Boden liegen, erwürgt, erschossen, erschlagen. Der Fall Althusser ist wohl *auch* ein Nachtrag zur Psychopathologie des Marxismus. Er spielt auf einer Intelligenzebene mörderischer Gewalt, auf der die Revolution ihre klügsten Kinder frißt – um nicht zu reden von den Millionen, die ums Leben kamen, ohne genau zu wissen, was sie eigentlich mit dieser Revolution zu tun hatten – außer dem vielleicht, daß das, was sie tötet, nicht ganz das Wahre sein kann.

Die logische Wurzel dieser Verkehrungen hat schon 1843 der junge Marx in einem hellwachen Satz ausgesprochen, der noch vor der Verhärtungszeit steht und doch eine bereits zynische Tendenz erahnen läßt: »... der Kommunismus hat andere sozialistische Lehren ... nicht zufällig gegen sich entstehen sehen, weil er selbst nur eine besondre, einseitige Verwirklichung des sozialistischen Prinzips ist.«[2] In dem Wort »einseitig« spielt die hohe Ironie des Marxismus. Wer »einseitig« sagt, weiß, daß es mindestens zwei Seiten gibt und geben muß. Wer sich dann auf eine festlegt, betrügt sich selbst und andere. Nur ein Wissen, das von einem ungeheuren Willen zur Macht zerfressen ist, kann bewußte Einseitigkeit als Wahrheit ausgeben wollen. Damit dementiert es zutiefst sein eigenes Pathos der Erkenntnis. Und so ist der Kommunismus jenes Wissen der Macht, das schon aus der Schule plaudert, bevor sie am Ruder ist. Das und nur das bildet, auf philosophischer Ebene, seine Gemeinsamkeit mit dem Faschismus.

2 Karl Marx/Friedrich Engels, Werke, Berlin 1971, Bd. 1, S. 344.

Paul Valéry

Um das Jahr 1894 hatte der damals 23jährige Paul Valéry während seines Aufenthalts in Montpellier begonnen, Ideen zu einer Kunstfigur zu sammeln, die alle Merkmale einer vollkommen intellektualisierten Existenz vereinigen sollte. Die kühne Gestalt trug den Namen »Monsieur Teste« – was sowohl »der Kopf« als auch »der Zeuge« bedeuten mochte. Sie diente ihrem Autor als Versuchsperson für das Experiment einer Existenz, die sich der Klarheit verschrieben hätte. Klarheit ist eine anti-vitale Maxime, die auf die Eindämmung des Lebens durch den Geist zielt – und hierdurch eine Erhöhung des Lebens bewirkt. Valérys intellektuelle Puppe war gleichsam der Prototyp für all jene real existierenden Männer ohne Eigenschaften, die dem 20. Jahrhundert ihren Besuch abstatteten – von Robert Musil über Fernando Pessoa bis zu Max Bense. Von demselben Jahr an, als der Autor seine Experimente mit der Figur des Monsieur Teste aufnahm, entwickelte er die Gewohnheit der permanenten Selbstanalyse, deren literarische Spuren das Genre der Denktagebücher inaugurierten. Seine *Cahiers*, Resultate einer über fünfzig Jahre fortgesetzten Morgenmeditation in Schriftform, stellen ohne Zweifel das intensivste Zeugnis einer im ständigen Exerzitium zugebrachten geistigen Existenz dar, welches das 20. Jahrhundert kannte – sie umfassen in der 29bändigen Faksimileausgabe des *Centre National de la Recherche Scientifique* von 1957 bis 1961 über 26 000 Seiten.[1] Hiervon sind etwa dreitausend in der von Valéry selbst redigierten, nach »Themen« bzw. fokalen Begriffen gruppierten Version der *Cahiers* enthalten.[2]

---

1 Eine devote Aufzählung der 261 Schreibhefte, die Paul Valéry zwischen 1894 und 1945 mit seinen Notizen füllte, bietet der Anhang zum Band I der Ausgabe der Cahiers in der Bibliothèque de la Pléiade, Paris 1973, S. 1374-1415.
2 Zwei Bände, Paris 1973, 1974.

Monsieur Teste verkörpert eine Kunstfigur, in welcher der Platonismus mit dem Dandyismus eine vollkommene Synthese eingeht. Man kommt ihrem Wesen, besser: ihrem Design am nächsten, wenn man sich vorstellt, wie Edgar Allan Poe die Gestalt des Sokrates beschrieben hätte, wäre er des Privilegs teilhaftig geworden, bei der Sterbeszene des Philosophen zugegen zu sein. Unter seiner Feder wäre ein Monstrum auf der Grenze zwischen Tod und Leben entstanden – diesmal nicht im Modus einer mesmeristischen Schauererzählung wie in *Der Fall Waldemar*, sondern im Geist einer logischen Artistik. In diesem Roman der experimentellen Philosophie drehte sich alles um das Ernstmachen mit dem Vorrang der Theorie vor dem Leben und mit der Abtrennung der Denkseele von ihrem biologischen Träger. Poes Sokrates ginge über den Platons vor allem in einem Punkt hinaus: Der Weise würde den Hinweis auf die Trennung des Intellekts vom leiblichen Leben nicht erst am Tag seiner Hinrichtung ausplaudern. Er hätte nicht bis ins Greisenalter gewartet, um das Geheimnis seines *modus vivendi* zu verraten. Er würde aus der Entdeckung des kontra-vitalen Prinzips Geist eine Sache der Jugend und der besten Kräfte machen. Er ließe es darauf ankommen, daß virile Monstren entstünden als Zeugen für eine nicht-morbide Überordnung des Möglichkeitssinns über den Wirklichkeitssinn. Sie wären Athleten des Existenzvorbehalts, entschlossen zum Widerstand gegen die Versuchung durch Selbstverwirklichung.

Genau dies hat sich in den literarischen Exerzitien des jungen Paul Valéry materialisiert. In der Gestalt von Monsieur Teste wurde der innere Beobachter zu solcher Stärke aufgebaut, daß ihm die eigene Existenz nur noch als Ausgangsmaterial für unerbittliche Theoriebildung dienen sollte. Teste ist der Mann, der mit dem Prius des Lebens förmlich gebrochen hat – nicht als Theoriekrüppel im Schonraum akademischer Langzeitverträge, sondern als logischer Athlet, der sich vor niemandem verbirgt und doch bloß von den wenigen bemerkt wird, die seine *raison d'être* ahnen. Er existiert als Werkstatt-leiter an einem virtuellen Bauhaus der Ideen. Sein Wirkungs-bereich ist die Schnittstelle von Genauigkeit und Seele. Er-griffe er einen praktischen Beruf, könnte dieser nur an einem Zentrum für Kunst und Metapsychologie angesiedelt sein. Er begreift sich ausschließlich als einen variablen Punkt im Spiel der Möglichkeitskurven. Darum heißt es von ihm: »(er) lebt in dem allgemeinsten Interieur«,[3] seine Bleibe ist ein »reiner und banaler«[4] Ort. Aufgeräumt oder unaufgeräumt, er diente ihm stets als bloßer Behälter eines logischen Experiments. In ihm gibt es nichts, was auf eine Wohnung hindeutet – falls wohnen bedeutet, eine Bindung zwischen Raum und Einwohner ent-stehen zu lassen. Noch unheimlicher ist die Tatsache, daß es bei Teste keine Bindung an sich selbst und seine Lebensge-schichte gibt – nichts, was auf »Persönlichkeit« im trivialen Sinn des Wortes schließen ließe. Daher kann der Erzähler von *Der Abend mit Monsieur Teste* notieren: »Monsieur Teste hatte keine Meinungen. Ich glaube, er vermochte sich nach Belieben zu ereifern ...«[5] »Sprach er, so hob er nie den Arm oder nur den Finger. *Er hatte die Marionette getötet*. Er lä-chelte nicht, sagte weder guten Tag noch guten Abend; er schien das ›Wie geht es Ihnen?‹ nicht zu hören.«[6] In den *Ca-hiers* um 1906 findet sich hierzu die Parallelstelle: »Er weiß zuviel, um zu leben.«[7]

Kurzum, Monsieur Teste ist der Intellekt, der nicht in die Falle der Selbstverwirklichung geht. Er lehnt es ab, ein »Cha-rakter« zu werden, sein einziger Anspruch an sich besteht in

---

3 Paul Valéry, Werke, Frankfurter Ausgabe, Band 1, Dichtung und Prosa, Frankfurt am Main und Leipzig 1992, S. 315.
4 Ebenda.
5 Paul Valéry, Werke, a.a.O., S. 310.
6 Paul Valéry, Werke, a.a.O., S. 308.
7 Paul Valéry, Cahiers/Hefte 6, Frankfurt am Main 1993, S. 558.

der Forderung, sich in der intensivsten Möglichkeitsform zu bewahren. Folgerichtig weigert er sich, »außergewöhnlich« zu sein: »ich hasse alles Außergewöhnliche. Dieses ist Bedürfnis der schwachen Geister.«[8] Er weiß, jeder Geniekult beruht auf dem bequemen Einknicken des Gefühls vor der von außen angeschauten Intelligenz. Wirkliche Intelligenz ist operativ, sie lebt im Mitvollzug von analoger Intelligenz in Arbeit. Er akzeptiert ausschließlich die im Geist Spinozas zu stellende Frage: »Was vermag ein Mensch? Was vermag ein Mensch …!« Und er fügt quasi-sokratisch hinzu, an einen Besucher gewandt: »Sie kennen einen Menschen, der weiß, daß er nicht weiß, was er sagt!« Solches Nichtwissen ist nicht auf den simplen Selbstwiderspruch zurückzuführen, an dem das trivialsokratische »Ich weiß, daß ich nichts weiß«, scheitert. Das Nichtwissen des Monsieur Teste ist die diskrete Warnlampe einer Disziplin, die von allem, was gewußt wird, fordert, sämtliche verborgenen Implikationen mitzuwissen. Vor dieser Forderung, die ins Unendliche weist, versagen die positiven Kenntnisse und die lokalen Evidenzen ausnahmslos. Darum hat das monsieur-testische Wissen mit der Illusion der Endgültigkeit von Erkenntnis gebrochen. In seiner Sphäre gilt die Regel: »Denken ist unablässiges Durchstreichen.«[9] Wie in allen Kulturen des übenden Lebens zählt auch im intellektuellen nur die aktuelle Form. Gedachthaben ist das eine, jetzt wieder denken ist das andere – allein auf dieses immer von neuem andere kommt es an.

Valéry hat anhand seines logischen Dummys namens Monsieur Teste demonstriert, wie der Intellektuelle, der Athlet, der Scheintote und der Engel miteinander verschmelzen. Ein solches Monstrum des »Möglichkeitsmenschen« kann übrigens verheiratet sein, ohne in Widerspruch mit seinen Grundsätzen

8 Paul Valéry, Werke, a.a.O., S. 315.
9 Paul Valéry, Cahiers/Hefte 6, Frankfurt am Main 1993, S. 551.

zu geraten – er lebt in einem Meta-Zölibat, das von den Realitäten der Ehe nicht angetastet wird. Valéry legt der virtuellen Ehefrau des Modellmenschen einige der aussagekräftigsten Sätze über dessen Seinsweise in den Mund. In einem Brief an einen Freund bekundet Emilie Teste, ein wichtiger Zug im Dasein ihres Mannes bestehe in dem Vermögen, streng zu sein: »Ich glaube nicht, daß irgendein Mensch es so sein kann wie er. Er knickt einem den Geist mit einem einzigen Wort, und ich fühle mich wie eine mißratene Vase, welche der Töpfer zu den Scherben wirft. Er ist streng wie ein Engel, werter Herr.«[10] Die tapfere Gattin erwähnt nicht nur das Töpfergleichnis aus dem Brief des Paulus an die Römer, mit welchem die undurchschaubaren Entscheidungen Gottes über Heil und Unheil einzelner Geschöpfe gegen menschliche Einwände verteidigt werden, sie scheint auch mit Platons Hinweisen auf die Absencen des Sokrates vertraut zu sein, wenn sie etwa über die Zustände ihres Mannes notiert: »… er wagt sich, weit entfernt von der gewöhnlichen Zeit, in irgendeinen Abgrund von Schwierigkeiten vor … Ich frage mich, was dort aus ihm wird … Man muß ihn in solchen Exzessen von Abwesenheit gesehen haben! – Da verändert sich sein Gesicht – es erlischt! … Noch ein wenig mehr von dieser Selbstversenkung, und ich bin gewiß, daß er unsichtbar würde!«[11] Zudem erwähnt Madame Teste ein Gespräch mit einem katholischen Geistlichen, der ihren Gatten als ein »Monstrum von Abgeschiedenheit« charakterisierte und an ihm Anzeichen eines satanischen Hochmuts erkannte: Da aber realer Hochmut die Herablassung zu einer positiven Eigenschaft erfordern würde, kehrt sich der Hochmut »in dieser allzu geübten Seele« gegen sich selbst und neutralisiert sich zu einem in keiner Richtung festgelegten Vermögen der Überlegenheit über alles. Mon-

---

10 Paul Valéry, Werke, a.a.O., S. 331.
11 Paul Valéry, Werke, a.a.O., S. 334.

sieur Teste ist zu hochmütig für den Hochmut, zu frei für die Freigeisterei. Der Stolz der vollkommen intellektualisierten Existenz folgt der Maxime: Verachte deinen Nächsten wie dich selbst.[12] Noch 1934, vierzig Jahre nach der Erfindung seiner Versuchsfigur, notierte Valéry: »Gut (sprach Monsieur Teste). Das Wesentliche ist gegen das Leben.«[13]

Im Jahre 1921 rief Paul Valéry in einem Abschnitt seines Dialog-Essays *Eupalinos oder Der Architekt* die Figuren des Sokrates und des Phaidros in einem Totengespräch zusammen, um sie am Beispiel der Architektur und der Musik das Prinzip Immersion oder Inklusion-im-Werk erörtern zu lassen. Die Überlegungen des Sokrates über das Eingetauchtund Eingeschlossensein von Menschen in menschengemachten Umgebungen beginnen wie eine Paraphrase über den Simmelschen Dualismus von In und Gegenüber:

> »Es reizt mich, über die Künste zu schwätzen … Eine Malerei, lieber Phaidros, bedeckt nur eine Oberfläche, die einer Bildtafel oder einer Mauer … Aber ein Tempel, wenn man an ihn herantritt, oder gar das Innere dieses Tempels, bildet für uns eine Art von vollständiger Großheit, in der wir leben … Wir sind dann, wir begegnen uns, wir leben im Werk eines Menschen! … Wir sind ergriffen und gemeistert von den Verhältnissen, die er gewählt hat. Wir können ihm nicht entgehen.«[14]

Diese Reflexion setzt den Akzent auf zwei Momente zugleich: Zum einem insistiert sie darauf, daß das Umgreifende im gegebenen Fall das Erhabene ist, zum anderen betont sie, daß das Umgebende ein Artifizium und keine Naturumgebung vorstellt. Selbstverständlich ist hier nicht von dem Dy-

12 Vgl. ähnlich Paul Valéry, Cahiers/Hefte 6, a.a.O., S. 618f.
13 Paul Valéry, a.a.O., S. 629.
14 Paul Valéry, Eupalinos oder Der Architekt, in: P. V. Werke, Band 2, S. 33.

namisch-Erhabenen Kants die Rede, das die Natur als eine Übermacht beschreibt, sondern vom Artifiziell-Erhabenen, durch dessen allseitige Gegenwart ein Menschenwerk wie eine sublime Umgebung erlebt werden kann.

Valérys Sokrates springt mit einem Satz ins Zentrum der modernen Ästhetik und konfrontiert sich ohne Umwege mit dem Rätsel des totalen Kunstwerks. Weil dieses, der Ambition der Avantgarde gemäß, das Environment im ganzen erfaßt, entfällt für den Betrachter die Möglichkeit, es in der »bürgerlichen« Haltung des gegenüberstehenden Beobachtens aufzunehmen. Angesichts des Tempels, in dem ich stehe, bedeutet In-der-Welt-Sein geradezu ein Im-Werk-eines-Anderen-Sein, mehr noch ein Konsumiertwerden durch das künstliche Große. Ist es nur ein Zufall, daß dieser Sokrates Ausdrücke gebraucht, die an die Rede des ehemaligen (Theater)-Zeltmachers Paulus auf dem Areopag erinnern von dem Gott, in dem wir leben, weben und sind?[15] Das gleiche wäre nach Valéry nur noch von einer zweiten Kunstgattung, der Musik, zu sagen:

>Im Werke eines Menschen zu sein wie die Fische in der Welle, vollständig in ihm zu baden, in ihm zu leben, ihm zu gehören.«[16]

>Lebtest du nicht in einem beweglichen Gebäude, das immerfort erneuert war und wieder erbaut in sich selbst, völlig hingegeben an die Verwandlungen einer Seele, welche eine Raumseele war? … schien es dir nicht, als ob sie dich umgäben, dich, der wie ein Sklave unter die verteilte Gegenwart dieser Musik geraten war? … warst du nicht mit ihr eingeschlossen und gezwungen, darin zu sein wie eine Pythia in der Kammer voll Dämpfen?«[17]

15 Nous sommes, nous nous mouvons, nous vivons alors dans l'œuvre de l'homme; vgl. Apostelgeschichte 17, 28.
16 Paul Valéry, Werke, a.a.O., S. 33.
17 Paul Valéry, Werke, a.a.O., S. 34.

Die Explikation des Aufenthalts durch die Theorie des einschließenden Kunstwerks führt so direkten Weges zur Erörterung des ästhetischen Totalitarismus oder der freiwilligen Knechtschaft in einer menschengemachten Umwelt. In beidem macht sich sofort der Bezug zur Ästhetik des Erhabenen geltend.

> »Es gibt also zwei Künste, die den Menschen in den Menschen einschließen ... im Stein oder in der Luft ... jede von ihnen erfüllt ... unseren Raum mit künstlichen Wahrheiten ...«[18]

Die Moderne – was ist sie in dieser Hinsicht anderes als eine Versuchsanordnung, um zu beweisen, daß es vom Erhabenen zum Banalen nur ein Schritt ist? Zu der Zeit, als Valéry diese Überlegungen notierte, stand der Kinofilm, das Hauptmedium der aufkommenden Massenkultur, das sich zum Überwältigungsmedium entfalten sollte, zwar noch in seinen Anfängen, aber er war zielstrebig unterwegs zur Bereitstellung von Arrangements für massenhaft konsumierbare immersive, tagtraum-mimetische Erfahrungen. Er arbeitete daran, das Auge zu versklaven und aus dem Organ der distanzierten Beobachtung eines des Tauchens in einem quasi taktilen Milieu zu machen. Zugleich hatte man im Bauhaus von Weimar begonnen, unter dem Titel Gestaltung über einen integralen Zugriff auf das Umfeld des alltäglichen Aufenthalts zu verhandeln. Nicht nur Musik ist dämonisches Gebiet, auch das Raum-Design bezieht sich, wie vor ihm die Architektur, auf die triviale Unheimlichkeit des permanenten oder gelegentlichen Zugehörens zu einer von Menschen durchgeformten Umgebung. Diese Künste explizieren den Aufenthalt an Orten mit Hilfe von Immersions-Anlagen, die nichts anderes sind als Versklavungsvorschläge für die Konsumenten der totalen Situation. Durch sie wird das Wohnen als willkommene Unter-

---

18 Paul Valéry, Werke, a.a.O., S. 35.

werfung unter das Ambiente ausgelegt. In dem Maß wie Wohnungen Installationen oder montierte Immersionsanlagen sind, erläutern sie das Dasein als plastische Aufgabe. Die Installation ist die ästhetische Explikation der Einbettung. Dies zeigt sich unter anderem daran, daß die Einbettungen an den beiden Grundwerten des ästhetischen Urteils Anteil haben: Von Einbettungen im Angenehmen und Banalen sagt man, sie seien schön oder wohnlich, von Einbettungen im Schrecklichen und Unheimlichen, sie seien erhaben oder unwohnlich.

Theorie der Nachkriegszeiten

1 Europa, posthistorisch

Meine sehr geehrten Damen und Herren,
Wenn man – von einem deutschen Beobachtungsstandpunkt aus – den Bewußtseinswandel der Europäer in der Zeit nach 1945 in einem einzigen Satz zusammenfassen sollte, müßte er summarisch folgenden Sachverhalt zum Ausdruck bringen: Die Bewohner dieses Erdteils, erschöpft von den Exzessen und Verausgabungen der Ära von 1914 bis 1945, haben den geschichtlichen Passionen den Rücken gekehrt, um an deren Stelle einen nach-geschichtlichen *modus vivendi* zu entwickeln. Unter dem Geschichtlichen verstehe ich *ad hoc* die Einheit aus der agierten und geschriebenen Tragödie sowie die Einheit aus dem agierten und dem geschriebenen Epos. In diesem Sinn ist für Europäer »Geschichte« eine abgelegte Option. Mit ihrem Eintritt in den Katastrophenschatten haben sie sich gegen den tragischen und epischen Stil des Daseins entschieden. Sie haben eine Form der Koexistenz gewählt, in der die Zivilisierung die Tragödie ersetzt und die Negotiation das Epos. In einer anderen Perspektive würde man sagen, die Europäer betrieben keine Kriegsvorbereitung mehr, vielmehr beschäftigte sie nur noch die Sorge um die Konjunktur. Sie haben den militärischen Göttern abgeschworen und eine Bekehrung vom Heroismus zum Konsumismus vollzogen.

Man erkennt an diesen sehr abstrakten Thesen, wie das im Titel des Versuchs auftauchende Wort »Nachkriegszeit« eine gegenüber dem Alltagsgebrauch verschobene Bedeutung annimmt. Tatsächlich möchte ich die Funktion der Nachkriegszeiten für die Selbstregulierung von Kulturen in den Vordergrund rücken und zeigen, in welchem Maß die Interpretation der Kriegsresultate durch die kriegführenden Einheiten für deren Selbstkonzepte ausschlaggebend sind. Hervorzukehren ist hierbei, wie stark die unterschiedlichen Haltungen von Siegern und Besiegten zu den Tatsachen von Sieg und Niederlage ihre Sprach- und Lebensformen in den Zeiten danach durchdringen. Bei dieser Betrachtung werden sich die etwas überhöhten Verallgemeinerungen der eingangs präsentierten Thesen in diskretere Aussagen über lokale Nachkriegskulturen auflösen. Dann kann man die Optik auf deutsche und französische Phänomene scharfstellen und schließlich die sogenannten Verhältnisse zwischen beiden erörtern, falls von solchen die Rede sein kann – ich deute hier bereits meine Schlußthese an, die lautet: Es kann aufgrund der zu charakterisierenden stark abweichenden Nachkriegsprozesse in beiden Ländern keine Beziehungen zwischen ihnen geben, und ihr Verhältnis, das offiziell in einem Freundschaftsvertrag codifiziert ist, wäre günstigstenfalls als das einer wohlwollenden gegenseitigen Nicht-Beachtung oder einer benignen Entfremdung zu bezeichnen, wie man sie manchmal zwischen ehemaligen Liebespartnern findet – und warum auch nicht zwischen ehemaligen Haßpartnern.

Zu den Merkmalen der nach-tragischen und nach-epischen Lebensform, die sich die Europäer *nolens volens* zu eigen gemacht haben, gehört die weitverbreitete Empfindung, in einer entwirklichten Wirklichkeit zu leben, in der es keine ernstzunehmenden Ereignisse mehr gibt. Die einzige Ausnahme hiervon bildet die Sequenz von politischen Szenen in den Jahren 1989 bis 1991, die wir im Rückblick unter der Überschrift »Zusammenbruch des Kommunismus« resümieren – doch auch diese Begebenheiten, die tief in die Biographien der zwischen 1930 und 1975 Geborenen einschnitten, waren bloß ein verzögertes Nachspiel zu der abgewählten tragisch-epischen Periode. Das letzte Großereignis läßt sich mit einem hängengebliebenen Brief vergleichen, der in der Geschichte abgeschickt wurde, seinen Empfänger jedoch erst in der Nach-Geschichte erreichte. Man darf hierzu das Schicksal des Langzeitastronauten Sergej Krikalev assoziieren, der sich 1990/1991 auf der Raumstation *Mir* befand, so daß er, der noch aus der Sowjetunion ins All gestartet war, sich bei der Landung im neuen Rußland wiederfand.

Als Kompensation für den post-historischen Ereignis-Entzug, der zu den insgesamt positiv zu wertenden, wenn auch schwer verständlichen Merkmalen des neuen *modus vivendi* gehört, hat die zeitgenössische Zivilisation eine Reihe von Surrogaten hervorgebracht, die sich auf allen Ebenen bemerkbar machen, die Differenz von Hochkultur und Massenkultur überspringend. Ich nenne hier nur zwei Ausprägungen dieser Tendenz, die besonders ins Auge fallen: zum einen die Allgegenwart des Prinzips Inszenierung in der zeitgenössischen Event-Kultur, zum anderen jene Ersetzung von Ereignissen durch Erinnerungsereignisse, die zu einer blühenden Jubiläumsindustrie geführt hat – einer hohen Küche, in der nur Aufgewärmtes zählt. Um keine Mißverständnisse aufkommen zu lassen, füge ich hinzu: Diese Tendenzen, Auswüchse eingerechnet, sind ein Teil des Preises, den man für die Emanzipation vom Heroismus und Tragizismus zu entrichten hat. Man zahlt ihn willig, wenn man bedenkt, wie die historischen Alternativen dazu auszusehen pflegten.

Ich erlaube mir nun meinerseits einen Exkurs in die Jubiläumskultur und weise auf ein Erinnerungsereignis hin, dem wir auf beiden Seiten des Rheins entgegensehen. Zwar ist es noch viereinhalb Jahre von uns entfernt, aber sofern man sich zu gefährlichen Themen hingezogen fühlt und überdies gern im Kalender für Kulturschaffende vorwärts blättert, wird man bemerken, wie es schon jetzt einen Schatten vorauswirft, zumindest den Schatten eines Schattens. Wenn wir also über deutsch-französische Beziehungen sprechen, ungeachtet der Tatsache, daß es aktuell zum Thema nichts zu sagen gibt, was nicht vom Tonband kommen könnte, so nur deswegen, weil wir uns schon jetzt Gedanken machen können über die Dinge, die bei dem bevorstehenden Ereignis anstelle des vergangenen Ereignisses, dem Jubiläum im Jahr 2012, mit starkem Grund in der Sache zu formulieren sein werden – und diese Dinge werden weithin unausgesprochen und einigermaßen dringlich sein. Am 8. Juli des genannten Jahres wird sich zum fünfzigsten Mal der Tag jähren, an dem Franzosen und Deutsche, vertreten durch ihre für diesmal mit vollem Recht so bezeichneten Staatsmänner Charles de Gaulle und Konrad Adenauer, in der Krönungskathedrale von Reims dem Versöhnungsgottesdienst beiwohnten, der den wenig später unterzeichneten deutsch-französischen Freundschaftsvertrag vom Januar 1963, den sogenannten Elysée-Vertrag, vorwegnahm. Die feierliche Handlung, die wir, wenn es soweit ist, in zeitgemäßer Besetzung nachspielen werden, geschah seinerzeit unter den höchsten symbolischen Vorzeichen, die unseren gemeinsamen Traditionen zu entnehmen waren. Das *Te deum* von Reims, zelebriert in Anwesenheit von Erzbischof François Marty, vollzog sich damals unter dem Baldachin des alteuropäischen katholischen Universalismus – an diesen wandte man sich, und sei es auch nur einen sentimentalen Augenblick lang, um das Zeitalter der historischen Exzesse zwischen unseren Völkern, die Ära der den Rhein in beiden Richtungen überschreitenden Infektionen und Mobilisationen, der Eifersuchtsmorde und bewaffneten Massenhysterien für beendet zu erklären.

Man kann sich schon heute ziemlich genau vorstellen, wie sich die Festlichkeiten um den 8. Juli 2012 in Reims, in Paris, in Berlin und anderen Brennpunkten abspielen werden. Das Protokoll schreibt den Politikern ihre dann zu vollziehenden Schritte in einer Genauigkeit vor, die für neue Gesten keinen Raum offenläßt. Es gehört fast keine Phantasie dazu, um sich die Reden vorzustellen, die man von beiden Staatspräsidenten sowie von den übrigen Diensthabenden aus Politik, Kultur,

Wirtschaft und Religion hören wird. Etwas mehr Phantasie würde man benötigen, um die Frage zu beantworten, ob Philosophen und Kulturwissenschaftler aus den tangierten Ländern etwas zu diesem Jubiläum werden beitragen können und falls ja, in welcher Weise. Was ich im folgenden andeute, läßt sich am besten als Vorübung für einen philosophischen Kommentar zu den kommenden Gedenktagen begreifen. Eine solche Stellungnahme müßte in ausgeführter Form die tausendjährige deutsch-französische Rivalität rekonstruieren – von der Reichsteilung unter den Nachkommen Karls des Großen bis zu ihrer Auflösung im dritten Drittel des 20. Jahrhunderts.

2 Heiner Mühlmanns
Maximal-Stress-Cooperation-Theorem

Von diesem anspruchsvollen Vorhaben berühre ich nur einige Punkte, und selbst diese bloß auf flüchtige und vorläufige Weise. Ich beschränke meinen Betrachtungszeitraum auf die zurückliegenden 200 Jahre, genauer gesagt die Ära, die auf die Französische Revolution und die napoleonischen Kriege folgte, und enge diesen dann weiter ein auf die Epoche nach 1945. Beide Zeitspannen sind im eminenten Sinn des Wortes als Nachkriegszeiten zu verstehen, zunächst was die chronologischen und, mehr noch, was die mentalen oder psychopolitischen Verhältnisse angeht.

Im Gang meiner Darlegungen ist nun der Moment gekommen, in dem ich mich zu dem Ausdruck »Nachkriegszeit« erklären muß. Schon aus den bisherigen Verwendungen des Worts geht hervor, daß ich Gründe sehe, es nicht nur alltagssprachlich zu gebrauchen, sondern mit ihm anspruchsvollere Zusatzbedeutungen zu verbinden. Die werden erkennbar, sobald wir den Terminus in den Kontext einer allgemeinen Theorie über die »Natur der Kulturen« versetzen. Die Fügung

»Natur der Kulturen« geht auf den Kulturtheoretiker Heiner Mühlmann zurück, der mit dem gleichnamigen Buch aus dem Jahr 1996 in vorerst noch engen Kreisen von Systemtheoretikern, Polemologen, Mediologen und Neuro-Rhetorikern Aufsehen erregt hat. Die Arbeit Mühlmanns ist dem äußerst ambitionierten Vorsatz gewidmet, den Zusammenhang von Krieg und Kultur im Lichte eines generalisierten Modells stress-erzeugter Kollektivbildungen zu durchdringen. Dieses Unternehmen, das in seinem beschreibenden Teil auch den Titel *The Selfish Culture* tragen könnte, wird zunächst an Beispielen aus der alteuropäischen Kriegskulturgeschichte erläutert, beginnend mit der griechischen Phalanx, um schließlich Zug um Zug seine ethischen Implikationen zu entfalten – bis hin zu dem hochgreifenden Modell der »zivilisierenden Beeinflussung« von Kulturen durch die Umorientierung zu postheroischen Werten und zu einer Ästhetik des Unterlassens.

Im Mittelpunkt des neuen kulturdynamischen Erklärungsmodells findet man eine Theorie stressorischer Prozesse, wie sie Anfang der neunziger Jahre im Umfeld von Bazon Brocks Wuppertaler Schule in Anlehnung an die von Hans Seyle eingeführte Unterscheidung von eustressorischen und dysstressorischen Phänomenen diskutiert wurde. Mühlmanns ingeniöse Idee bestand darin, die Stress-Analyse für die Erklärung der Möglichkeit sozialen Zusammenhalts unter Höchstbelastung einzusetzen. Er gelangte dabei zu einer überaus originellen Vision von der Geburt der konfliktresistenten und generationenübergreifend lernfähigen Kulturgruppen aus dem Geist der eustressorischen Kooperation. Sie bildet das Basistheorem von Mühlmann, das er lapidar das MSC-Modell nennt – das Sigel MSC steht für Maximal-Stress-Cooperation oder eustressorische Fitness in Erfolgsgruppen. Kulturen sind demnach Entitäten, deren Kontinuität horizontal durch MSC-Tauglichkeit und vertikal durch memoaktive Fitnessprozeduren (*vulgo* Traditionsbildung dank Erziehung) sichergestellt wird. In alltäglicher Ausdrucksweise sagt das nichts anderes, als daß Gruppengebilde, die es auf Langzeiterfolge anlegen, die Fähigkeit besitzen müssen, ihre existentiellen Krisen durch Höchstleistungen an Kooperation unter hohem Druck zu meistern (was in der Regel Bewährung im Krieg mit konkurrierenden Kulturen bedeutet). Zugleich sind sie auf die immer wache Kompetenz angewiesen, aus den Resultaten ihrer Konflikte mit anderen Gruppen, insbesondere aus Niederlagen, die richtigen Konsequenzen zu ziehen und im kulturellen Gedächtnis zu verankern. Hier wird, durch die systemtheoretische Verfremdung hindurch, ein modernes Echo des platonischen Webergleichnisses wahrnehmbar, nach welchem die Staatskunst beziehungsweise die königliche Kunst darin bestehe, die tapfere und die besonnene Gemütsart (*andreia* und *sophrosyne*) im Gewebe des Gemeinwesens zu einem belastbaren Ganzen zusammenzuflechten.[1]

Nach dem Gesagten sollte verständlich sein, warum im Rahmen einer solchen Theorie den Nachkriegszeiten eine herausragende Bedeutung für die Moderierung oder Steuerung kultureller Einheiten zukommt. Am Ende von kriegerischen Konflikten – Mühlmann spricht von einer post-stressorischen Entspannungsphase und von der Selbstprüfung der Kombattanten im »Stress-Schatten« – ist nämlich bei den Siegern wie den Besiegten eine Evaluierung der eigenen kulturellen Prämissen im Lichte der Kampfergebnisse unvermeidlich. Dabei legen die Sieger ihr Resultat in der Regel als Verstärkungssignal aus und fühlen sich in ihrem »Decorum« bestätigt, während die Besiegten – sofern sie nicht in Leugnungen, Ressentiments und die dazugehörigen Ausreden flüchten – Anlaß haben, die Gründe ihres Mißerfolgs zu erforschen. Dies kann zu umstürzenden Veränderungen des kultureigenen Decorums, das heißt des Inbegriffs von lokal verbindlichen Nor-

1 Politikós, 306a-311c.

men und Lebensformen, führen, wenn und insofern die Selbstprüfung der Verlierer zu dem Schluß gelangt, die Niederlage
beruhe nicht allein auf der Stärke des Gegners, sondern sei
begründet in der selbstverschuldeten Schwäche, der Unange-
paßtheit des eigenen Verhaltens an die Lage, im ernstesten Fall
sogar in der eigenen Hybris, ja in einer verfehlten Stellung zur
Welt. Verfahren dieser Art münden entweder dank morali-
scher, kognitiver und technischer Nachrüstung in Reformen
(wie sie in eklatanter Weise in Preußen nach der Niederlage
von Jena 1806 zustande kamen). Oder man faßt in der Phase
der post-stressorischen Besinnung den Beschluß, sich mit der
Siegerkultur in einer Friedensordnung höherer Stufe zusam-
menzuschließen – wie es die Deutschen nach 1945 praktizier-
ten, als sie das Leitwort »Westintegration« als Handlungsma-
xime ausriefen. Für diese Bereitschaft zur Umformung der als
schädlich erkannten Kulturregeln in weniger schädliche Muster verwende ich im folgenden den Ausdruck Metanoia. Er
bedeutet hier nicht so sehr die christliche Buße, sondern das
weltliche Umlernen im Dienste erhöhter Zivilisationstauglich-
keit.

3 Europa nach Napoleon

Diese Andeutungen reichen, denke ich, aus, um verständlich
zu machen, warum es für eine kulturtheoretisch gestützte Betrachtung der »deutsch-französischen Beziehungen« in jün-
gerer Zeit von ganz besonderer Bedeutung sein müßte, die
Interaktionen beider Kulturen unter dem Blickwinkel ihrer
wechselvollen Kriegsgeschicke und deren ebenso wechselvollen Nachbearbeitungen zu untersuchen.

Blickt man auf die für unsere Thematik vorrangig virulente
Zeitspanne von 1806 bis 1945, hat man es mit einer Sequenz
von verwickelten, zugleich kulturell produktiven Nachkriegszeiten zu tun (obschon es mit dieser Produktivität meistens

eine pathologische Bewandtnis hatte). René Girard hat jüngst in seinem Buch über Clausewitz wichtige Anregungen zum Verständnis der mimetischen Austauschprozesse im deutsch-französischen Duell und dessen extremistischer Dynamik gegeben – ich komme hierauf zurück.

Es erübrigt sich zu erklären, warum ich an dieser Stelle kaum mehr als das Programm und die gröbsten Umrisse eines solchen Unternehmens formulieren kann. Begnügen wir uns mit der Bemerkung, daß der Auftritt Napoleons eine Schicksalswende in den Beziehungen beider Länder markierte. Der Folgenreichtum seiner Interventionen für den Gang der deutschen Dinge war buchstäblich unabsehbar – und wäre es möglicherweise immer noch, hätten nicht die Annäherung und Versöhnung Deutschlands und Frankreichs unter den oben erwähnten Staatsmännern die Ketten dieser fatalen Affaire gesprengt. Napoleon ist ja aus deutscher Sicht nicht nur der Liquidator des Heiligen Römischen Reiches Deutscher Nation, nicht nur der Mann, dessen militärisches Genie Österreich und Rußland in der Schlacht von Austerlitz 1805 bezwang, auch nicht allein der Sieger von Jena und Auerstedt 1806 – kurzum nicht nur der von Clausewitz so genannte »Kriegsgott«, durch dessen Intensität das revolutionär aufgewühlte Frankreich es zuwege brachte, aus der faszinierendsten seiner inneren Angelegenheiten, dem Übergang von der Monarchie in die Republik, eine äußere Angelegenheit zu machen und darüber hinaus einen globalen messianischen Feldzug zur Verbreitung der französischen Prinzipien in der Gestalt eines allgemeinen Eroberungskriegs zu lancieren. Er wurde vielmehr dadurch schicksalhaft, daß er das epochal wirksame Muster des Genie-Politikers aufstellte, der fatalerweise aufgrund seiner Erfolge die Saaten des Ressentiments und der von Haßliebe genährten Nachahmungsrivalität ausstreute, und zwar in allen von ihm attackierten europäischen Ländern, vom Atlantik bis zum Ural.

Will man dem Ausdruck »Nachkriegszeit« mit Blick auf die gesamteuropäische Entwicklung nach 1815 seine volle Bedeutung geben, so kommt man um die Feststellung nicht herum: Die von den französischen Angriffen ausgelösten Reaktionsketten erstreckten sich, wie auch immer mit regionalen Bedingungen vermittelt, über mehr als 150 Jahre, am wirksamsten in den antiliberalen und antimodernen Strömungen in Deutschland, die bis zum Selbstmord Hitlers im Frühjahr 1945 reichten, und in Spanien, wo die Blockade gegen die politische und kulturelle Moderne bis zum Tod Francos Ende 1975 anhielt. Zu diesem Sinn von »Nachkriegszeit« gehört die Beobachtung, daß das Vor- und Schreckbild Napoleon in der Kunst, in der Philosophie und in der Politik Europas weit über ein Jahrhundert lang virulent blieb. Auch in klinischer Sicht geht erst in der zweiten Hälfte des 20. Jahrhunderts die Zahl der Patienten, die sich für Napoleon halten, konstant zurück, in den geschlossenen Anstalten zumindest. Wie der Korse in der offenen Szene weiterwirkt, davon hat André Glucksmann in einem Kapitel seiner politischen Autobiographie, über das er nicht ohne bitteren Humor den Titel »*A nous deux, Napoléon!*« setzte, ausführlich Rechenschaft gegeben. Man erfährt hier, welcher Preis noch bis vor kurzem zu entrichten war, bis ein französischer Adoleszent von der Seuche der »Napoleonitis« geheilt war – die homöopathische Behandlung durch den Maoismus inbegriffen.[2] Historiker der politischen Ideen haben zu Recht die Tatsache herausgestellt, daß es bei der Nachbearbeitung des Napoleon-Schocks in den am tiefsten betroffenen europäischen Ländern zur Abspaltung der nationalistischen Tendenzen von den liberal-modernistischen Strömungen kam. Diese für große Teile des 19. und des frühen 20. Jahrhunderts bezeichnende Modernisierungspathologie beruhte auf einem leicht durchschaubaren, nichts-

2 André Glucksmann, Une rage d'enfant, Paris 2006, S. 104-127.

destoweniger fast unwiderstehlichen psychopolitischen Mechanismus, der vor allem für den Weg der Deutschen in ihre von Verliererressentiments diktierte Katastrophe bestimmend werden sollte. Der Ausgang dieses ersten europäischen *nation building*-Experiments unter französischer Führung läßt im übrigen für analoge Unternehmen in unserer Zeit ähnlich schlechte Ergebnisse befürchten.

4 Italien 1918: Kriegsergebnisfälschung als große Politik

Ich will das Blickfeld im folgenden zunächst auf die Nachkriegszeiten des 20. Jahrhunderts beschränken. Dabei sollen die deutschen und die französischen Entwicklungen nach 1945 und deren mögliche Korrelationen in den Vordergrund treten. Um den begrifflichen Rahmen der jetzt konkreter werdenden Untersuchung zu erläutern, der zum Verständnis der Vorgänge unentbehrlich ist, ist es nötig, ein analytisches Intermezzo einzuschalten, das sich mit den folgenschweren Anomalien der Nachkriegszeit seit 1918 befaßt. Hierbei haben wir das Augenmerk auf den Fall Italiens zu lenken, da sich an ihm der Schlüsselbegriff der weiteren Überlegungen, das Konzept der »Kriegsergebnisfälschung«, zum ersten Mal in aller Deutlichkeit materialisiert. Wir hatten oben im Anschluß an das Mühlmannsche Modell der post-stressorischen Decorum-Revision an die Gesetzmäßigkeit erinnert, der zufolge eine Kultur nach geschlagenen Schlachten die Gelegenheit erhält, ihre normativen Grundeinstellungen, man könnte auch sagen ihre moralische Grammatik, im Licht der Kampfergebnisse zu re-evaluieren und gegebenenfalls zu revidieren. Die Eckwerte dieser Prüfungsarbeit heißen im Fall des Sieges Affirmation, im Fall der Niederlage Metanoia.

Nun befanden sich die Italiener von 1918 in einer Lage, auf die sich die bezeichnete Alternative nicht ohne weiteres anwenden ließ. Bekanntlich war Italien im August 1914 aus der 1882 geschlossenen Allianz mit Deutschland und Österreich-Ungarn (dem sogenannten Dreibund) ausgeschieden und hatte eine ambivalente Neutralität verkündet. Etwas später war es aufgrund des Geheimvertrags von London (der im Fall des Sieges große territoriale Gewinne für Italien in Aussicht stellte) mit der Kriegserklärung vom Ende Mai 1915 an Österreich-Ungarn ins Lager der Alliierten übergetreten. Das Kriegsglück war jedoch trotz heroischer Opfer nicht auf italienischer Seite. Nur dank massiver alliierter Hilfe fand sich Italien, obschon militärisch völlig aufgerieben und politisch am Rande des Zusammenbruchs (besonders nach der verheerenden Niederlage in der 12. Isonzoschlacht bei Tolmein im Oktober 1917), bei Kriegsende auf der Seite der Sieger wieder.

Aus der Zweideutigkeit dieser Lage erklären sich die folgenschweren Wirren der italienischen Nachkriegsgeschichte. Man sprach damals von einer *vittoria mutilata*, einem verstümmelten Sieg, man hätte richtiger von einer in Sieg umgefälschten Niederlage reden sollen. Begreiflich ist daher, warum sich Italien nur zu einer halben Metanoia aufraffte. Deren Ansätze manifestierten sich in den Anfangserfolgen der Sozialisten 1919 und 1920, indessen eine neu entstandene ultranationalistische Partei umgehend zu einer heroischen Hyper-Affirmation aufrief. Die neue Tendenz sollte sich in kürzester Zeit durchsetzen – Mussolini errang bei Wahlen im Januar 1924 nicht weniger als 66 % der Stimmen.

Diese Situation, die den heftigsten Formen von leugnerischer Affirmation Vorschub leistete, bereitete jener Politik des reinen Aktivismus den Boden, jener Mobilmachung um der Mobilmachung willen, die unter dem Namen »Fascismus« in die Geschichte eingegangen ist. Kaum eine der unzähligen Untersuchungen, die dem Gegenstand gewidmet wurden, rückt den Grundsachverhalt mit der gebührenden Deutlichkeit ans Licht – nämlich daß der primäre »Fascismus« aus einer Fäl-

schung des Kriegsresultats entsprang, bei welcher sich der tatsächlich oder virtuell Besiegte als Dennoch-Sieger, ja als Über-
Sieger präsentierte. Er wollte sich so der Illusion hingeben, die
Arbeit der Revision am kulturellen Decorum umgehen zu
können und sie durch eine Verstärkung des zum Mißerfolg
führenden Musters zu ersetzen. Um allgemein zu reden, beweist dies nur: Gerade diejenigen, die am meisten Grund zu
einer metanoetischen Wende gegen die bisher gültigen Regeln
hätten, stürzen sich oft am wütendsten in die Affirmation der
Werte, die sie zur Beinahe-Katastrophe verleitet hatten. Daß
dies ebenso für die extreme deutsche Rechte der Weimarer
Republik gilt, braucht nicht ausführlich nachgewiesen zu werden. In Deutschland hatte die Fälschung des Kriegsergebnis-
ses schon kurz nach dem November 1918 mit der berüchtigten
Legende vom »Dolchstoß« in den Rücken des angeblich un-
besiegten Heeres eingesetzt und ab 1933 die bekannten Konsequenzen gezeitigt.

Im Licht dieser Überlegungen erscheint der ursprüngliche
»Fascismus« nicht nur als die oft konstatierte Übertragung
des modernen Kriegsstils auf den *modus operandi* der Ge-
samtkultur und *eo ipso* als die Aufhebung der Differenz von
Krieg und Frieden unter dem Vorzeichen der permanenten
Mobilisierung. Vielmehr verrät er seine psychopolitische Natur als eine Form mutwilliger Kriegsergebnisfälschung und
Metanoia-Verweigerung. Seine Erkennungszeichen sind der
Triumphalismus der Verlierer und die forcierte Affirmation
des heroistischen Codes durch diejenigen, die angesichts ihrer
frischen Erfahrungen besser beraten gewesen wären, ihre
Beziehung zum Regelwerk des heroischen Lebens einer radi-
kalen Revision zu unterziehen.

An dieser Stelle meiner Ausführungen kann ich das Stadium der Vorbetrachtungen und der Explikation der theoretischen Prämissen verlassen und mich dem eigentlichen Gegenstand dieses Versuchs, der vergleichenden Untersuchung der deutschen und der französischen Nachkriegszeiten ab 1945, zuwenden. Von Anfang an springt hier die Vergleichbarkeit der französischen Position nach 1945 mit der italienischen von 1918 ins Auge. Denn so wie die Alliierten vom November 1917 an für die Italiener eine letzte Front errichtet hatten, damit sie bis zum Tag der deutschen Kapitulation durchhielten, trugen die Alliierten die realen Kriegslasten für die Franzosen – bis zu jener unvergeßlichen *Libération* am 25. August 1944, als de Gaulle an der Spitze improvisierter eigener Truppen einen triumphalen Einzug in Paris hielt. Obwohl, oder besser: gerade weil die französische Niederlage von 1940 um vieles eindeutiger ausgefallen war als die italienische von 1917, geriet die Einreihung der Franzosen (die nur in Jalta fehlten) unter die Siegermächte um vieles auffälliger als die der Italiener nach dem Ende des Ersten Weltkriegs. Letzteren hatte man in den Friedensverhandlungen von 1919 bloß eine untergeordnete Rolle zugestanden. Vor allem ist man von der Analogie zwischen den italienischen und den französischen Verlegenheiten frappiert, wenn man sie in der Perspektive des Modells der post-stressorischen Selbstevaluierung betrachtet: In dem einen wie in dem anderen Fall ist nach dem geschenkten Sieg ein anfängliches Schwanken zwischen den metanoetischen und den affirmativen Tendenzen konstatierbar, ein Schwanken, das schließlich im Sinn einer mehr oder weniger umfassenden Kriegsresultatsfälschung stillgestellt wird.

Immerhin darf man sagen, daß die Franzosen bei ihrer Stress-Schatten-Arbeit nach 1945 allen Neigungen zur Verkehrung der Fakten zum Trotz Glück hatten, weil ihre Form der nationalen Rekonstruktion zu guter Letzt »nur« den Gaullismus an die Macht beförderte. Der triviale Satz »de Gaulle war nicht Mussolini« nimmt in diesem Kontext eine abgründige Bedeutung an. Er markiert bei allen Ähnlichkeiten den Abstand zwischen den Nachkriegsreaktionen beider Völker. Während die Italiener aus dem großen Übel der Beinahe-Niederlage ein noch größeres machten, indem sie die Flucht nach vorn antraten, wählten die Franzosen, nach dem unentschiedenen Zwischenspiel der Vierten Republik, das kleinere Übel, die gaullistische Therapie. Überdies stieß die französische Interpretation der Niederlage von 1940, die sich mirakulös zum Sieg von 1945 wandelte, von vorneherein nicht auf die Zustimmung aller Lager. Parallel zur gaullistischen Evasion in die nationale Affirmation entwickelte die französische Linke eine zweite Fälschungsfront, nach welcher Frankreich – wir dürfen jetzt, deutsche Analogien weckend, das »bessere Frankreich« oder das Frankreich der *résistance* sagen – den Krieg an der Seite Stalins und der Roten Armee gewonnen haben wollte.

Allein im Rahmen der skizzierten Theorie der Nachkriegszeiten wird verständlich, wie nach 1945 die vielfach kommentierte Spaltung der überpolarisierten politischen Lager, dieser hermeneutische gallische Krieg zwischen der französischen Nachkriegsrechten und der französischen Nachkriegslinken, einen Konflikt zwischen zwei inkompatiblen Strategien der Kriegsergebnisfälschung darstellte.

An dieser Stelle bedarf es keiner ausführlichen Erklärung, wie sich der gaullistische Aufbruch in die Neo-Grandeur im einzelnen vollzog. Auch die Ansätze zu einer authentischen französischen Metanoia während der Vierten Republik müssen unerwähnt bleiben, die in erster Linie wegen der erneuten Demütigungen durch die Entkolonialisierungskonflikte in Indochina und Nordafrika scheiterte. Es muß genügen, auf das politische Hauptsymptom der französischen Reaktionsbildung hinzuweisen: Als de Gaulle im Jahr 1958 zum zweiten

Mal als Retter an die Spitze des Staates zurückkehrte, diktierte er die bis heute gültige Verfassung der Fünften Republik, deren starke präsidentielle Fixierung für *la grande nation* ebenso problematisch werden sollte wie für die europäische Mitwelt. Die Überhöhung des Präsidentenamts ergibt nur Sinn, wenn man unterstellt, daß das Elysée ein europäisches Weißes Haus sein wollte – oder, um nähere Muster heranzuziehen, ein Mittelding zwischen Versailles und Bayreuth. Im Elysée-Palast war die Phantasie schon ein Jahrzehnt lang an der Macht, bevor die Studenten von Paris in einem unruhigen Monat Mai auf den Gedanken kamen, ihre Phantasie solle die herrschende ersetzen. Vollends verkörperte die Kommandogewalt des Präsidenten über die französische Nuklearwaffe (die seit 1964 einsatzbereite *Force de dissuasion nucléaire*) die zugespitzteste Form einer post-stressorischen Affirmationsstrategie – in klinischer Terminologie würde man von einer kontraphobischen Kompensation sprechen.

Es wäre dennoch ungerecht, dem Werk des Generals, der kein Gaullist sein wollte, gewisse metanoetische Qualitäten rundweg abzusprechen – gegen eine einseitig affirmationistische Deutung spricht schon die eingangs erwähnte Szene in Reims. Auch die Tatsache, daß in seinem späteren Vokabular Begriffe wie *détente*, *entente* und *coopération* mit leitmotivischem Nachdruck auftauchten, verrät, welchen Weg er dem konservativen Part Frankreichs zur Revision seines kolonialistischen, imperialistischen und heroistischen Erbes aufzuzeigen versuchte. Die alte Rechte mit der republikanischen Moderne versöhnt zu haben wird eine seiner größten Leistungen bleiben.

Die ideengeschichtlich interessantere und ideologisch viel verführerische Form der Kriegsergebnisfälschung vollzog sich auf der anderen Seite der innerfranzösischen Front. Während der gaullistische Aufbruch in die semi-imperiale Affirmation weitgehend mit den Standardaffekten und Basisverfahren nationaler Selbstbetonung auskam, also mit patriotischer Selbst-vergrößerung und waffentechnischer Modernisierung, vollzog sich im linken Lager eine ideologische und psychopolitische Wendung von unabsehbarer Tragweite. Hier entwickelte sich von 1944 an eine ideengeschichtlich singuläre Form pseudo-metanoetischer Literatur, deren Aufarbeitung noch kaum begonnen hat.[3] Sie löste zugleich einen massiven Import deutscher Philosophen aus, ob sie nun unter den Namen Hegel und Heidegger firmierten oder unter Marx, Nietzsche und Carl Schmitt. Dies geschah wie zur Illustration der von Kulturtheoretikern vorgebrachten Beobachtung, wonach die Romantiken blühen, wenn im Reich der Ideen die Kompensation einer politischen Niederlage auf der Tagesordnung steht.

Das Hauptverfahren der linken Kriegsergebnisfälschung war nicht, wie bei der rechten, die Flucht in die nationale Tradition der Größe, sondern die Flucht in die sozialistische Übergröße. Die wies freilich den gravierenden Makel auf, daß ihr Repräsentant auf der Weltbühne in der kritischen Zeit das Antlitz Stalins trug. Dieses Detail wurde bemerkenswerterweise kaum als störend empfunden, solange die französische Linke neben der Rettung ihres verwundeten Gewissens die Propagierung des eigenen Sieges vorantreiben konnte – als wären die Erfolge der Roten Armee auf das Konto des linken Widerstands umzubuchen gewesen. Hierdurch war man frei, sich pseudo-metanoetisch mit dem Versagen der Dritten Republik, den Infamien der Kollaboration und des französischen Kolonialismus sowie den inneren Widersprüchen der gaullistischen Rekonstruktion auseinanderzusetzen, ohne vom hohen Roß des Sieges herabsteigen zu müssen. In der Folge entstand ein rhetorischer Apparat zur Artikulation von triumphalem Selbsthaß und hypermoralischer Aggression gegen die

---

3 Vgl. Tony Judt, Past Imperfect. French Intellectuals 1944-1956, Berkeley, Los Angeles, Oxford 1992.

nationalen und bürgerlichen Traditionen, der im eigenen Land wie im Ausland eingesetzt werden konnte.

Am zweiten Herd der Siegesfälschung erlangte rasch eine kulturelle Szene die Hegemonie, die den Militantismus zu ihrem Markenzeichen erhob. Sie brachte es fertig, das Wort »engagiert« in aller Welt zum Synonym für französische Intellektualität zu machen. Mit ihm sollte künftig jede Form von Kollaboration an den Pranger gestellt werden, einschließlich der Kollaboration mit den elementaren Tatsachen. Diese kämpfende Kirche des nachträglichen Widerstands verstand es, sich als generelle Kritik der bürgerlichen Gesellschaft und des spätkapitalistischen Zeitalters zu entfalten, indem sie den Marxismus, die Semiologie und die Psychoanalyse zu einem suggestiven Amalgam vermischte. Die Exporterfolge der französischen Theorieliteratur, die bis in die neunziger Jahre anhielten, beruhten vor allem auf ihrem polemischen Gebrauchswert für die analogen kritischen Subkulturen der Importländer, namentlich in Italien und Deutschland. Besonders heftig wurde sie in den USA willkommen geheißen, als die junge Intelligenz des Landes nach dem Vietnam-Debakel bereit war, eine Fremdsprache zu lernen, um radikal kritisch über die eigene Kultur zu reden. Noch heute können die Reste dieser Produktionen in amerikanischen Campusbuchhandlungen unter den Rubriken *French Theory* oder *Critical Theory* erworben werden.

Auf diesen Regalen, und nur auf ihnen, hat im übrigen das einzige Phänomen stattgefunden, das es vielleicht verdient, eine französisch-deutsche Beziehung zu heißen – es ist die Konvergenz zwischen diesen alleserklärenden diskursiven Maschinen, die man auf beiden Seiten des Rheins in suggestiven Ausarbeitungen finden konnte und mit denen man bis vor kurzem die jungen Leute lehrte, die bestehenden Verhältnisse zu durchschauen und zu verwerfen, als hätten sie nicht selber an ihnen Anteil. Da aber die analogen Diskurse der deutschen

Selbst- und Weltkritik nach 1945 in einem ganz anderen Kontext entstanden waren und in einem völlig anderen Klima funktionierten als die französischen, muß selbst diese scheinbar enge Affinität als das Produkt eines Mißverständnisses gewertet werden.

Was die französische von der deutschen Kritik unterscheidet, ist ihre grundverschiedene Art der kulturellen Einbettung und – damit verbunden – ihre diametral entgegengesetzte wahrheitspolitische Tendenz. Während die deutsche Kritik zu einer Population sprach, die allen widerstrebenden Tendenzen zum Trotz nicht leugnen konnte, im Sinne der Anklage schuldig zu sein, richtete sich die französische Kritik an eine Gesellschaft von seltsamen Freigesprochenen, denen man ihre *drôle de libération* erläuterte. Mag sein, daß deswegen das intellektuelle Deutschland die einzige Weltgegend ist, in der noch eine altmodische Korrespondenztheorie der Wahrheit dominiert. Hier heißt die Niederlage Niederlage (und das Verbrechen Verbrechen) – und an diesem semantischen Ur-Meter werden alle übrigen Wörter gemessen. Nur hier herrscht noch die Religion des objektiven Referenten. Das intellektuelle Frankreich bevorzugt die politisch elegantere und rhetorisch reizvollere Position, nach welcher die Wörter und die Dinge getrennten Ordnungen angehören.

6 Deutschland 1945: Metanoia

Naturgemäß hatte auch die deutsche Bevölkerung nach 1945 eine Fülle von Arbeiten zu erbringen, die sich summarisch mit dem Begriff »Wiederaufbau« umschreiben lassen. Diese prioritäre Orientierung hatte sie mit den besiegten und befreiten Franzosen gemeinsam, wenn auch auf völlig andere Weise. In seinen deutschen Konnotationen betont das Wort den materiellen Aspekt der Beseitigung von Kriegsschäden – die sprangen aufgrund des alliierten Bombenkriegs überall ins Auge. Es bezeichnete darüber hinaus die Summe der Anstrengungen, denen sich die Deutschen unterzogen, um moralisch und kulturell wieder auf die Beine zu kommen. Freilich war Adenauer nicht de Gaulle – auch dies ein trivialer Satz mit abgründigen Implikationen. Der Name des ersten deutschen Kanzlers steht für eine nationale Rekonstruktion, die mit den affirmativen Künsten des Gaullismus wenig gemeinsam hat. Er symbolisiert die pragmatische und alltägliche Seite der metanoetischen Arbeit in Deutschland. In deren Verlauf verband sich der Wiederaufbau der Städte mit der politischen und moralischen Reorientierung, und mit beidem kam man einigermaßen trittsicher voran. Was man etwas später das deutsche Wirtschaftswunder nannte, wirkte wie die ökonomische Bestätigung des damals eingeschlagenen Wandlungsweges.

Um die Verlaufskurve dieser Selbstrekonstruktion zu markieren, mag es genügen, an das Stuttgarter Schuldbekenntnis der Evangelischen Christenheit in Deutschland vom 19. Oktober 1945 zu erinnern, mit dem die legitim so zu bezeichnende Geistesgeschichte der späteren BRD neu beginnt. Mittlere Punkte auf dieser Kurve markieren, neben dem Abkommen zwischen Israel und der Bundesrepublik im September 1952, die genannte Szene am 12. Juli 1962 in Reims und der Kniefall Willy Brandts am 7. Dezember 1970 am Ehrenmal des Warschauer Ghettos. Den gegenwartsnahen Eckpunkt dieser Evolution bildet die Inauguration des nach jahrzehntelangen Diskussionen geschaffenen Berliner Denkmals für die ermordeten Juden Europas am 10. Mai 2005.[4]

Aus der Sicht der Theorie post-stressorischer Decorum-Revisionen in Nachkriegszeiten ist leicht zu erkennen, daß die genannten Ereignisse auf einer gemeinsamen Linie liegen. Sie

---

4 Die fünfzehnjährige Auseinandersetzung ist monumental dokumentiert in dem Band Der Denkmalstreit – das Denkmal? Die Debatte um das »Denkmal für die ermordeten Juden in Europa«, herausgegeben von Ute Heimrod, Günter Schlusche, Horst Seferens, Berlin 1999.

sind ein und demselben Prozeß zuzurechnen: der zu keiner Zeit unkomplizierten, aber auch zu keiner Zeit von Umkehrung bedrohten metanoetischen Wandlung der deutschen Kriegsverlierer. Von dieser darf man aus heutiger Sicht mit gutem Grund behaupten, sie habe die zuverlässigste Konstante in der Ideen- und Mentalitätsgeschichte der europäischen Völker nach 1945 gebildet. Nur wenn man den Vorgang im ganzen in den Blick faßt, wird man verstehen, wie es möglich war, daß es in Deutschland zwar eine Wiederbewaffnung, aber keine allgemeine Remilitarisierung der Politik gab, einen sozialen und kulturellen Wiederaufbau, aber keine nennenswerte Nostalgie für antidemokratische Traditionen, eine nationweite Wiederertüchtigung, aber keine Regermanisierung, einen westdeutschen Wirtschaftsaufschwung, aber keine imperiale Versuchung, eine nationale Erholung, aber keine Überhebung.

Niemand wird behaupten, das politische und kulturelle Leben in Deutschland habe während dieser Zeit keine Bewährungsproben zu bestehen gehabt. In der berüchtigten »bleiernen Zeit« – an deren erstickende Atmosphäre nur mit größtem Unbehagen zurückdenkt, wer sie selbst erlebte – herrschte ein allzu langes Schweigen über das Geschehene. Als es endlich gebrochen wurde, schlug das Pendel rasch heftig nach der anderen Seite aus. Darum blühten auch hier Hybridformen des Hasses gegen das »Eigene« auf; auch hier haben empörte Nachgeborene ihr Interesse an schneller Überlegenheit über die Komplikationen in den Lebensgeschichten der Älteren ausgelebt; auch hier kamen wie auf der anderen Seite des Rheins scheinpolitische Meisterdenker obenauf, die den Unterschied zwischen dem totalitären Staat der Vergangenheit und dem demokratischen der Gegenwart als zu vernachlässigende Größe behandelten – so daß man allenthalben Wiedergänger der NS-Zeit erkennen wollte, wo nur ungeübte Demokraten beim Lernen ihrer Rollen zu beobachten waren. Auch

hier gab es wie in Frankreich auf dem rechten Flügel abscheuliche leugnende Verhärtungen und auf dem linken selbstge-
rechte pseudo-metanoetische Exzesse. Es trat sogar ein Re-
make von linkem Faschismus auf die Bühne, der sich, um von
seinem Charakter abzulenken, Antifaschismus nannte und
wie sein Vorbild für den bewaffneten Kampf voreingenom-
men war – weswegen er stilecht leninistisch das Recht bean-
spruchte, selbsternannte Klassenfeinde einem höheren Ziel
zuliebe zu töten.

Diese Ausschläge ins Extreme konnten jedoch die Grund-
richtung der deutschen Nachkriegsarbeit an uns selbst nicht
entscheidend stören. Die blieb an der Aufgabe orientiert, das
überkommene deutsche Decorum mitsamt seinen dunkel-
romantischen, heroistischen und ressentimentalen Erblasten
im Licht der Kriegsergebnisse, mehr noch im Licht der mitver-
schuldeten Zivilisationskatastrophe zu reevaluieren und zu
revidieren.

7 Frankreich 2007: Die imperiale Versuchung und die Implosion der Linken

Vor dem Hintergrund dieser Bemerkungen über die französischen und deutschen Nachkriegszeiten sowie der dabei zutage
geförderten Differenzen in der Bewertung und Integration der
Kriegsergebnisse gehe ich nun der Frage nach, was aus heutiger Perspektive in einer kulturtheoretisch fundierten Rede
über die Lage der beiden Nationen festzuhalten wäre. Um mit
dem französischen Fall zu beginnen, wäre aus der Sicht von
2007 vor allem eines hervorzuheben: Der gallische Krieg um
die politische und ideologische Aneignung der *Libération* ist
entschieden. Das Resultat liegt auf der Linie der durchschnitt-
lichen psychopolitischen Plausibilitäten. Mit zunehmender
Entfernung von den kritischen Ereignissen hat sich auf breitester Front eine post-gaullistische gemäßigte Rechte durchge-

setzt, die man nur deswegen das »bürgerliche Lager« zu nennen zögert, weil niemand mehr mit Bestimmtheit zu sagen vermag, was das Wort »bürgerlich« unter heutigen Bedingungen bedeuten soll. Die in Frankreich zur Zeit ungewöhnlich massiven Mitte-Rechts-Strömungen bewirtschaften – in sicherem Abstand zu den pathetischen Spannungen der ersten Nachkriegszeit – ganz routiniert den alltäglichen politischen Narzißmus, von dem wir wissen: Er liefert in allen nicht-neurotischen Völkern den Stoff, aus dem die Patriotismen sind.

Damit könnte der Rest Europas, auch der »Nachbar« Deutschland, in Ruhe leben, hätte nicht das gaullistische Strukturerbe ein durchaus gefährliches Eigenleben entwickelt: Dieses reicht vom kaum verhüllten Unilaterismus der französischen Nukleardoktrin[5] über die europafeindlichen Tendenzen des französischen Souveränismus bis hin zu den sub-imperalistischen Spielen der französischen Armee in Afrika und Übersee. Am bedenklichsten ist das hysterogene Potential, das aus der Liaison des Präsidentialismus mit dem Medienpopulismus erwächst – ein Potential, auf das schon de Gaulle als politischer Nietzscheaner und Illusionist im Dienste des Ganzen virtuos zurückgriff. Selbst in ihren verflachten Profilen bildet die Erbmasse des Gaullismus ein für Europa nicht berechenbares Risiko, und die Mitglieder der Europäischen Gemeinschaft werden gut daran tun, das Experiment Sarkozy, für das sich die Franzosen im Mai 2007 entschieden haben, aufmerksam zu verfolgen. Nachdem der neue Präsident jüngst hat lernen müssen, daß eine Cecilia Ciganer doch keine zweite Jacky Kennedy sein kann, wäre die nächste Lektion für ihn die, daß in Europa, anderslautenden Suggestionen zum Trotz, für ein Weißes Haus definitiv kein Platz ist. Will er unbedingt Größe zeigen und Frankreich zeitgemäß umbauen,

5 Der erst durch Präsident Sarkozys Ankündigung einer Rückkehr Frankreichs in die NATO kompensiert wird.

könnte er die überfällige post-gaullistische Verfassung einführen und als der erste Mann der Sechsten Republik Schlagzeilen machen.

Der klare Ausgang des neu-gallischen Krieges um die Deutung der *Libération* enthält überdies eine ideologiegeschichtlich bemerkenswerte Note. Zahlreiche Beobachter sind in jüngster Zeit einhellig zu der Feststellung gelangt, daß die vormals so ausstrahlungsmächtige französische Linke nach einer länger anhaltenden Schwächephase (deren Beginn man bis auf Mitterrands letzte Jahre zurückdatieren muß) binnen kürzester Frist ins nahezu Bedeutungslose abgestürzt ist. Diesen Vorgang, der jüngst an den Urnen manifest wurde, begleitet eine intellektuelle Erosion ohnegleichen. Deren Auslegung durch die Betroffenen selbst läßt stark zu wünschen übrig (man redet seit einer Weile gern vom »Untergang« der Großen Nation, als ob Frankreich in einer kalten Nacht mit einem Eisberg kollidiert wäre), und diese Unbeholfenheit überrascht angesichts der Vorgeschichte nicht. Dennoch stellen die neue theoretische Nullität des linken Lagers in Frankreich und seine vollständige praktische Desintegration für den Mentalitäts- und Ideenhistoriker eine nicht unwichtige Denkaufgabe dar.

Unter Verweis auf das oben Gesagte wird plausibel, wieso die Implosion des linken Feldes in Frankreich keineswegs nur auf die lokale Aneignung des neokapitalistischen oder postpolitischen Zeitgeists zurückgeht, der seit gut zwanzig Jahren alle westlichen Nationen beeindruckt. Es handelt sich bei diesem Phänomen entsprechend der hier entwickelten Sicht vielmehr um den finalen Zusammenbruch des pseudo-metanoetischen Systems, mit dem sich die französische Linke falsche Siege und phantomatische Souveränitäten auf dem Feld der aufgewühlten Nachkriegsaffekte und Nachkriegsdiskurse zu verschaffen gewußt hatte. Sie verteidigte diese Errungenschaften jahrzehntelang ohne Rücksicht auf Kontexte – weit über das übliche Verfallsdatum für Illusionen hinaus. Inzwischen holen die veränderten Verhältnisse sie ein. Die Zerrüttung französischer Diskurskultur drückt sich nicht zuletzt in der Tatsache aus, daß die Linke seit vielen Jahren kein wirklich ideenreiches Buch mehr hervorbrachte – um von neuen Perspektiven und Personen zu schweigen. Was blieb, war allein die romantisch-polemische Grundhaltung, die ihre Adepten wie in den alten Tagen auf Militanz und Differenz schwören läßt. Unübersehbar war die geistige Dekomposition während der letzten Jahre bei den nationweit ausgreifenden medialen Treibjagden auf vermeintliche Konvertiten oder Verräter der fortschrittlichen Sache, die man nach scheinmoralischen Schauprozessen auf der Place de Grève der öffentlichen Meinung hinzurichten versuchte. Externen Beobachtern galten diese Attacken gegen die hämisch so genannten Neuen Reaktionäre beziehungsweise neuerdings die *conservateurs* als untrügliche Indizien dafür, daß die französische Linke, reduziert auf einen hilflosen und hysterischen Progressismus, längst in der Kälte steht und sich nur noch an Strohfeuern die Hände wärmt. Die Analogie zu den deutschen Skandalphänomenen der letzten anderthalb Jahrzehnte springt ins Auge – denn auch hierzulande konnte das dominante linksliberale Feuilleton seine zunehmende Weltfremdheit nur durch erhöhte moralische Aufgeregtheit kompensieren. In demselben Zusammenhang war der nicht zu vernachlässigende linke Stimmenanteil im französischen Nein beim Referendum über die europäische Verfassung symptomatisch. Wer *la belle France* und ihre von Lebenskunst und Generosität geprägte Kultur schätzte und liebte, tat damals gut daran, aus Kummer über das überwiegend klägliche Niveau »nonistischer« Propaganda den Mantel des Schweigens über diese Erscheinungen zu breiten.

Dennoch wäre es aufs ganze gesehen ungerecht, der französischen Linken eine ausschließlich negative Bilanz bei der Nachkriegsarbeit an der Reevaluierung des nationalen Decorums zu bescheinigen. Sie hat vor allem dank ihrer gemäßigten Sprecher eine Reihe authentischer metanoetischer Leistungen vorzuweisen, die selbst dann von Bedeutung bleiben werden, wenn sie, eingeklemmt zwischen den rivalisierenden Systemen erfolgreicher, allzu erfolgreicher Kriegsergebnisfälschung, nie einen hegemonialen Status erlangten. In diesem Kontext kommt der bitteren Niederlage Albert Camus' gegen Jean-Paul Sartre in den fünfziger Jahren ein bezeichnender Stellenwert zu. Sie verrät den prekären Status der Energien, die in Frankreich auf eine genuine geistige Abwendung von gescheiterten ideologischen Traditionen zielten. Stimmen wie die von Camus wollten eine Theorie des menschlichen Maßes und der symbolischen Bedingtheit der Existenz zur Geltung bringen, während ringsum ein neo-revolutionärer Symbolismus und ein extremistischer Surrealismus ins Kraut schossen. Mit aller Macht bemühten sich die Autoren der radikalen Tendenz, den Glauben am Leben zu halten, gerade die Niederlage von 1940 habe bewiesen, die Welt brauche nichts dringender als französische Ideen, zumal nachdem diese zur Kräftigung ein stalinistisches oder maoistisches Bad genommen hatten.

Aus späterer Sicht ist überdeutlich, daß es Camus war, der schon in den späten vierziger Jahren auf die richtigen Fragen die richtigen Antworten gegeben hatte. Er war es, der nach den Gewaltexzessen der ersten Jahrhunderthälfte unkorrumpierbar an das irdische Maß erinnerte und die unverhandelbare Verbindlichkeit zivilisierender Besinnung hochhielt. »Jeder sagt dem anderen, er sei nicht Gott, da geht die Romantik zu Ende« – mit diesem Satz, den man am Ende des von vielen Kommentatoren auf dem extremen Flügel verspotteten und verdammten Buchs *L'homme révolté* aus dem Jahr 1951 findet, hatte er das Axiom aller metanoetischen Arbeit im Schatten der Katastrophe artikuliert. Camus war es, der die großen europäischen Versöhnungsworte nach dem Krieg geschrieben hatte: »Das Unglück ist heute das gemeinsame Vaterland.«

Sartre indessen spielte nach 1945, durchwegs aus sicherer Distanz, mit dem Feuer der bewaffneten Revolte – von seinem fatalen Vorwort zu Frantz Fanons antikolonialistischem Gewaltmanifest *Die Verdammten dieser Erde* von 1961 bis hin zu seinem trotzigen Besuch in Stammheim, wo er zu seiner Enttäuschung einen Schwachkopf namens Baader vorfand, der den Besuch des Denkers nicht wert war. Gleichwohl, aus einer dubiosen Lust an der Selbstunterbietung stellte sich Sartre fast bis zuletzt als Galionsfigur der französischen Pseudo-Metanoia zur Verfügung.

Ich brauche wohl nicht zu betonen, daß die Namen Camus und Sartre im Zusammenhang dieser Überlegungen eine rein typologische Funktion besitzen und keine Aussagen über deren literarischen und philosophischen Rang implizieren – bei beiden blicken wir auf Höhen, zu denen heute kaum noch ein Autor aufsteigt. Mit dem ersten assoziiere ich die Tendenzen, die für die Rückkehr eines selbstkritisch besonnenen Frankreichs in die Mitte Europas nach dessen postimperialer und postideologischer Beruhigung stehen, während der zweite eher die immer noch virulenten Neigungen zu einem neurotischen Exzeptionalismus und einem messianischen Aggressionsexport bezeichnet.

Ich schließe diese Überlegung mit der Bemerkung, daß die Camussche Position seit einiger Zeit an Gewicht gewinnt, sofern meine Beobachtungen nicht völlig trügen. Die wenigen lebenden Autoren, die, ungeachtet der generellen intellektuellen Mediokrisierung Frankreichs, an die glanzvolle Ära des Landes anzuschließen vermögen, sind in typologischer Sicht überwiegend als Camusianer zu charakterisieren. Naturgemäß standen die politischen Moralisten, die man die *Nouveaux Philosophes* nannte, dem Camus-Pol näher als dem Sartre-Pol – dies gilt auch für Bernard-Henri Lévy, der mit seinem hastigen Pamphlet *Idéologie française* von 1981 einen sensitiven, wenn auch wegen polemischer Überspitzungen zu

Recht umstrittenen Beitrag zur metanoetischen Literatur geliefert hat. Im Licht der hier angebotenen Analyse erscheint er als
ein Camusianer, der sich mit einem Sartrianer verwechselt.

8 Deutschland 2007: Der Idiot der europäischen Familie in der Normalisierungsphase – Die Affaire Walser

Bei der Beschreibung der deutschen Lage im Horizont der
Daten und Stimmungen von 2007 kann ich mich mit dem Of-
fenkundigen begnügen. Dieses Land ist in eine Phase eingetreten, in der es anfangen darf, die Früchte seiner metanoetischen
Anstrengungen zu ernten. Es hat das Vertrauen seiner Nachbarn zurückgewonnen – wenn man von einigen vergifteten
Depots in England und Polen absieht, wo sich antideutsche
Affekte wie unter Luftabschluß reproduzieren –, und es hat
auch dort, wo das Verzeihen jenseits des Menschenmöglichen
liegt, einen gewissen Respekt vor seiner Wandlung hervorgerufen. Für diese Sachverhalte gibt es keinen stärkeren Ausdruck als die Wahl eines Deutschen zum Papst. Als das in Rom
versammelte Kardinalskollegium am 19. April 2005 Joseph
Ratzinger zum neuen Oberhaupt der katholischen Kirche
wählte, mag es vor allem seine Besorgnisse um die Kontinuität
der katholischen Belange in der Welt zum Ausdruck gebracht
haben – das sind nicht unbedingt unsere Sorgen, aber man versteht auch aus einer neutralen Beobachterposition, worum es
bei dieser Entscheidung ging. Es setzte zugleich ein Zeichen
von überwältigender Deutlichkeit, das besagte: Eine deutsche
Herkunft muß kein Grund mehr für Vertrauensentzug sein;
ein deutscher Name kann wieder ein Integritätssymbol höchsten Niveaus darstellen. Es steht jedem Kommentator frei,
diese Wahl für einen Zufallstreffer oder für die Resultierende
rein innerkatholischer Konstellationen zu halten, doch wer
sich näher damit befaßt, kommt kaum umhin festzustellen:
Diese Wahl hat auch eine außerkatholische Vorgeschichte. Sie

wirft indirekt, doch unverkennbar ein Licht auf die sechzig-jährige Arbeit der Deutschen an sich selbst. Aus dieser Sicht wäre die Wahl Benedikts XVI., was immer sie sonst bedeuten mag, die externe Ratifizierung des politisch-moralischen Prozesses, von dessen Anfängen und Motiven weiter oben die Rede war.

Es gehört zu den Besonderheiten des kulturellen Klimas in Deutschland, daß viele Akteure auf dem Feld der veröffentlichten Meinung große Mühe damit haben, sich zu den Möglichkeiten und Wirklichkeiten der neu erarbeiteten deutschen Integrität in ein anerkennendes Verhältnis zu setzen. Sie können und wollen nicht wissen und nicht glauben, daß sich die Nachkriegszeit im alltäglichen wie im anspruchsvollen Sinn des Wortes auch hierzulande ihrem Ende nähert, und zwar aus chronologischen wie aus psychopolitischen und (wenn der Ausdruck erlaubt ist) kulturbiologischen Gründen. Ja, es erscheint ihnen als eine arge Zumutung, anerkennen zu sollen, die Arbeit der Deutschen an sich selbst habe zu vorzeigbaren Resultaten geführt. Kehrt man den Winkel der Betrachtung um, so darf man die beharrliche Fortexistenz der Normalisierungsverweigerer ihrerseits als ein Erfolgszeichen interpretieren. Nichts wäre in Deutschland unnormaler, als wenn alle gleichzeitig mit narzißtischem Lärm die Schwelle zu einem gesund sein wollenden Patriotismus überschritten. Von der deutschen Annäherung an die psychopolitische Normalität ist folglich eine gewisse Einkrümmung in sich selbst nicht wegzudenken. Zu deren Artikulation rechnet die Arbeitsteilung zwischen denen, die jetzt etwas unbefangener mit der Lizenz zur Selbstliebe experimentieren und von den neuen Möglichkeiten der metanoetisch gefilterten Affirmation Gebrauch machen, und jenen, die jeder Regung dieser Art ihren tief habitualisierten Widerwillen entgegensetzen.[6]

6 Dieser Widerwille schließt auch die Erinnerung an deutsche Opfer des

Wenn diese Überlegungen in die richtige Richtung zielen, dann dürfte aus ihnen der Schluß gezogen werden, die lange Serie der landesüblichen Skandalisierungen, die von Botho Strauß' Essay *Anschwellender Bocksgesang* und Hans Magnus Enzensbergers *Aussichten auf den Bürgerkrieg*, beide von 1993, über Martin Walsers Paulskirchenrede im Herbst 1998 bis zu Günter Grass' öffentlichen Waffen-SS-Geständnissen im Jahr 2006 reicht, müsse sich aus sachimmanenten Gründen demnächst erschöpfen. Die »Sache selbst«, aus deren inneren Gesetzen diese Erregungen hervorgingen, nämlich die psychopolitische Verfassung der Bundesrepublik, ist im Lauf des letzten Jahrzehnts unverkennbar in einen neuen Aggregatzustand eingetreten. Dieser macht die Wiederholung der bisherigen Stürme zunehmend unwahrscheinlich – womit nicht gesagt sein soll, die nach wie vor semi-totalitär wirksamen Medien würden künftig auf ihre Vollmacht verzichten, symbolische Lynch-Aktionen und opportunistische Massenpsychosen vom Zaun zu brechen.

Was ich hier als die kritische »Sache« bezeichne, ist nichts anderes als der seit längerem absehbare Eintritt Deutschlands ins manifeste Stadium seiner Normalisierung – wobei man durchaus zugeben kann, daß es sich, nach einer langen Deformationsgeschichte, um eine paradoxe erstmalige Normalität handelt. Man möge in die Ausdrücke »Normalität« und »Normalisierung« nicht zuviel hineinlesen. Da von einem »entwickelten« Land des Westens die Rede ist, weist es zugleich die für seine Entwicklungsstufe typischen Paradoxien auf – und ob es in einer kapitalgetriebenen Welt überhaupt so etwas

Krieges ein. Wenn anläßlich einer Veranstaltung zum Gedenken an die Bombardierung Dresdens am 13./14. Februar 2004 in München Demonstranten mit dem Slogan *Bomber Harris, do it again!* auftreten, so ist das mehr als nur ein Manifest des schwarzen Humors. Es zeigt vor allem, wie weit sich manche Normalisierungsgegner in ihrem Furor des negativen Nationalismus von den zivilgesellschaftlichen Normen entfernt haben.

wie stabile Normalitäten geben kann, haben wir hier nicht zu untersuchen. Was die erwähnte Skandalserie angeht, so ergibt sie letztlich nur Sinn, wenn man sie als eine Kaskade von Übergangskrisen versteht, mit denen die Hochspannung der deutschen Nachkriegsarbeit an sich selbst auf mittlere Werte heruntergefahren wurde.[7] Sie kündigten die Auflösung des permanenten metanoetischen Ausnahmezustands und seine Überführung in gewöhnliche alltagspatriotische Verhältnisse an.

Für einen solchen Übergang mochte es typisch gewesen sein, wenn in seinen Krisen ausgerechnet die Namen von Autoren strittig wurden, die während der deutschen Nachkriegsarbeit an uns selbst als die sichersten neuen Integritätsgaranten galten – ich denke hier vor allem an Martin Walser und Günter Grass. Aber während Grass jüngst nur von den Überspitzungen seines eigenen Moralismus eingeholt wurde, dessen zuweilen etwas hohlen Klang wahrzunehmen man sich plötzlich in nachträglicher Entrüstung erlaubte, zog Walser ein sehr viel heftigeres und gründlicheres Ressentiment auf sich, falls Ressentiment gründlich sein kann. Dies geschah, weil er sich etwas früher als andere – für viele sogar viel zu früh, unanständig früh – die Freiheit genommen hatte, überhaupt die Möglichkeit einer Normalisierung in Aussicht zu stellen – was am Hypermoral-Standort Deutschland nicht ohne weiteres hinzunehmen war. Der Konflikt deutete sich erstmals in den achtziger Jahren an, als Walser die schöne Unklugheit beging, die deutsche Wiedervereinigung zu einer wünschbaren Option zu erklären – sein Hinweis erwies sich bald darauf als eine Prophezeiung, deren Erfüllung ihm viele nicht verzeihen wollten. Und es geschah noch einmal, als er

---

7 Vgl. die systemtheoretisch inspirierte Monographie von Günter Sautter, Politische Entropie. Denken zwischen dem Mauerfall und dem 11. September 2001 (Botho Strauß, Hans Magnus Enzensberger, Martin Walser, Peter Sloterdijk), Paderborn 2002.

kurz vor der Jahrtausendwende das noch unklügere Wagnis einging, eine intimistische, literarisch obertonreiche Sonntagsrede an die deutsche Nation zu halten, um ihr zu signalisieren, sie sei, von Selbstbeobachtungen ausgehend, seiner Meinung nach demnächst reif genug, um zu gewissen veräußerlichten pseudo-metanoetischen Ritualen auf Distanz gehen zu können. In diesem Kontext hat die Moralkeulen-Metapher ihren Platz – sie liegt den Keulenherstellern und -benutzern bis heute schwer im Magen, da sie ihre Chancen auf den Moralmärkten deutlich beeinträchtigt. Zehn Jahre nach der Rede in der Paulskirche wissen wir, daß Walser auch in dieser Affaire zu früh recht hatte, und das Publikum von damals, das nach der Rede lange einmütig stehend applaudierte, wußte es *in situ* ebenso. Mit diesem Applaus war man sich selber ein paar Minuten lang zehn Jahre voraus und gab seine Zustimmung zu der soeben erlebten rhetorisch glanzvollen Antizipation einer möglichen deutschen Normalisierung.[8]

Was danach kam, war, um das mindeste zu sagen, eine Phase der Verwirrung. Am verständlichsten war vielleicht die scharfe Reaktion des damaligen Vorsitzenden des Zentralrats der Juden in Deutschland, Ignatz Bubis, der aus dem klaren Auftrag seines Amts heraus vor den möglichen Gefahren einer Selbstexkulpation der Deutschen warnte, die sich hinter dem Vorwand der Normalisierung verbergen könnte. Sein bitterböses Wort von der »geistigen Brandstiftung«, das man seit Frisch hierzulande nicht nur auf Biedermänner anwendet, hat er später widerrufen und Walser integre Absichten trotz mancher »mißverständlicher Formulierungen« zugestanden. Die anklagende Übertreibung, zu der Bubis Zuflucht nahm, hatte den Vorzug, daran zu erinnern, daß zwischen Deutschen und Juden auf sehr lange Zeiten keine Normalisierung im Sinne

8 Man kann die Rede und den darauf folgenden Streit darüber nachlesen in der von Frank Schirrmacher herausgegebenen voluminösen Dokumentation *Die Walser-Bubis-Debatte*, Frankfurt am Main 1999.

von Vergessen und Vergeben eintreten kann, schon gar keine von deutscher Seite verordnete. Hellhörigkeit gehört zu den moralischen Privilegien und Pflichten derer, die für die Seite der Opfer zu sprechen haben – und etwas überhellhörig mag Bubis im kritischen Augenblick gewesen sein.

Eindeutig bestürzend war hingegen, was auf der deutschen Seite des Tumults um die Walser-Rede zu beobachten war. Wollte man sich in positivem Denken üben, könnte man auf die unter Homöopathen gängige Formel zurückgreifen, die Krise stehe oft im Dienst der Genesung. Am bedenklichsten an der Meinungsorgie, die sich an den Zusammenstoß zwischen Bubis und Walser anschloß, war die starke Entdifferenzierung, durch die das kulturtragende Prinzip, wonach erworbene Verdienste nicht verfallen, vorübergehend außer Kraft gesetzt wurde. Das Prinzip des Skandals ist stets die Enteignung der Wahrnehmung durch die Paraphrase, und seine Vollzugsform ist die Vernichtung des Wortlauts durch das Gerücht. Daß Walser über Jahrzehnte hin einer der fleißigsten Arbeiter im Weinberg der deutschen Metanoia gewesen war, schien bei seinen Anklägern wie über Nacht vergessen. Auch daß er in der Paulskirche in einem rhetorisch nuancierten, subjektiven Modus gesprochen hatte, spielte nun keine Rolle mehr. In einem Rausch des tendenziösen Lesens im Nicht-so-Gesagten und des quälfreudigen Festhaltens am leicht bereinigbaren Mißverständnis warf man ihm vor, er habe Deutschland insgesamt von seinen Erinnerungspflichten losbinden wollen, indessen doch jedem, der hören und lesen konnte, sofort deutlich war, daß der Autor ausschließlich eine bestimmte, stark ritualisierte, um nicht zu sagen mechanisierte Form pseudo-metanoetischer deutscher Schuldlustrhetorik für kontraproduktiv erklärte (was die Angesprochenen naturgemäß zu einer zusätzlichen Probe provozierte). Indem Martin Walser, dem *in puncto* »Hinsehen« kein Zeitgenosse etwas voraushat, die Erinnerung an den von deutschen Akteuren zu verantwortenden Schrecken wieder nachdrücklicher ins innere Forum der Einzelnen legen wollte, plädierte er für eine Form der Metanoia, die sich dem Geschehenen authentischer zuwendet, als jede noch so gut gemeinte Denkmalpflege es vermöchte. Ob er damit den Ansprüchen der Gedächtnispolitik unter ihren öffentlichen Veranstaltungsformen gerecht wurde, mag offenbleiben (er selbst hat die Berechtigung offizieller Erinnerungsakte und förmlicher Symbole später etwas deutlicher zugestanden) – die Walsersche These jedoch, es könne ohne innere Vergegenwärtigung keine ernsthafte, durchs Gewissen gehende Befassung mit den Schrecken deutscher Verbrechen geben, bildet ein notwendiges Korrektiv gegen die Selbstläufigkeiten der veranstalteten Erinnerung.

Nachdem sich die Wellen etwas geglättet haben, ist zu hoffen, daß die Aktivisten der Anklage, namentlich die nichtjüdischen, irgendwann ruhig und redlich genug sein werden, einen zweiten Blick auf die Affaire zu werfen. Das deutsche Feuilleton, das damals Schuld auf sich geladen hat, indem es seinen gewöhnlichen skandalsüchtig imitativen Reflexen folgte, täte in der jetzigen Entspannungsphase gut daran, darüber nachzudenken, ob nicht zwischen den Namen Martin Walsers und Benedikts XVI. ein Zusammenhang besteht, der es verdient, explizit gemacht zu werden. In meiner Sicht existiert dieser tatsächlich, und er ist, sobald man ihn aus einem geeigneten Blickwinkel ansieht, transparent genug. Beide Namen stellen nachgewachsene deutsche Integritätssymbole dar, die durch bemerkenswerte Lebensleistungen in der Ära nach 1945 begründet sind. Hinsichtlich ihrer Interessen, Themen und Tendenzen könnten sie nicht divergenter sein. Dennoch stehen sie nebeneinander und miteinander – zusammen mit anderen Namen wie Heuss, Niemöller, Adorno, Dahrendorf, Willy Brandt, Weizsäcker, Grass, Kluge und Enzensberger – für nicht weniger als die Tiefenerholung der deutschen Nachkriegszivilisation. Wenn der Papstname im Lande gegenwärtig heller leuchtet als der Schriftstellername, so unter anderem deswegen, vom astralen Mehrwert der Papstposition abgesehen, weil man sich mancherorts noch immer gegen das Offensichtliche sträubt: Man kann einem Autor von der Balzac analogen Statur Walsers vielleicht für die Dauer einer Krise, aber nicht längerwährend einen Vorwurf daraus machen, daß er zehn oder zwanzig Jahre zu früh auf seine gewiß sehr eigensinnige südwestdeutsche Weise die Wahrheit gesagt hatte – man nehme das Wort Wahrheit hier wie anderswo zu den Bedingungen, die unserem Wissen vom Dasein in Perspektiven entsprechen.[9]

Was diese mentalitätsgeschichtlichen Überlegungen für das künftige Verhältnis zwischen Deutschen und Franzosen bedeuten, liegt auf der Hand. Mit der sich vollendenden Wandlung Deutschlands zu einer metanoetisch stark durchgearbeiteten und zivilisatorisch einigermaßen regenerierten Nation sind die Zeiten zu Ende, in denen schon die Wendung »deutsche Interessen« als ein Rückfall in Denkformen der NS-Zeit galt. Wenn es ein halbes Jahrhundert lang im deutschen Interesse lag, so wenig wie möglich Interessen zu zeigen, so kann die Zukunft des Landes nur in einer Rückkehr zu einer gemäßigten Affirmativität liegen. Diese wird im übrigen von den ausländischen Partnern der Deutschen erwartet, weil man sich im Feld der Politik auf den berechenbaren Egoismus jedes einzelnen Mitspielers und Gegenspielers verlassen können will, in der EU wie in der übrigen Welt. Deutschland ist tatsächlich schon seit einer Weile dabei, seine Übergangsrolle als Idiot der europäischen Familie abzulegen und sich zu einem gewöhnlichen politischen Egoisten zu entwickeln. Man tritt niemandem zu nahe, wenn man feststellt, daß es sich hierbei von Frankreich eine Menge abschauen kann.

9 Auch von den gegen Walser erhobenen Vorwürfen anläßlich seiner Satire auf Marcel Reich-Ranicki in Tod eines Kritikers bleibt nach Überprüfung des Wortlauts nur die Einsicht in deren Gegenstandslosigkeit – und in die Eigendynamik der Antisemitismus-Hellseherei – zurück.

Es mag nun den Anschein haben, als hätte ich in dieser psychopolitischen Betrachtung die metanoetische Bilanz einseitig zugunsten der deutschen Seite gezogen und Frankreich als Nährboden für zwei massive Lebenslügen getadelt. Ich möchte diesem Eindruck nicht widersprechen, jedoch durch eine zusätzliche Bemerkung für eine ausgeglichenere Evaluierung sorgen. Tatsächlich kehren sich die Pole von Nachkriegswahrheit und Nachkriegslüge zwischen den beiden Ländern um, sobald man an den sensitiven Punkt der deutschen wie der französischen Staatsraison rührt. Ich spreche von der Neudefinition der militärischen Funktionen in beiden Ländern nach den Niederlagen von 1940 bzw. 1945. In diesem Punkt ist festzustellen, daß Frankreich aus seiner Lebenslüge eine Wahrheit gemacht hat, insofern es sich als verteidigungswillige und verteidigungsfähige Nation zu neuer Aufstellung brachte. Deutschland hat aus der Wahrhaftigkeit seiner Metanoia eine Lüge gemacht, da es seine totale Abhängigkeit von der militärischen Schutzfunktion anderer wie eine moralische Leistung vor sich her trägt. Die Deutschen neigen zu der Überzeugung, sie hätten aufgrund ihrer vergangenen Verbrechen einen höheren Anspruch darauf erworben, in einer Welt zu leben, in der es keine Kriege gibt. Hieraus ist ein Syndrom der anmaßenden Schwäche entstanden, das kommenden Prüfungen nicht standhalten kann. So bleibt abzuwarten, ob und wie auch in diesem basalen Segment der Neuregelung des kulturellen Decorums auf deutscher Seite eine Normalisierung im realistischen Sinn erfolgen wird.

9 Glückliche Entfremdung: Polemologischer Ausblick mit René Girard

Abschließend möchte ich der Frage nachgehen, welcher Sinn dem Ausdruck »deutsch-französische Beziehungen« vor dem Hintergrund der ausgeführten Überlegungen zugesprochen werden darf. Es kommt vermutlich nicht überraschend, wenn ich dem Wort »Beziehungen« eher ironische Aspekte abgewinne. Natürlich denke ich nicht daran, mich über die vielfältigen Netzwerke deutsch-französischer Interaktionen lustig zu machen, die im Gefolge des Elysée-Vertrages über Jahrzehnte hin ausgearbeitet wurden – von der Umwandlung der Staatsbesuche in Routinekonsultationen bis zu den regelmäßigen Treffen der Außen- und Verteidigungsminister, von den gemeinsamen Wirtschaftsräten bis zur Airbusproduktion. Auch der Schüleraustausch ist eine gute Idee, und der da und dort praktizierte bilinguale Unterricht ebenso. Ich möchte aber für diesmal von diesen an sich selbst sehr wertvollen Formen veranstalteter Kontakte absehen und sie den zuständigen Stellen überlassen, im Vertrauen darauf, daß die Arbeitsbeziehungen der Begegnungsprofis jederzeit unabhängig von philosophischen und kulturtheoretischen Kommentaren funktionieren.

Womit ich mich in meiner Schlußüberlegung befassen möchte, ist die Frage nach dem inneren Abstand zwischen den beiden Ländern nach dem letzten Krieg. Ich meine, Argumente dafür geboten zu haben, daß und warum dieser viel größer ist, als es die gewöhnlichen Freundschafts- und Kooperationsreden zum Ausdruck bringen. Die Gründe hierfür lassen sich der obigen Skizze über die post-stressorische Evaluierung der Kriegsresultate in den beiden Kulturen entnehmen. Die Franzosen und die Deutschen gingen nach 1945 in kultureller und psychopolitischer Hinsicht *de facto* immer weiter auseinander, während sie auf der Ebene der offiziellen politischen Beziehungen zu einer neuen, für beide Seiten heilsamen Freundschaft fanden. Ich behaupte nun, diese beiden Tatsachen, das Auseinandergehen und die Befreundung, bedeuten in der Sache ein und dasselbe.

Die These will erläutert werden. Blicken wir noch einmal auf die aus deutsch-französischer Erlebnisperspektive bewegendste Szene der zweiten Hälfte des 20. Jahrhunderts zurück, die Begegnung von de Gaulle und Adenauer unter den Bögen der Kathedrale von Reims. Was die beiden alten Männer damals wirklich miteinander aushandelten, war nichts anderes als die wohltuende Entflechtung der beiden Nationen. Es war die Auflösung einer fatalen Überbeziehung, die mindestens bis in die Ära der napoleonischen Kriege zurückreichte und infolge welcher die Deutschen und die Franzosen sich in einer endlosen Folge von Spiegelungen, Nachahmungen, Überbietungen und projektiven Einfühlungen in den anderen, kulturell wie politisch, ineinander verhakt hatten – in akuten Formen beginnend mit dem französischen Import der deutschen Romantik durch Germaine von Staëls folgenreiches Buch *De l'Allemagne* von 1813 und dem preußischen Import der napoleonischen Kriegskunst durch Clausewitz' Buch *Vom Kriege* (posthum 1832-1834). In diesem Sinn darf man sagen, die beiden Völker hätten sich damals offiziell voneinander getrennt, und was de Gaulle und Adenauer einander gelobten, war ein immerwährendes gegenseitiges Loslassen, in gewisser Weise sogar ein immerwährendes gegenseitiges Nicht-Verstehen – bis hin zur Unterlassung jedes neuen Versuchs in dieser Richtung. Das seither bestehende gute Verhältnis zwischen Deutschland und Frankreich ruht auf der soliden Basis jener endlich erreichten Beziehungslosigkeit, die man diplomatisch als Freundschaft zwischen den Völkern beschreibt.

Am 8. Juli 2012 werden wir also den 50. Jahrestag der deutsch-französischen Versöhnung begehen – wir sollten uns dabei bewußt halten, daß es das Datum ist, an dem unsere heilsame Entfremdung voneinander, unser wachsendes Desinteresse aneinander, unser gelassenes, von detaillierten Kenntnissen zumeist wenig getrübtes Nebeneinander die ersten bestimmteren Konturen annahmen.[10] Damals, in den Gesprä-

---

10 Gegenprobe: Wo mehr Kenntnisse sind, dort nehmen die Gereiztheiten signifikant zu. Dann wirkt die maligne Faszination durch scheinbar un-

chen zwischen den zwei großen Alten, begann sich der tödliche Clinch aufzulösen, der die beiden Völker seit der Beinahe-Schlacht von Valmy im September 1792 in einer politischen Form von animalischem Magnetismus aneinander gebannt hatte. Die Kanonade von Valmy bezeichnete bekanntlich nicht nur den neutralen Moment, von dem an die Französische Revolution von Abwehr auf Angriff umschaltete. Sie war das verhaltene Vorspiel zum Zeitalter der Massen, das mit der französischen Erfindung der allgemeinen Mobilmachung einsetzte. Diese führte in gerader Linie zu der synchronen Erregung eines ganzen Volks aus dem Geist der nationalen Panik, des nationalen Enthusiasmus, der nationalen Empörung gegen den gemeinsamen Feind. Die Franzosen waren die Erstgeborenen der neuen Massendynamik, und indem sie mit ihr Europa überrannten, erteilten sie ihm einen Unterricht, der einhundertfünfzig Jahre lang nachwirkte. Schon mit Leipzig und Waterloo schlug Preußen zurück. Seither sprangen zwischen Franzosen und Deutschen die Funken einer reziproken Hypnose hin und her, indem sie Zug um Zug jeweils für das andere Lager das wurden, was René Girard in seiner Studie *Achever Clausewitz* (etwa: Clausewitz zu Ende denken) als Einheit von *modèle* und *repoussoir*, Vorbild und Schreckgespenst, beschrieben hat.[11]

Es besteht für mich kein Zweifel: Das genannte Buch ist seit langem das erste, das wirklich neue Bewegung in das Nachdenken über Frankreich und Deutschland bringt, indem es das Geheimnis einer pathogenen gegenseitigen Faszination zu lüften sucht. Es zeigt sehr eindrucksvoll, wie bei Clausewitz die eifersüchtige Nachahmung Napoleons einsetzt, mittels welcher ein hochbegabter preußischer Offizier die beispiellosen Erfolge des revolutionären französischen Bellizismus für die deutsche Seite wiederholbar machen möchte. Es erläu-

---

entbehrliche Feindbilder antizyklisch weiter (wie etwa Heidegger und Schmitt sie noch immer manchen französischen Autoren liefern).
11 René Girard, Achever Clausewitz, Paris 2007.

tert in suggestiver Weise, wie sich auf dem Umweg über das Buch *Vom Kriege* die Napoleonisierung der Konfliktkulturen in Europa vollzog, insbesondere der massenhafte Verbrauch von jungen Männern in freiwilligen Aufgeboten, später in Wehrpflichtarmeen – eine Spur, die fast geradewegs von Jena nach Verdun führt. In Reims haben de Gaulle und Adenauer ihre Nationen entnapoleonisiert und damit den Weg zu einer entfaszinierten Nachbarschaft geöffnet.

Man ist versucht, unter der Anregung durch Girard einen Schritt weiter zu gehen. Es wäre tatsächlich nicht schwierig aufzuzeigen, wie das Spannungsfeld zwischen unseren beiden Ländern nicht nur durch den napoleonischen Magnetismus und seine preußisch-österreichischen Spiegelungen strukturiert wurde. Es wurde ebenso und mehr noch in Form gehalten von dem ideologischen Stress, den das Welttheater namens Französische Revolution auch auf dieser Seite des Rheins hervorgerufen hatte. Neben der *imitatio Napoleonis* war es vor allem die *imitatio revolutionis*, die affektivdynamisch und ideologisch in Deutschland und weit über Deutschland hinaus in den größten und gefährlichsten Maßstäben wirksam werden sollte. Durch die Optik der Nachahmungslehre gesehen, kann man Karl Marx endlich als das erkennen, was er wirklich gewesen ist: der höchste Verdichtungspunkt französisch provozierter deutscher Eifersüchte. In ihm fallen die beiden Nachahmungen in eine zusammen, die des Feldherrn zu Roß, der die Weltseele verkörperte, und die des triumphal angreifenden Revolutionsvolks, dessen Rolle nach der Intervention des deutschen Denkers mit den mobilgemachten Proletariaten aller Länder zu besetzen war. Das ganze Werk von Marx bestätigt die von Heinrich Heine aufgestellte These: Wenn Deutsche sich in französische Angelegenheiten einmischen, geraten diese um eine Stufe allgemeiner, erbitterter und verheerender. Greift noch die Doppelfaszination der Russen durch die Duellpartner Deutschland und Frankreich in den Gang der Dinge ein, und kommt die deutsche Gegenfaszination durch die weltweit ausstrahlende russische Gewaltentfesselung vom Oktober 1917 hinzu, dann ist der Tatbestand erfüllt, den Girard mit Clausewitz das »Streben nach dem Äußersten«, *la montée aux extrêmes*, nennt.

Denkt man die Girardschen Anregungen zu einer globalen Dramaturgie der mimetischen Reibungen in eine andere Richtung weiter, hilft sie überdies zu verstehen, warum sich die deutsch-französischen »Beziehungen« in einer bipolaren Betrachtung nicht ganz erschließen können. In Wahrheit sind unsere entspannten und entfaszinierten Verhältnisse ihrerseits Teil eines mehrstelligen Feldes, das einige spannungsreichere Beziehungsdreiecke einschließt. In diesen fließen noch immer starke faszinatorische Energien mit anziehenden und abstoßenden Ladungen. Dazu gehören vor allem eine Trias mit einem französischen, einem deutschen und einem israelischen Pol sowie die andere Trias mit den US-Amerikanern auf der Position des Dritten. In diesen Triaden treten tatsächlich »Beziehungen« im stärkeren Sinn des Worts auf, doch sie zu beschreiben und ihre Kollisionspotentiale auszuloten, würde den gegebenen Rahmen sprengen. Notieren wir zumindest den seit längerem zwischen der Francosphäre und der Americosphäre erbittert ausgetragenen Kulturkampf, den man als Eifersuchtsgefecht zwischen zwei sinkenden Formen des politischen Messianismus beschreiben könnte.

Sollte es an René Girards großem Wurf etwas zu monieren geben, so ist es das Fehlen der medientheoretischen Dimension. Dieser Befund ist ein wenig erstaunlich, denn die großen affektiven und militärischen Mobilmachungen zwischen den sich duellierenden Nationen, von denen der Autor zu Recht bemerkt: *la mobilisation générale est la pure folie*,[12] konnten

---

12 René Girard, Achever Clausewitz, a.a.O., S. 242: »Die allgemeine Mobilmachung ist der pure Wahnsinn.«

ja ausschließlich durch die modernen Massenmedien als Erfassungs- und Erregungsmedien vollzogen werden. Und diese Medien, als Vehikel der gefährlichen Mimesis, sind heute, nach dem Hinzukommen der elektronischen Technologien, um vieles effektiver als in früherer Zeit. Mehr denn je bieten sie sich als Reizleitungen des Wahnsinns an, virtuell und aktuell, und nur in ihnen kann jenes neue phantomatische Geschehen stattfinden, das man den »internationalen Terrorismus« nennt. Wer dem ausagierten Extremismus auf den Grund gehen will, kommt nicht umhin, die mimetologische Analyse mit der mediologischen zu verknüpfen. Damit will ich sagen, um Girard ernsthaft zu studieren, und das wird unentbehrlich sein, wird man nicht umhinkommen, auch Karl Kraus (den Kritiker einer semi-totalitär verluderten Presse) wiederzulesen und Hermann Broch (dem Autor der *Massenwahntheorie*) erneut Gehör zu geben. Von ihnen aus kann man mühelos zu Marshall McLuhan übergehen und seine elegante medientheoretische Ableitung des Nationalismus neu durchdenken. Dann wird man verstehen, warum das »globale Dorf« nicht nur den Frieden nicht gefunden hat, sondern aufgrund welcher Mechanismen es sich in eine weltumgreifende diffuse Zorn- und Eifersuchtsbühne verwandeln mußte.

Im übrigen weist René Girard mit starkem Nachdruck darauf hin, daß die Baumeister der französisch-deutschen Aussöhnung Söhne der katholischen Kirche gewesen sind, Adenauer nicht anders als de Gaulle und Schumann. Wir nehmen diesen Wink aufmerksam zur Kenntnis. Dennoch kann ich mir nicht Girards Überzeugung zu eigen machen, Europa und der Welt sei nur noch zu helfen durch eine allgemeine Konversion zu den christlichen Wahrheiten, die zugleich die Wahrheiten der Mimetologie seien. Der pragmatische Weg in eine wohlwollende und gewaltlose Koexistenz, ich habe es angedeutet, führt – ohne daß wir den Wert der symbolischen Versöhnungshöhepunkte verkennen – viel eher über eine gegenseitige Desinteressierung und Defaszination. Erst wenn die Loslösung voneinander geschehen ist, können all die guten und nützlichen Dinge in Gang kommen, die wir mit zeitgenössischen Kardinalwörtern wie Kooperation und Vernetzung bezeichnen.

Wenn Deutsche und Europäer für die übrige Welt einen Rat hätten, besonders für die heiß voneinander faszinierten Duellanten auf den aktuellen Konfliktbühnen: Indien und Pakistan, Israel und seine Nachbarn, die Islamisten und die Okzidentalisten und virtuell auch schon die USA und China – er könnte nur lauten: Macht es wie wir, interessiert euch nicht zu sehr füreinander! Und achtet bei der Auswahl von Auslandskorrespondenten für eure Zeitungen, die aus dem jeweiligen Nachbarland berichten, darauf, nur solche Journalisten auszuwählen, bei denen man sicher sein kann, daß sie ihr Publikum zu Tode langweilen! Nur so können die glücklich Getrennten in Freundschaft und Frieden miteinander leben.

Von wo an Lacan sich irrt

Die von Anbeginn problematische Imago-Orientiertheit der psychoanalytischen Beziehungs-Theorien wurde durch Jacques Lacan mit seinem legendären Theorem vom *Spiegelstadium als Bildner der Ich-Funktion*[1] von 1949 ins Extrem getrieben. Lacan setzt ein frühkindliches Befinden voraus, das immer schon geschlagen ist von der Unmöglichkeit, sich selbst zu ertragen. Für Lacan ist jeder Säugling von unheilbaren Vernichtungszuständen zersplittert. Die Psychose ist seine Wahrheit und Wirklichkeit, von Anfang an und unausweichlich. Er stürzt in die Welt, ohnmächtig und verraten, als der immer schon zerstückelte Körper, der seine Fragmente kaum zusammenzuhalten vermag. Die Wahrheit wäre, daß die Zerstückelung der Ganzheit vorausginge und daß einer Urpsychose überall das erste Wort gehörte. Für ein so von Grund auf dissoziiertes, in seiner Verlorenheit gärendes Wesen müßte begreiflicherweise – läßt man sich für einen Moment auf die Suggestionen des Analytikers ein – der Anblick seines eigenen umrißstabilen Bildes dort drüben im Spiegel überaus erbaulich sein, weil das Subjekt sich in jenem imaginären Dort endlich und *zum ersten Mal* als Ganzform ohne Riß und Makel wahrzunehmen vermöchte. Das Selbstbild im Spiegel käme hier als Befreier von einem unerträglichen Selbstgefühl ins Spiel. Erst das Bild dort im Spiegelraum bewiese mir, gegen mein evidentes Selbstgefühl, daß ich kein Monstrum bin, sondern ein wohlgeratenes Menschenkind in den schönen Grenzen seiner organischen Gestalt. Sich im Spiegel als »das bin ja ich selbst« erkennen hieße demnach: das mit einem Male aufblitzende Bild anzulachen, seine Integrität als Heilsbotschaft zu verneh-

---

1 Vgl. Jacques Lacan, Écrits, Paris 1966, S. 93-100; Deutsch in: Schriften I, Frankfurt am Main, 1975, S. 6-70.

men und jubelnd befreit in einen imaginären Ganzbildhimmel emporzufahren, in dem die vorangehende wirkliche und wahre Zerrissenheit nie mehr eingestanden werden müßte. Endlich könnte das Infans seine demütigende Zerstückelung und seine tobende Ohnmacht hinter sich lassen; es wäre ihm mit einemmal gegeben, neu-unverwundbar durchs Spiegelglas hindurch in den Bildraum hinauszuschweben und wie ein transfigurierter Held ins Reich einer wahnhaften Integrität einzugehen – strahlend erlöst von dem elenden Primärzustand, in den es von nun an nie wieder zurückkehren zu müssen meint, vorausgesetzt, daß der Traumschild des inkorruptiblen Bild-Ichs sich gegen alle späteren Störungen behauptet. Demnach müßte die Ich-Entwicklung stets und unvermeidlich mit einer rettenden Selbstverkennung einsetzen: Die imaginäre Erscheinung dort draußen und drüben – mein Bild als heiles, ganzes, rettendes – holte mich, indem ich nun es radikal an meiner Statt annehme, aus der bildlosen Hölle meines gespürten Frühlebens heraus und böte mir das wunderbar trügerische Versprechen, künftig immer auf dieses Bild zu – wie unter Illusionsschutz – leben zu dürfen. Mein illusionäres Bild von mir dort draußen in der Sichtbarkeit – im Imaginären oder im verklärten Visuellen – wäre durch seine Wohlgeratenheit und Ganzheit gleichsam ein für mich allein verfaßtes Evangelium, es wäre ein Versprechen, das mich vorwegnimmt und mich konsolidiert. Sobald ich es in mich aufgenommen hätte, läge es auf dem Grund meiner selbst als frohe Botschaft von meiner Auferstehung aus der Frühvernichtung. Mein Bild, meine Urtäuschung, mein Schutzengel, mein Wahn.

Es läßt sich ohne Aufwand zeigen, daß dieses berühmteste frühe Theoriestück aus dem Korpus der Lacanschen Doktrinen eine glanzvolle Fehlkonstruktion darstellt – errichtet auf der Basis mutwilliger und pathetischer Falscheinschätzungen der frühen dyadischen Kommunikation zwischen dem Kind und seinem Ergänzer-Begleiter, der, von den prä-natalen Supplementierungsmedien abgesehen, in der Regel die Mutter ist. Das eigene Spiegelbild kann nämlich als solches nichts in den »Selbst«befund des Kindes einbringen, was nicht in diesem schon längst auf der Ebene von vokalen, taktilen, interfazialen und emotionalen Resonanzspielen und deren inneren Sedimenten angelegt wäre. Vor jeder Begegnung mit dem eigenen Spiegelbild »weiß« ein nicht-vernachlässigtes Infans sehr gut und sehr genau, was es heißt, ein unversehrtes Leben im Inneren eines tragend-enthaltenden Duals zu sein. In einer hinreichend wohlgeratenen psychischen Zwei-Einigkeitsstruktur taucht die bildliche Selbstwahrnehmung bei dem Kind, das okkasionell seine Spiegelung in einem gläsernen, metallischen oder wässerigen Medium bemerkt, als erheiternde, neugierig machende zusätzliche Wahrnehmungsschicht über einem bereits dichten, vertrauenspendenden Gewebe von Resonanzerfahrungen auf; keineswegs erscheint das Bild im Spiegel als die *erste* und allesüberflügelnde Information über das eigene Ganz-Sein-Können; es gibt allenfalls einen initialen Hinweis auf das eigene Vorkommen als kohärenter Körper unter kohärenten Körpern im realen Sehraum. Aber dieses integre Bild-Körper-Sein bedeutet fast nichts gegenüber den prä-imaginären, nicht-eidetischen Gewißheiten von sinnlich-emotionaler Dual-Integrität. Ein Kind, das in einem hinreichend guten Kontinuum heranwächst, ist über die Gründe seines Enthaltenseins in einer Erfüllungs-Form längst aus anderen Quellen ausreichend unterrichtet. Sein Interesse an Kohärenz ist weit *vor* der spiegeleidetischen Information mehr oder weniger befriedigt. Es lernt durch sein erblicktes Spiegelbild keine radikal neue, exklusiv im Visuell-Imaginären fundierte Glücks- und Seinsmöglichkeit kennen. Im übrigen bleibt zu beachten, daß vor dem 19. Jahrhundert die meisten Haushalte Europas keine Spiegel besaßen, so daß schon unter dem schlichtesten kulturgeschichtlichen Aspekt das Lacansche Theorem, das sich wie ein überzeitlich gültiges anthropologisches Dogma gebärdet, gegenstandslos erscheint.

Ist freilich das Resonanzspiel zwischen dem Kind und seinem ergänzenden Gegenüber durch Ambivalenzen, Vernachlässigungen, Sadismen belastet, so wird sich im Kind natürlich eine Neigung anbahnen, sich an die dünnen Momente positiver Ergänzungserfahrung zu klammern – seien es prekäre Freundlichkeiten der Bezugspersonen, seien es autoerotische Rückzugsträume, seien es Identifizierungen mit den unverwundbaren Helden von Märchen und Mythen. Ob der frühe Anblick des eigenen Bildes im Spiegel psychotischen Kindern auf der Schwelle von der Säuglings- zur Kleinkindzeit wirklich zu imaginären Auferstehungen durch optisch gestützte Integritätsphantasmen verhilft, ist eine empirisch völlig ungeklärte Frage. Der von Lacan überhöhte Sonderfall, daß das werdende Subjekt sich aus sich heraus ins Bild stürzt, um dem gespürten Mißverhältnis in der eigenen zerstückelten Haut zu entgehen und in der Bild-Welt etwas trügerisch Ganzes zu werden, stellt jedenfalls, sollte er je eine kasuistische Realität besitzen, nur einen pathologischen Grenzwert dar. Seinen Sitz im Leben könnte er nur in verelendeten Familienstrukturen und in Milieus mit einer Neigung zu chronischer Säuglingsvernachlässigung haben. Für jede Ich-Gründung, die sich so über die Flucht in die Bild-Illusion der Intaktheit vollzogen hätte, ließe sich in der Tat jene paranoide Labilität vorhersagen, die Lacan, von seiner Selbstanalyse ausgehend, zu Unrecht als allgemeines Merkmal der Psyche in den Kulturen aller Zeiten herausstellen wollte. Immerhin wäre, wenn auf dem Grund eines Selbst sich wirklich überall ein selbstverblendendes Imaginäres dieses Typs finden ließe, auch schon erklärt, warum das Subjekt in einem Lacanschen Universum nur im Symbolischen sein Heil oder zumindest seine Ordnung finden sollte. Vor einer konstitutiven Psychose rettet nur die Unterwerfung unter das symbolische Gesetz. Aber was ist das, wenn nicht die Fortsetzung des Katholizismus mit scheinbar psychoanalytischen Mitteln? Gewiß wird niemand Verletzungen von überall her so rasend hellsichtig wittern wie ein Subjekt, das sein Ganz-Sein-Können von der Verteidigung phantastisch überspannter Hochglanzbilder des eigenen Ich abhängig gemacht hätte; aber daß basale Ich-Bildungen im Imaginären nach diesem Modus die universelle Regel wären, kann nur behaupten, wer die eine Extravaganz durch eine zweite stützt. Dies heißt die Psychologie selbst in den Dienst der Psychose stellen. Schon früh hat sich Lacan einem Ur-psychose-Dogmatismus ausgeliefert, der seinen Motiven nach nicht psychoanalytischen, sondern kryptokatholischen, surrealistischen und paraphilosophischen Interessen verpflichtet war. Seiner Tendenz und Tonart nach ist Lacans epatantes Theorem vom Spiegelstadium eine Parodie auf die gnostische Lehre von Befreiung durch Selbsterkenntnis; nach problematischem Vorbild wird hier die Erbsünde durch die Erbtäuschung ersetzt, ohne daß je deutlich würde, ob die Täuschung etwas sei, was besser zu konservieren oder zu überwinden wäre. Es sei in jedem Fall die anfängliche Selbstverkennung, die den Subjekten so unentbehrliche wie verhängnisträchtige Trugbilder ihrer selbst zuspielte – Lacan sprach gelegentlich von der »orthopädischen« Funktion des primären Trugbildes. Wer also könnte ohne das Rückgrat der Selbsttäuschung psychisch integer überleben – und wer soll ein Interesse daran haben, es dem Subjekt zu brechen? Zugleich soll aber die Täuschung sein, was sie ist – ein Trugbild, das durchschaut werden muß, sofern von ihm selbstgefährdende Verlockungen ausgehen. Sich selbst erkennen oder nicht erkennen – das ist hier die Frage. Um so schlimmer für die, denen niemals aus einem angeblichen Imaginären – und erst recht nicht aus einer realen Liebe – das glaubwürdige Bild des eigenen Ganz-Sein-könnens entgegenkam.

Sartre

Drei Jahrzehnte nach seinem Tod am 15. April 1980 erscheint Jean-Paul Sartre bereits als eine monumentale Gestalt der neueren Philosophie- und Literaturgeschichte. Er, der Mann der Wörter und der Bücher, hat sich zu seinen Ahnen versammelt, den Klassikern, den Unsterblichen, den festgestellten Autoren. Nur der Tod, scheint es, konnte ihn daran hindern, sich zu verjüngen; erst die Klassizität nahm ihm die Möglichkeit, sich weiter zu widersprechen. Er war verliebt wie kaum einer in die Freiheit, sich selbst zu mißfallen. Seine Lebensgeste, gefährlich für einen Philosophen, berauschend für ihn selber und seine Leser, war der ständige Aufschwung, die Losreißung vom eigenen Gewordensein; als Schreibender schrieb er immer nur die neue Seite. Zu einem Genie der analytischen Biographie wurde er, in fremder wie in eigener Sache, weil er in jedem Bewußtsein den Punkt ertastete, an dem Menschen zu stolz sind, um eine Vergangenheit zu haben. Unaufhörlich dachte er über die Entbindung von der Schwere der Geschichte nach; er spürte mit einer Schärfe, die ihn zu einer Art Weltgewissen erhob, daß es den Menschen entehrt, müde, eingeschlossen und mit sich selbst identisch zu sein. Seine Philosophie ist ein Kampf gegen die Obszönität, die bürgerlich bequeme Entfremdung; er zieht ins Feld gegen den in die Wirklichkeit eingeklebten, den fertigen Menschen. Es geht darum, kein Ding zu sein: *on a raison de se révolter*; wer sich auflehnt, hat recht. Erklärbar nur aus seiner Freiheit, ist der Mensch das Wesen ohne Entschuldigung.

Im zusammenfassenden Rückblick erscheint Sartre heute als vorläufig letzter Heros in einer Reihe gewaltiger europäischer Freiheitsphilosophien. Seit der junge Fichte die Standarte der Subjektivität an sich gerissen und mit manischem Schwung gegen sein, wie er meinte, vollendet sündhaftes Zeitalter vorangetragen hatte, ist die Kette der Denker nicht abgerissen, die das Wesen des Menschen als Freiheit auslegten. Wie seine Vorgänger begriff Sartre den Menschen im Herd seines Bewußtseins als jenes unruhige Unding, das sich, bei steigender Selbstklärung, immer radikaler in seine Undinglichkeit versenkt. Mensch sein heißt für ihn, sich als aktives Nichts, als lebendige Bodenlosigkeit übernehmen. Daß Subjektivität Abgründigkeit meint – das schreckte Sartre weniger als die meisten seiner Vorgänger in dieser Entdeckung. Selbst der resolute Fichte hatte seinen Aufweis der bodenlosen Subjektivität zuletzt damit zu überwinden versucht, daß er die eigene Spontaneität in das Ausdrucksleben einer Gottheit, die alles tut, einstellte; Friedrich Schlegel, der Meister-Ironiker unter den romantischen Subjektivisten, konvertierte zu der katholischen Kirche, die seit dem frühen 19. Jahrhundert ein Asyl für neue Bodenlose wurde; sie spielte gewiß gern den Schoß für erwachsene Ungeborene, die der Kälte der modernen Außenwelt entgehen wollten. Die Vorhut unter den anonymen Absurden, die den Kern der Moderne ausmachen, versuchte es mit der auf das Leben angewandten Kunst; sie gaben sich selbst Halt in Attitüden und im Leben nach modischen Schnitten. Eine große Mehrheit von Angekränkelten der Bodenlosigkeit jedoch suchten nach Wegen, sich selbst zurückzubetten in das solidarische Leben von Staat, Gesellschaft und Klasse. Der Größte unter denen war kein Geringerer als der Philosoph Hegel, der zu Lebzeiten das Heil fand, indem er Hochämter auf den preußischen Staat als sittlichen Organismus zelebrierte; ihm taten es zahllose Liebhaber der reparierten Ganzheiten nach; so manchem verging im Staatsdienst wie im Revolutionsdienst das *mal du siècle*; so viele Holismen, so viele Altäre; andere flohen an die Fronten von heißen und kalten Kriegen. Es versteht sich von selbst, daß die Sucht nach Bindungen eine Fülle von Fundamentalismen heraufbeschwören mußte. Seit zweihundert Jahren ist die Modernität eine

Bühne, auf der sich ein einziger Problemstoff in den verschiedensten Stücken realisiert; sie alle könnten heißen: Wie die freien Bodenlosen wieder in feste Verhältnisse kamen.

Was Sartre angeht, so blieb er zeitlebens seiner Weise, die bodenlose Freiheit zu leben, treu. Für ihn war das Nichts der Subjektivität kein herabziehender Abgrund, sondern eine heraufsprudelnde Quelle, ein Überschuß an Verneinungskraft gegen alles Umschließende. Im Unterschied zu vielen Subjektivitätsdenkern hat Sartre sich in seiner Abgründigkeit wohlgefühlt; Anlehnung war für ihn mehr Pflicht als Kür. Was er *engagement* nannte, war die Fortsetzung des *dégagement* mit anderen Mitteln; am Vorrang der Loslösung vor der Neuanbindung gab es für ihn keinen Zweifel. Er beherrschte die Kunst, fast alles, was er tun mußte, spontan zu wollen; so kam er, wo es ging, dem Zwang zuvor. *Glissez, mortels, n'appuyez pas!*, das Wort seiner Großmutter, mehrfach von ihm an exponierten Stellen seines Werks zitiert, gab sein Lebensmotto wieder: Gleitet, ihr Sterblichen, lastet nicht. Als Sartre mit Hegel und Marx auf dem Rücken zu gleiten versuchte, da fing auch er, der unbedingt Elegante, zu lasten an. All seine Versuche, Marxist zu werden, waren eine anstrengende theoretische Komödie, um sich für sein Genie und für sein Bewußtsein, unvergleichlich zu sein, zu entschuldigen. Fast bis zuletzt, blieb er, der auch sein eigener Therapeut sein wollte, unheilbar produktiv.

Es gibt in unserer Zeit kein tieferes Schriftstellerwort als sein spätes Bekenntnis: »Ich habe das geistliche Gewand abgelegt, aber ich bin nicht abtrünnig geworden: ich schreibe nach wie vor. Was sollte ich sonst tun?« Vielleicht war er der fleißigste, tätigste philosophische Autor des Jahrhunderts. Seine vermeintlichen Schulden bei der weniger bevorzugten Menschheit hat er mit hohen Zinsen zurückgezahlt.

Der selbstlose Revanchist
Notiz über Cioran

Man kann die Bedeutsamkeit, oder zumindest die Eigenständigkeit, eines Denkers nicht zuletzt daran messen, wie lange und mit welchen Mitteln er sich seinen Nachahmern entzieht, auch denen, die sich als treue Kommentatoren und berufene Weiterführer seiner Impulse ausgeben. In dieser Hinsicht dürfte Cioran ohne weitere Untersuchung unter die bedeutendsten philosophischen Schriftsteller des 20. Jahrhunderts zu rechnen sein, denn anders als die Starphilosophen des Existentialismus, der Kritischen Theorie oder des Poststrukturalismus, die mit Dissidenz zum Nachmachen ihre Erfolge erzielten, hat Cioran seine denkerische Leidenschaft ungeteilt in seine Unnachahmlichkeit investiert. Doch wird das Konzept Bedeutsamkeit dem Phänomen Cioran nicht gerecht, denn der Grundantrieb seines Denkens ist nicht der, seinen Namen in eine Geschichte der Ideen oder eine Erzählung von großen Autoren eingetragen zu sehen; vielmehr will er den Stolz befriedigt wissen, seine Unnachahmlichkeit gegen Schüler und Kopisten zu verteidigen. Während die Großmeister der modernen Dissidenzkultur, Heidegger, Sartre, Adorno, Derrida, ihre Erfolge in Nachahmerscharen rechnen konnten, hat Cioran, stolzer, dämonischer, verzweifelter als die genannten, seinen Erfolg darin erkannt, potentielle Nachahmer schon auf der Schwelle zum Versuch zu entmutigen. Ihm war bewußt, daß jede Nachahmung auf die Parodie hinausläuft und daß, wer seine Ideen ernster nimmt als ihren Erfolg, sie vor den Parodien schützt, in denen ihre Wirkung besteht.

Die Frage ist also, wie es gelingt, von der nachahmlichen Negativität, die als revolutionäres Engagement, als radikale Kritik, als ästhetischer Anarchismus oder als dekonstruktivistische Subversion Schule macht, zu einer unnachahmlichen, vollendet idiosynkratischen und doch ins Allgemeine leuchtenden Negativität überzugehen. Man könnte in diesem Zusammenhang an die im spätantiken ägyptischen und syrischen Mönchtum relevante Differenz zwischen den Klosterbrüdern und den Anachoreten erinnern, von denen die ersten, nach einer Bemerkung Hugo Balls, als Athleten der Trauer, die anderen als Athleten der Verzweiflung existierten. Es steht außer Zweifel, daß Ciorans Platz in dieser Alternative bei den Anachoreten, den Zurückgezogenen und vom Irdischen Abgeschnittenen, gesucht werden müßte. In dieser Stellung geht es nicht mehr darum, das Seiende nach kritischen Methoden zu bekämpfen und umzuarbeiten, sondern darum, Gott und der Welt den Prozeß zu machen, indem ihnen das eigene zerschmetterte Dasein als Beweis ihres Scheiterns und ihres Mißratenseins vorgehalten wird. Während die kritische oder subversive Negativität schulbildend wirkt in dem Maß, wie ihr Standpunkt im Seienden kartiert, fundiert, kopiert und simuliert werden kann, zieht sich die verzweifelte Negativität in ein unerlernbares, bodenloses und unnachahmliches Exil zurück. In der Ausarbeitung dieser Exilposition liegt Ciorans singuläre Stärke. Er ist nach Kierkegaard der einzige Denker von Rang, der die Einsicht unwiderruflich gemacht hat, daß keiner nach sicheren Methoden verzweifeln kann.

Wer seinen Doktor desp. zu erlangen vorhat, braucht bei Cioran erst gar nicht nachzufragen, ob er die Arbeit betreuen würde. Der Weltabstand des kritischen Theoretikers, des ästhetischen Anarchisten oder des Dekonstruktivisten beruht jedesmal in einer Reserve, von der die jeweiligen Schulen nicht zu Unrecht behaupten, daß sie in Grenzen methodisch erlernbar sei. Was Husserl die *epoché*, den Bruch mit der natürlichen Einstellung, genannt hat, meint nichts anderes als die vervollkommenbare Übung des Sichausklinkens aus dem Strom des gestikulierenden, meinenden, involvierten Lebens. Ihr kommt auch bei traurigen Mienen die methodische Heiterkeit der schauenden Theorieeinstellung zu. Cioran hingegen arbeitet mit einer pathologischen *epoché*, von der nicht erkennbar ist, wie sie zu kopieren oder zu übertragen wäre. Seine Entwurzelung gründet nicht in einer theoretischen Abstandnahme von einem normalen und naiven Leben; sie entspringt dem Fluch, sich selbst als real existierende Anomalie vorzufinden. Seine Reserve ist alles andere als methodisch, sie ist dämonisch. In seinem Fall ist eine Tortur der Kritik zuvorgekommen. Während die gewöhnliche kritische Theorie, um von der gewöhnlichen positiven zu schweigen, Abstand vom bloßen Dahinleben nimmt, um den Denkenden aus seinen Bedingungen zu emanzipieren und ihm die Mittel zur Gegenwehr und zur Umarbeitung des Wirklichen an die Hand zu geben, ist die desparate Theorie nur daran interessiert, das Mißlingen des Konstrukts Wirklichkeit als solches zu bezeugen. Ihr Abstand wird nicht willkürlich genommen, sondern ist als Effekt eines Leidens im Denkenden vor aller Theorie schon anzutreffen.

Ciorans archimedischer Punkt, von dem aus er die normale Weltansicht und ihre philosophische und ethische Überbauung aus den Angeln hebt, ist die Entdeckung des Schlafprivilegs, von dem alle übrigen Geister, nicht zuletzt solche, die sich für unerbittlich kritisch halten, wie von einer Selbstverständlichkeit profitieren. Seine beispiellose Hellsichtigkeit bei der Entzauberung sämtlicher positiven und utopischen Konstrukte hat ihren Grund in dem durchdringenden Stigma seiner Existenz – in einer Schlaflosigkeit, die ohne Zweifel psychogenen Charakters war und die ihn in seiner formativen Phase über Jahre hin geprägt hat. Sie ist es, die dem Denker Cioran eine vergiftete *epoché* zuspielt. Der Schlaflose weiß, im Unterschied zum Kritischen, daß er nicht der Herr seiner Prämissen ist. Die Insomnie ist keine gemachte Annahme, kein Habitus des übenden Subjekts, kein provisorischer Urlaub vom eigenen Leben zugunsten einer reinen Aufmerksamkeit und erst recht keine theoretische Vorübung zur praktischen Revolution. Dem Schlaflosen drängt sich eine Infragestellung der Existenz und ihrer Fiktionen auf, die tiefer reicht als jede besinnliche, subversive oder aggressive Dekonstruktion. Für das Insomniesubjekt stellt sich auf ungesuchte Weise die Evidenz her, daß alle Akte des naiven wie des kritischen Lebens Abkömmlinge des Schlafprivilegs sind, das seinen Inhabern immer wieder die Rückkehr in eine minimale vitale Illusion ermöglicht. Der Schlaf erfüllt das Verlangen des müden Menschen nach Entlastung durch diskrete Weltuntergänge; er ist die kleine Münze der Erlösung vom Übel; sein Eintreten erhört das natürliche Gebet der Müdigkeit. Ciorans Insomnie-Apriori erschließt hingegen für das Denken die Möglichkeit, daß die Bitte des Subjekts um temporäre Aufhebung des Weltzwangs vom Leben nicht erhört wird. Es ist in diesem Sinne die Meditation des Unerhörten, das als Dauerwachheit ertragen werden muß. Eine solche Existenz ist eine Folter, bei der der Folterer sich nicht identifiziert und seine Fragen nicht präzise stellt. Schon der frühe Cioran denkt aus der Position einer permanenten ontologischen Kreuzigung, die nie an den Punkt anlangt, an dem das Opfer *consummatum est* sagen dürfte. Weil Schlaflosigkeit kein Werk ist, weder ein erlösendes noch ein aufklärerisches, kann von ihr nie erklärt werden, sie sei vollbracht. Der Schlaflose ist nicht an das Kreuz der Wirklichkeit genagelt, sondern ist in die Gallerte des Halbwirklichen eingeschlossen. Er bringt in Erfahrung, daß das Gallertige unerbittlicher ist als das Harte. Wenn man an diesem zerschellt und sein Ende findet, so wird man von jenem zerrüttet und bleibt für endlose Fortsetzungen aufgespart. Die Schlaflosigkeit ist die Dekonstruktion ohne Dekonstruktivisten.

Cioran hat oft darauf aufmerksam gemacht, daß die charakteristische Regung seines Denkens und Schreibens die Umkehrung eines Fluchs in eine Auszeichnung gewesen sei. Aber wie kann die lähmende Wirkung des verlorenen Schlafs in eine aktive Setzung umgekehrt werden? Auf zweifache Weise:

indem der Autor, wie er selbst sagt, seine Zermürbung in eine Auserwählung verwandelt, und indem er aus der Zwangswachheit ein intensives Verlangen nach Rache gewinnt.

Mit beiden Wendungen erweist sich Cioran als judäo-christlicher Theologe im nietzscheschen Sinn des Wortes. Auf ihn treffen die Analysen aus *Jenseits von Gut und Böse* und *Zur Genealogie der Moral* über die Herkunft des Theologengeistes aus dem Ressentiment zunächst in vollem Umfang zu. Cioran ist in der Tat ein Theologe der reaktiven Wut, der dem Schöpfergott sein Scheitern und der geschaffenen Welt ihre Unfähigkeit, ihn für das Leben einzunehmen, vorrechnet. Im Modus seiner Reaktion gibt sich Cioran als ein dunkler Doppelgänger Heideggers zu erkennen. Wo dieser die kryptokatholische These ausgearbeitet hat, daß Denken Danken heißt, dort entfaltet Cioran die schwarzgnostische Gegenthese, daß Denken Sichrächen bedeutet. In beiden Fällen ist das Denken ein Entsprechen: ein logisches Sammeln und Zurückgeben dessen, was dem Denkenden durch die Gabe des Seins geschenkt wurde. Aber während Heideggers denkendes Zurückgeben – nach heroischen Anfängen – in mildes positives Antwort-sein-Wollen ausklingt, bleibt in Cioran der Instinkt für eine ungeheure Zurückzahlung scharf. Ihm ist jederzeit klar, daß, wo noch eine Gabe ist, immer auch noch ein Geber bloßzustellen bleibt. Während der vom Schlaf entlastete Geist des Fundamentalontologen stets erneut das Sein als Gebendes und Gabe dankbar meditiert, widmet sich das revoltische, vom Schlafentzug ständig nachgeschärfte Bewußtsein der Aufgabe, das Seinsgift in der eigenen Existenz zu präzisen Immunkräften umzuwandeln und das Vergiftende zu denunzieren. *Nihil contra venenum nisi venenum ipse.*[1]

Es macht Ciorans Singularität aus, daß er eine systematisch revanchistische Praxis des Denkens entfaltet hat. Nicht als

1 Nichts gegen das Gift als das Gift selbst.

Rächer in einer Privatangelegenheit, nicht als Erniedrigter und Beleidigter im soziologischen Sinn zieht Cioran gegen die Versuchungen des Seins und die Einladungen des Glaubens zu Felde, sondern als Medium einer transzendenten Wut und als Agent einer offensiven Skepsis. Er ist ein zorniger Hiob, der seine Defekte als schlagende Argumente gegen den sadistischen Schöpfer vorzeigt. Als Hüter einer auserwählten Wut ist er so selbstlos wie nur je der Stifter eines asketischen Ordens. Als Hüter seines Stolzes auf diese Wut ist er so egomanisch wie nur je ein Satanist. Sein philosophischer Revanchismus ist das Negativ der denkenden Dankbarkeit. Wie kein anderer in diesem oder in irgendeinem Jahrhundert hat er klargemacht, daß das Denken ein undankbares Geschäft ist – zumal die intelligible Zukunft heute weniger denn je dem Denken gehört, das über das Nachsinnen und Nachwüten nicht hinauskann, sondern dem Wollen, das Projekte formuliert und Unternehmen ins Werk setzt. Cioran ist nur im Nichtwollen luzide, während das Wollen für ihn – wie für seinen fernen Verwandten Heidegger – ein fremder Modus bleibt. In der Willenswelt faßt er niemals Fuß, vom Pragmatischen will er zeitlebens nichts hören. Er beargwöhnt jene, die glauben können. Sein Haß gilt denen, die wollen können.

Sein undankbares Denken ist der Absurdität verfallen, weil in ihm der Trieb zur Rache an Gott weiter reicht als der Glaube an ihn. Unter dem Vorzeichen des Absurden hielt Cioran, der Priestersohn, eine anachronistische Nacherte zum Zeitalter der religiösen Metaphysik, indem er für sich die Rolle des rückwärtsgewandten Blasphemikers erfand; er übte den Sturz von Idolen, die es als zeitgenössische nicht mehr gab; er vergrub sich in seiner Mansarde wie ein Anachoret, dessen Askese darin besteht, Enttäuschungen aufzutürmen. Kraft seines Revanchismus hielt Cioran ein Leben lang an einer juvenilen, lasterhaften Negativität fest. Es war sein früher und nie revidierter Stolz, sich nicht zur Reife herabzulassen. Dies ist es, was seine Schriften so einzigartig dicht, insistent und monoton macht. Er wußte, daß seine Malaise seine Stärke ist und daß er als Autor nur ein einziges Thema behandeln darf, um nicht ins Beliebige abzusinken. Er hatte es früh genug begriffen: seine einzige Chance bestand darin, sich zu wiederholen. Sartres kritisches Wort, das Laster sei grundsätzlich die Liebe zum Scheitern,[2] hält fest, was Cioran als seine Devise wählten sollte. Gegen Nietzsche, den anderen Pfarrersohn, von dem man weiterhin spricht, hat Cioran durch seine Beharrung auf der Revanche einen wichtigen Punkt markiert. Wenn jener sich dem Versuch verschrieben hatte, sein Denken ganz auf vornehme, bejahende und nicht-reaktive Antriebe zu setzen, hat Cioran sich dem Absinken in die Hölle der Unvornehmheit und der Reaktion überlassen; aus dem Grund seiner Erniedrigung hat er die Entdeckung mitgebracht, daß es eine Großzügigkeit der Rache gibt, die es mit dem allesbejahenden Denken aufnimmt. Sein Werk ist eine Rache ohne Rächer und eine Rückzahlung, die keinen Geschädigten kennt.

Deswegen haben seine Schriften therapeutische Wirkungen. Ihre Deutlichkeit in der Verlorenheit immunisiert gegen die Versuchung, sich formlos aufzugeben. Anders als Nietzsche hat Cioran sich nicht als Überwinder der eigenen Dekadenz gebärdet, vielleicht weil er Nietzsches letzte Illusion, den Krankentraum von der großen Gesundheit, auch noch durchschaute. Er hat seine Dekadenz, seine Morbidität, seine Vorverurteilung zur Skepsis, als Gifte des Seins angenommen und seine Schriften als Gegengifte destilliert. Von dem mögen die Wissenden und Bedürftigen den Gebrauch machen, der ihnen weise scheint. Die Nachahmer jedoch werden in Ciorans Apotheke nicht finden, was ihr Ehrgeiz sucht.

Ich erinnere mich an ein Gespräch mit dem alten Cioran im Deutschen Haus der Cité Universitaire zu Paris Mitte der

2 J.-P. S., Das Sein und das Nichts, Reinbek bei Hamburg 1993, S. 663.

achtziger Jahre, in dessen Verlauf ich die Rede auf seine argwöhnischen und herabsetzenden Äußerungen über Epikur brachte. Er schien sofort zu verstehen, was ich mit meiner Nachfrage im Sinn hatte. Freimütig erklärte er, er widerrufe seine Aussage und er fühle sich Epikur jetzt sehr nahe, er sehe heute in ihm doch einen der wirklichen Wohltäter der Menschheit. Das Wort Wohltäter, leise ausgesprochen, klang auf seltsame Weise wichtig in seinem Mund. Für diesmal hatte er auf jeden Sarkasmus verzichtet. Vielleicht war im Garten seiner Schlaflosigkeit die Erkenntnis gereift, daß es einer Generosität besonderer Art bedarf, den Menschen den Rückzug von den Fronten des Realen zu gestatten, und daß diese Welt die Lehrer des Rückzugs weniger denn je entbehren kann. Unser Jahrhundert hat keinen entschiedeneren als ihn gekannt.

Pariser Buddhïsmus
Ciorans Exerzitien

Der 1911 geborene rumänische Aphoristiker Emile M. Cioran, der von 1937 bis 1995 in Paris lebte, ist für uns ein wichtiger Informant, weil sich bei ihm beobachten läßt, wie die
Informalisierung der Askese voranschreitet, ohne daß die ver-
tikale Spannung aufgegeben würde. Auf seine Weise ist Cioran ebenfalls ein Hungerkünstler: ein Mann, der metaphorisch fastet, indem er sich fester Nahrung für die Identität enthält. Auch er überwindet sich nicht, vielmehr folgt er, wie Kafkas Protagonist, seinem stärksten Hang, dem Abscheu vor dem
vollen Selbst. Als metaphorisch Hungernder tut er zeitlebens
nichts anderes, als die Basis der Großen Weigerung auszuar-
beiten – dabei demonstriert er die Entfaltung der Skepsis von
der Zurückhaltung des Urteils hin zu einer Reserve gegen die
Versuchung des Existierens.

Man kommt dem Phänomen Cioran am nächsten, wenn man
zwei Äußerungen Nietzsches zum Leitfaden wählt:

»Wer sich selbst verachtet, achtet sich immer noch dabei als
Verächter.«[1]

»Moral: welcher kluge Mann schriebe heute noch ein ehr-
liches Wort über sich? – er müsste denn schon zum Orden
der heiligen Tollkühnheit gehören.«[2]

Die letztere Bemerkung bezieht sich auf die fast unvermeid-
liche Unerfreulichkeit jeder ins Detail gehenden Biographie
großer Männer. Mehr noch bezeichnet sie die psychologische
und moralische Unwahrscheinlichkeit einer aufrichtigen
Selbstdarstellung. Zugleich macht sie die Bedingung namhaft,
unter der eine Ausnahme möglich wäre: Tatsächlich könnte

---

1 Friedrich Nietzsche, Jenseits von Gut und Böse, S. 78.
2 Friedrich Nietzsche, Zur Genealogie der Moral, Dritte Abhandlung:
  was bedeuten asketische Ideale, KSA 5, S. 386.

man in Cioran den Prior des von Nietzsche in Aussicht gestellten Ordens erkennen. Seine heilige Tollkühnheit entspringt einer Gebärde, die Nietzsche für die unwahrscheinlichste und am wenigsten wünschbare hielt – dem Bruch mit den Normen der Diskretion und des Takts, um vom Pathos der Distanz nicht zu reden. Nietzsche kam dieser Position in eigener Sache nur einmal nahe, als er in den »physiologischen« Passagen von *Ecce homo* den zur aufrichtigen Selbstdarstellung nötigen »Cynismus« praktizierte – er reklamierte für diese Geste umgehend das Prädikat »welthistorisch«, um das Gefühl der Peinlichkeit durch die Größe des Anliegens zu kompensieren. Er brachte es allerdings eher zu einem barocken Selbstlob als zu einer Indiskretion gegen sich selbst, falls nicht für diesmal das Selbstlob die tiefere Form der Bloßstellung bedeutete. Im übrigen blieb Nietzsche ein scheuer Prophet, der die Enthemmungen, die er kommen sah, nur durch den Türspalt wahrnahm.

Wer sich, wie Cioran, nach Nietzsche datierte, war dazu verurteilt, weiter zu gehen. Der junge Rumäne folgte Nietzsches Hinweis nicht nur, indem er sich an die Spitze des Ordens der heiligen Tollkühnheit setzte, zusammen mit anderen Selbstentblößern wie Michel Leiris und Jean-Paul Sartre; er verwirklichte auch das Programm, die letzte Möglichkeit von Selbstachtung auf die Verachtung seiner selbst zu gründen. Er konnte dies tun, weil er der scheinbaren Ungewöhnlichkeit seines Vorhabens zum Trotz den Zeitgeist im Rücken hatte. Die epochale Drehung zur Explizitmachung des Latenten zog ihn in ihren Bann und ließ ihn Dinge zu Papier bringen, vor denen wenige Jahre zuvor noch jeder Autor zurückgeschreckt wäre. In dieser Drehung gelangte das »ehrliche Wort über sich«, das Nietzsche postuliert und praktisch ausgeschlossen hatte, zu einer Offensivkraft ohne Beispiel. Aus bloßer Ehrlichkeit wird eine Schreibweise der Rücksichtslosigkeit gegen sich selbst. Man kann nicht mehr Autobiograph sein, ohne Autopathograph zu werden – das heißt: ohne seine Krankenakte zu veröffentlichen. Ehrlich ist, wer zugibt, was ihm fehlt. Cioran war der erste, der an die Rampe trat, um zu erklären: Mir fehlt alles – und aus demselben Grund ist mir auch alles zuviel.

Das 19. Jahrhundert hatte das Genre des »ehrlichen Worts« nur ein einziges Mal auf die Spitze getrieben: in Dostojewskijs *Aufzeichnungen aus dem Kellerloch* von 1864. Nietzsches Reaktion auf dieses Stück ist hinlänglich bekannt. Cioran verfaßte ein halbes Jahrhundert lang seine Aufzeichnungen aus der Mansarde, in denen er mit bewunderswerter Monotonie sein einziges Thema bearbeitete: Wie man weitermacht, wenn einem alles fehlt und einem alles zuviel ist. Er erkannte schon früh seine Chance als Autor darin, sich die von Nietzsche angebotene Jacke anzuziehen – bereits in seinen rumänischen Jahren schlüpfte er in sie hinein, um sie nie wieder abzulegen. Wenn Nietzsche die Metaphysik als Symptom des Leidens an der Welt und als Hilfswerk zur Weltflucht gedeutet hatte, so akzeptierte Cioran diese Diagnose ohne den geringsten Versuch einer Gegendarstellung. Was er ablehnte, war Nietzsches Flucht in die entgegengesetzte Richtung: die Bejahung des Unbejahbaren. Der Übermensch ist für ihn eine puerile Fiktion, ein aufgeblasener Hausmeister, der seine Fahne aus dem Fenster hängt, indessen die Welt so unannehmbar ist wie immer. Wer redet von der ewigen Wiederkehr des Gleichen, wenn einmal existieren schon ein Mal zuviel ist.

In seinen Studentenjahren hatte Cioran eine Weile mit den zeitüblichen revolutionären Bejahungen experimentiert und sich im Dunstkreis des rumänischen Rechtsextremismus herumgetrieben. Er fand Geschmack an der damals modischen Mystik der allgemeinen Mobilmachung und am politischen Vitalismus, den man als Heilmittel gegen Skepsis und überzogenes Innenleben anpries. Dies alles lud dazu ein, die Rettung im Phantasma der »Nation« zu suchen – einem nahen Verwandten des Gespensts, das heute als »wiederkehrende Religion« umgeht.

Cioran blieb auf dieser Position – falls es je eine war – nicht lange stehen. Der zunehmende Ekel vor seinen hysterischen Ausflügen in die Positivität gab ihm mit der Zeit die Hellsichtigkeit zurück. Als er 1937 nach Paris übersiedelte, um es nahezu sechzig Jahre lang wie ein Eremit zu bewohnen, war er von der Versuchung, an großer Geschichte teilzunehmen, zwar noch nicht ganz geheilt, doch er entfernte sich zunehmend von den Exaltationen seiner Jugend. Die aggressiv-depressive Grundstimmung, die ihn von Anfang an geprägt hatte, brachte sich nun in anderen Formen zur Geltung. Während dieser Phase gelang es Cioran, in der Gattung des »ehrlichen Worts über sich« definitiv Fuß zu fassen.

»Durch die Unmöglichkeit zu töten oder mich zu töten, habe ich mich in die Literatur verirrt. Einzig diese Unfähigkeit hat aus mir einen Schreiber gemacht.«[3]

Nie würde er die Sprache des Engagements wieder verwenden, die er in seinen rumänischen Tagen mit dem Talent des pubertären Imitators aufgegriffen hatte. Auch die blinde Bewunderung, die er einst für Deutschland und seinen brutalen Aufbruch gehegt hatte, fiel von ihm ab. »Wenn ich von einer Krankheit geheilt bin, dann von dieser.«[4] Zum ehrlichen Wort über die eigene Krankheit gehört für den Genesenen das Geständnis, sich mit unehrlichen Mitteln haben heilen zu wollen. Von diesem Übel ein für alle Mal befreit, widmete er sich der Aufgabe, den Schriftsteller Cioran zu erfinden, der mit dem psychopathischen Kapital, das er als Jugendlicher in sich entdeckt hatte, ein Unternehmen gründen sollte. Die Figur, die sich damals selbst erschuf, hätte eine Romangestalt von Hugo Ball sein können: Sie stellt einen »gerempelten Menschen« vor, den Varietéheiligen, den philosophischen Clown, der das

3 Emile Cioran, Cahiers, 1957-1972, Paris 1997, S. 14 (eigene Übersetzung).
4 Zitiert nach Bernd Mattheus, Cioran. Portrait eines radikalen Skeptikers, Berlin 2007, S. 83.

Verzweifeln und Nichts-werden-Wollen zur Nummernrevue ausbaut.

An Ciorans »Lebenswerk« lassen sich die Verweltlichung des Asketen und die Informalisierung der Spiritualität mit höchstmöglicher Prägnanz beobachten. Bei ihm übersetzte sich der mitteleuropäische Trotz-Existentialismus nicht in engagierten Widerstandsexistentialismus, wie er bei den Mandarinen von Paris zu beobachten war, sondern in eine endlose Serie von Akten des Dégagements. Das Œuvre dieses Refus-Existentialisten besteht in einer Folge von Absageschreiben an die Versuchungen, sich zu involvieren und Position zu beziehen. Hierdurch kristallisiert sich sein Zentralparadox immer klarer heraus: die Stellung des Mannes ohne Stellung, die Rolle des Akteurs ohne Rolle. Schon mit dem ersten seiner Pariser Bücher, *Précis de décomposition*, 1949, erreichte Cioran als Stilist die meisterliche Ebene – unter dem Titel *Lehre vom Zerfall* übersetzte Paul Celan es 1953 ins Deutsche. Gewiß hatte Cioran den Geist der Ohne-Epoche mit bleibenden Resultaten in sich aufgenommen, die Krücken jedoch, die er zerbrechen wollte, sind die der Identität, der Zugehörigkeit, der Folgerichtigkeit. Überzeugt war er nur von einem Grundsatz, nach welchem es darauf ankommt, von nichts überzeugt zu sein. Von Buch zu Buch setzte er seine existentialistische Bodenakrobatik fort, deren Nähe zu den Übungen der Kunstfiguren Kafkas ins Auge springt. Festgelegt war seine Nummer von Anfang an: Es ist die des verkaterten Marginalen, der sich nicht allein in der Stadt, vielmehr im Universum als Obdachloser (*sans abri*), Staatenloser (*sans papier*) und Schamloser (*sans gêne*) durchschlägt. Nicht umsonst trägt die eindrucksvolle Sammlung seiner autobiographischen Äußerungen in deutscher Sprache den Titel *Cafard*.[5] Als praktizie-

---

5 Emile Cioran, Cafard. Originaltonaufnahmen 1974-1990, herausgegeben von Thomas Knoefel und Klaus Sander, mit einem Nachwort von Peter Sloterdijk (Audio-CD), Köln 1998.

render Parasit knüpfte Cioran am griechischen Sinn des Wortes an: *parásitoi*, Beisitzer am gedeckten Tisch, nannten Athener jene Gäste, die man einlud, damit sie zur Unterhaltung der Gesellschaft beitrügen. Solche Erwartungen zu erfüllen fiel dem rumänischen Emigranten in Paris nicht schwer. In einem Brief an seine Eltern konstatierte er: »Wenn ich von Natur aus schweigsam gewesen wäre, würde ich schon seit langem an Hunger gestorben sein.«[6] An anderer Stelle: »*Alle unsere Demütigungen beruhen darauf, daß wir uns nicht entschließen können, Hungers zu sterben.*«[7]

Die Aphorismen Ciorans lesen sich wie ein Kommentar mit praktischer Anwendung zu Heideggers Lehre von den Stimmungen, das heißt den atmosphärischen Imprägnierungen des individuellen und des kollektiven »Thymos«, die der Existenz eine prä-logische Tönung *a priori* »verleihen«. Weder Heidegger noch Cioran machten sich die Mühe, über den Verleih und den Verleiher (bzw. die Verleiherin) der Stimmung mit der Ausführlichkeit zu sprechen, die der Bedeutung des Phänomens angemessen gewesen wäre – wohl aufgrund der Tatsache, daß der eine wie der andere dazu neigten, die psychologische Analyse abzubrechen, um schnell in die Sphäre der Existenzaussagen überzugehen. Tatsächlich akzeptiert Cioran seine aggressiv-depressive Gestimmtheit als das atmosphärische Urfaktum seines Daseins. Er nimmt es als Verhängnis hin, daß ihm die Welt primär in dystonischen Klangfarben gegeben ist: Überdruß, Langeweile, Sinnlosigkeit, Geschmacklosigkeit, rebellischer Zorn gegen alles, was der Fall ist. Freimütig bestätigt er Nietzsches Diagnose, wonach die Ideale der Metaphysik als die geistigen Niederschläge von physischer, auch psychophysischer Krankheit zu deuten sind. Indem er auf der Linie des »ehrlichen Worts über sich« weiter geht als je

6 Bernd Mattheus, Cioran, a. a. O., S. 130.
7 Emile Cioran, Lehre vom Zerfall, in: ders., Werke, Frankfurt am Main 2008, S. 852.

ein Autor vor ihm, gibt er offen zu, es sei ihm darum zu tun, die Gegenrechnung für die »verfehlte Schöpfung« aufzumachen. Denken heißt nicht danken – wie Heidegger suggerierte, es heißt: sich rächen.

Erst Cioran hat verwirklicht, was Nietzsche hatte entlarven wollen, als habe das Phänomen von alters her existiert: eine Philosophie des reinen Ressentiments. Wenn aber eine solche erst unter Nietzsches Anregung möglich geworden wäre? In ihr wandelt sich der Trotz-Existentialismus deutscher Herkunft – unter Umgehung des Widerstandsexistentialismus französischer Prägung, den Cioran als flache Mode verachtete – zu einem Existentialismus der Unheilbarkeit krypto-rumänischer und dakisch-bogumilischer Färbung. Erst an der Grenze zum asiatischen Inexistentialismus machte diese Kehre halt. Cioran spielte zwar, vanitas-europäisch, zu allen Zeiten seines Lebens mit dem Gefühl einer umfassenden Unwirklichkeit, er konnte sich jedoch nicht entschließen, dem Buddhismus zu folgen, wenn dieser die Wirklichkeitsthese fallenläßt, und in eins mit ihr, die Gottesthese. Diese dient bekanntlich dazu, die Wirklichkcit, dic wir kennen, durch eine »letzte Wirklichkeit«, die uns verborgen ist, zu garantieren.[8] Obschon er sich vom Buddhismus angezogen fühlt, will Cioran dessen Ontologie nicht mitvollziehen. Nicht nur verabscheut er die Realität der Welt, er hat zugleich vor, sich an ihr schadlos zu halten, und muß daher, wäre es auch nur sophistisch, die Realität der Realität akzeptieren. Weder will er sich selbst erlösen noch sich erlösen lassen. Sein Denken ist eine einzige Reklamation gegen die Zumutung, Erlösung zu benötigen.

Dies alles könnte man als eine bizarre Züchtung in den Biotopen des Parisianismus nach 1945 auf sich beruhen lassen, wenn hier nicht eine allgemein bedeutsame Tendenz zum Vor-

---

8 Vgl. Robert Spaemann, Das unsterbliche Gerücht. Die Frage nach Gott und die Täuschung der Moderne, Stuttgart 2007.

schein käme, die einen radikalen Wandel der Zustände auf dem Planeten der Übenden erzwingt. Cioran ist, wie bemerkt, ein Kronzeuge für den asketologisch folgenreichen Umbruch, den wir als Emergenz der Anthropotechnik thematisieren. Durch ihn werden wir auf die Informalisierung der Spiritualität aufmerksam, von der ich sagte, sie sei als komplementäre Gegentendenz zur Entspiritualisierung der Askesen zu begreifen. Cioran ist ein Übender neuen Typs, dessen Originalität und Repräsentativität sich darin zeigt, daß er sich darin übt, jedes zielgerichtete Üben zu verweigern. Methodische Übungen sind bekanntermaßen nur möglich, wo ein verbindliches Übungsziel vor Augen steht. Genau dessen Autorität wird von Cioran bestritten. Ein Übungsziel zu akzeptieren, das hieße ja schon wieder: glauben – wobei »glauben« hier die mentale Handlung bezeichnet, mit welcher der Anfänger das Ziel vorwegnimmt.

Mit diesem Vorlaufen-in-das-Ziel ist das vierte Modul des »religiösen« Verhaltenskomplexes gegeben.[9] Die Vorwegnahme geschieht in der Regel so, daß auf einen Vollendeten geschaut wird, von dem man ungläubig-gläubig die Botschaft empfängt, man könne es ihm eines Tages gleichtun. Wir werden in späteren Kapiteln sehen, wie unter dem Einsatz dieser inneren Operation über Jahrtausende hin Armeen von Übenden in Bewegung gesetzt wurden. Ohne das Modul des Vor-

9 Ich erinnere *en passant* an die drei Module des religoiden inneren Operierens: die Unterstellung eines Subjekts am Ort des Dings; die Annahme einer Metamorphose, dank welcher Dieses in Jenem »erscheint«; die modale Setzung, wonach aus der Unmöglichkeit einer Sache ihre Möglichkeit folgt. Das hier genannte vierte Modul ist das eigentlich artistische. Es läßt sich ebenso auf künstlerische Vervollkommnungsideen wie auf die Ideale der Heiligkeit beziehen. Das fünfte Modul besteht in der Vergegenwärtigung des Überwältigenden, das heißt in den inneren Operationen, mit denen man die Vernichtbarkeit der eigenen Existenz und ihren Untergang im Übergroßen meditiert.

laufens-in-das-Ziel keine *vita contemplativa*, kein Ordens-leben, kein Schwarm von Aufbrüchen zu anderen Küsten, kein So-werden-Wollen, wie einmal ein Größerer gewesen ist. Man kann daher nie genug betonen: Die effektivsten Anthropo-techniken entstammen der Welt von gestern – und die heute lautstark angepriesene oder verworfene Gentechnik wird für lange Zeit, selbst wenn sie in größerem Maßstab beim Men-schen praktikabel und akzeptabel würde, am Umfang dieser Phänomene gemessen nur eine Anekdote bleiben.

Das gläubige Vorlaufen in die Vollendung ist Ciorans Sache nicht. Er »interessiert« sich wohl leidenschaftlich für die reli-giösen Schriften, in denen von Vollendung und Erlösung die Rede ist, aber die gläubige Operation als solche, die Vorweg-nahme des eigenen Später-auch-so-weit-Seins, wird er nicht vollziehen. Sein Nicht-Glauben hat demnach zwei Seiten – die eines Nicht-Könnens, weil die eigene Grundstimmung die zur Annahme der Vollendung nötige Naivität zersetzt,[10] und die eines Nicht-Wollens, weil er die Haltung des Skeptikers einge-nommen hat und dieses definitive Provisorium nicht zugun-sten einer Position aufgeben möchte. Ihm bleibt daher nichts anderes als ein Experimentieren mit den Resten. Er sieht sich gezwungen, auf einem Instrument zu spielen, auf dem eine zielgerichtete Ausbildung sinnlos wäre – dem verstimmten Instrument des eigenen Daseins. Doch gerade sein Spiel auf dem unbespielbaren Instrument zeigt die ununterdrückbare Universalität der Übungsdimension: Denn indem er übt, wo kein geeignetes Instrument ist, entwickelt der »Anti-Prophet« eine informelle Version von Meisterschaft.

Er wird der erste Meister des Es-zu-nichts-Bringens. Wie Kafkas Hungerkünstler macht er aus seiner Aversion eine Vir-

---

10 Er definiert gelegentlich die Klarsicht als »Impfstoff gegen das Abso-lute«, nicht ohne zuzugeben, daß er sich hin und wieder vom erstbesten Mysterium ergreifen lasse. Vgl. Syllogismen der Bitterkeit, Religion, in: Werke, a.a.O., S. 927.

tuosenübung und bildet zu seinem *cafard* die entsprechende Könnensform aus. Auch in dieser vernimmt man den Appell, der in jeder Artistik wiederkehrt: »Immerfort wollte ich, daß ihr es bewundert …« Während Kafkas Hungernder bis zuletzt wartet, um die Gegenaufforderung »ihr sollt es aber nicht bewundern« auszusprechen, liefert Cioran von Anfang an das Material zur Entzauberung seiner Kunst, indem er sie fast auf jeder Seite als Sich-gehen-Lassen unter dem Zwang der Grundstimmung offenlegt. Die Stimmung spricht, wenn Cioran bemerkt: »Ich bin außerstande, nicht zu leiden.«[11] »Meine Bücher drücken keine Vision, sondern ein *Lebensgefühl* aus.«[12] Gegen die Möglichkeit, Lebensgefühle therapeutisch zu modifizieren, hegte er einen verachtungsvollen Argwohn – er lebte schließlich von den Produkten seiner Gestimmtheit und hätte sich einen Versuch, sie zu ändern, kaum leisten können.

Mit seinem Beitrag zu der Entdeckung, daß sogar das Sich-gehen-Lassen kunstfähig, und, falls der Wille zum Können dazukommt, auch trainingspflichtig ist, hat Cioran dem Orden der heiligen Tollkühnheit zu einer Regel verholfen. Sie wird in dem *Précis de décomposition* aufbewahrt, diesem Buch der seltsamen Übungen, von dem ich zeigen will, wie es die eigentliche Charta der modernen »Kultur« als Aggregat aus nicht-deklarierten Askesen formuliert – ein Buch, das jeden Einband sprengt. In welchem Maß Cioran sich seiner Rolle bei der Übersetzung des spirituellen Habitus in die profane Verstimmung und deren literarische Bewirtschaftung bewußt war, zeigt die seine Reputation begründende *Lehre vom Zerfall* (wobei die Widergabe des Titels mit »Leitfaden der Zersetzung« ebenso möglich gewesen wäre). Ursprünglich sollte diese Sammlung »Negative Übungen« (*Exercises négatifs*) heißen – was sowohl Verneinungsübungen als auch Anti-Exerzi-

11 Bernd Mattheus, Cioran, a.a.O., S. 210.
12 A.a.O., S. 219.

tien meinen kann. Was Cioran vorlegte, war nicht weniger als eine Regel, die ihre Adepten auf den Weg zur Unbrauchbarkeit führen sollte. Wenn es ein Ziel dieses Weges gäbe, es würde lauten: »Unbrauchbarer sein als ein Heiliger ...«[13]

Die Tendenz der neuen Regel ist anti-stoisch. Während der stoische Weise alles daran setzt, für das Universum in Form zu kommen – der römische Stoizismus war ja vor allem eine Beamtenphilosophie und attraktiv für Leute, die glauben wollten, es sei ehrenhaft, als »Soldat des Kosmos« auf dem von der Vorsehung angewiesenen Posten auszuharren –, muß der Cioransche Asket die Kosmosthese als solche zurückweisen. Er weigert sich, das eigene Dasein als Bestandteil eines gut geordneten Ganzen zu akzeptieren, es soll vielmehr die Mißlungenheit des Universums belegen. Die christliche Umdeutung des Kosmos als Schöpfung wird von Cioran nur insoweit akzeptiert, als dabei Gott als der anklagbare Verursacher eines totalen Fehlschlags ins Spiel kommt. Für einen Augenblick gerät Cioran in die Nähe von Kants moralischem Gottesbeweis, obschon mit umgekehrtem Vorzeichen: Die Existenz Gottes ist mit Notwendigkeit zu postulieren, weil Gott sich für die Welt entschuldigen muß.

Das Procedere, das Cioran für seine Anti-Exerzitien entwickelt, beruht auf der Erhebung des Müßiggangs zu einer Übungsform der existentiellen Revolte. Was er »Müßiggang« nennt, ist in Wirklichkeit eine bewußte und durch keine Art von strukturierter Arbeit behinderte Drift durch die Gemütszustände des manisch-depressiven Spektrums – ein Verfahren, das die spätere Verherrlichung der *dérive*, des Treibens durch den Tag bei den Situationisten der fünfziger Jahre, vorwegnimmt. Das bewußte Leben in der Drift kommt einer übenden Verstärkung des Diskontinuitätsempfindens gleich, zu

13 Emile Cioran, Syllogismen der Bitterkeit, Religion, in: ders., Werke, a.a.O., S. 925.

dem Cioran aufgrund seiner Launenhaftigkeit disponiert war. Der Verstärkungseffekt wird zusätzlich dogmatisch überhöht durch die angriffslustige These, Kontinuität sei eine »Wahnidee«[14] – es hätte genügt, sie ein Konstrukt zu nennen. Dasein heißt nun: sich in immer neuen Jetzt-Punkten unwohl fühlen.

Dem Punktualismus der Cioranschen Selbstbeobachtung, die zwischen Momenten der Kontraktion und der Diffusion pendelt, entspricht die literarische Form des Aphorismus und das publizistische Genre der Aphorismensammlung. Der Verfasser errichtet schon früh ein relativ simples und stabiles Gitter aus sechs oder acht Themen, mit dessen Hilfe er seine Zustände in der Drift durchkämmt, um jeweils von einem Erlebnispunkt auf einen entsprechenden thematischen Knoten zu kommen. Mit der Zeit bilden die Themen – wie Teilpersönlichkeiten oder nebeneinander arbeitende Redaktionen – ein Eigenleben aus, aufgrund dessen sie sich selbstfortsetzend weiterentwickeln, ohne auf einen Anlaß im Erlebnis warten zu müssen. Der »Autor« Cioran ist lediglich der Chefredakteur, der die Produkte seiner Schreibstuben als Editor bearbeitet. Er setzt zu Büchern zusammen, was seine inneren Mitarbeiter routinemäßig abliefern. Sie legen in unregelmäßigen Sitzungen das Material vor – Aphorismen aus der Abteilung Gotteslästerung, Bemerkungen aus dem Studio Misanthropie, Sticheleien aus der Sektion Desillusionierung, Verlautbarungen aus dem Pressebüro des Zirkus der Einsamen, Thesen aus der Agentur für Hochstapeleien über dem Abgrund und Gifte aus der Redaktion für die Verächtlichmachung der zeitgenössischen Literatur. Nur die Formulierung des Gedankens an den Selbstmord verbleibt in der Kompetenz der Chefredaktion. Dieser beinhaltet ja die Übung, von der alle übrigen Wiederholungsreihen abhängen. Er allein erlaubt, von Krise zu

14 Vgl. E. M. Cioran, Ein Gespräch mit Sylvie Jaudeau, Sankt Gallen 1992, S. 29.

Krise, die Wiederherstellung des Gefühls, im Elend souverän zu bleiben – ein Gefühl, das dem verstimmten Leben ein Minimum an Halt gewährt. Im übrigen wissen die Zuständigen für die Themen, was jeweils die benachbarten Redaktionen produzieren, so daß sie sich zunehmend gegenseitig zitieren und aneinander angleichen. Der »Autor« Cioran erfindet nur die Buchtitel, die das Genre andeuten – Syllogismen, Flüche, Grabsprüche, Geständnisse, Heiligenleben, Leitfäden des Scheiterns. Von ihm stammen zudem die Zwischenüberschriften, die einer ähnlichen Logik gehorchen. Im Alltag ist er viel weniger ein Schreibender als ein Lesender, und wenn es eine Tätigkeit in seinem Leben gab, die von ferne einer geregelten Arbeit oder einem förmlichen Exerzitium glich, so war es das Lesen und Wiederlesen von Büchern, die ihm als Quellen des Trosts und als Anlässe für Widerspruch dienten. Das *Leben* der heiligen Teresa von Avila las er fünf Mal im spanischen Original. Die zahlreichen Lektüren werden in den Prozeß der Anti-Exerzitien eingefügt und bilden zusammen mit den Erinnerungen an Selbstgesagtes ein Knäuel aus Wechselwirkungen der n-ten Potenz.

Die »negativen Exerzitien« des rumänischen »Dreigroschenbuddhisten« – so bezeichnet er sich selbst in den *Syllogismen* – sind Landmarken in der jüngeren Geschichte des spirituellen Verhaltens. Sie bedürfen nur noch ihrer Explikation als gültige Entdeckungen – jenseits der Grundstimmungskumpanei, die in der bisherigen Cioran-Rezeption den Ton angibt. Die Skepsis, die man dem Autor im Einklang mit manchen seiner eigenen Sprachspiele nachsagt, ist alles andere als »radikal«, sie ist virtuos, sie ist elegant. Was Cioran betreibt, mag monoton erscheinen, es führt aber nie in die Dumpfheit, die den Radikalismen anhaftet. Was er sagt und tut, dient dazu, sein Leiden auf die ihm entsprechende Könnensstufe zu heben. Ciorans Werk erscheint um vieles weniger selbstwidersprüchlich, sobald man in seinen zahlreichen Paradoxien die Emergenz des Übungsphänomens wahrnimmt – noch einmal also »eine der breitesten und längsten Thatsachen, die es giebt« in einer ungewohnten Deklination. Mochte er seiner Grundstimmung nach ein »passiv-aggressiver Bastard« gewesen sein – wie sich Gruppentherapeuten in den siebziger Jahren gelegentlich aus-drückten –, seinem Ethos nach war er ein Mann der Exer-zitien, ein Artist, der noch aus der Trägheit eine Nummer machte – aus der Verzweiflung eine apollinische Disziplin, aus dem Sich-gehen-Lassen eine Etüde in beinahe klassischer Ma-nier.

Die Wirkungsgeschichte von Ciorans Büchern verrät, daß er auf der Stelle als ein paradoxer Exerzitienmeister erkannt wurde. Naturgemäß sprachen sie nur eine geringe Zahl von Lesern an, stießen bei diesen jedoch auf eine tiefe Resonanz. Die kleine Schar der intensiven Rezipienten entdeckte in den Schriften des verruchten Autors sogar etwas, dessen Existenz dieser wohl geleugnet hätte – eine bruderschaftliche Schwin-gung, eine verborgene Neigung, dem »Trappistenorden ohne Glauben«, dem er sich kokett und verantwortungslos zurech-nete, eine etwas dichtere Konsistenz zu verleihen. Es gab bei ihm eine geheime Bereitschaft, Verzweifelten, die noch hilflo-ser waren als er selbst, Rat zu spenden – und eine sehr viel weniger verheimlichte Neigung, für seine Weltfluchtübungen berühmt zu werden. Mochte er der *tentation d'exister* mehr oder weniger resolut widerstanden haben – sogar in den Bor-dellen, sogar in mondäner Gesellschaft –, der Versuchung, ein Vorbild zu werden, war er in aller Diskretion zu erliegen bereit. Es ist daher nicht abwegig, in Cioran nicht bloß den Praktikanten einer informalisierten Askese, sondern auch ei-nen informellen Trainer zu sehen, der mit seinem eigenen *modus vivendi* auf andere aus der Ferne einwirkt. Während der gewöhnliche Trainer derjenige ist, »der will, daß ich will«, fungiert der spirituelle Trainer als derjenige, der nicht will, daß ich nicht will. Er ist es, der mir abrät, wenn ich aufgeben möchte. Für das übrige begnüge ich mich mit dem Hinweis, daß Ciorans Bücher für eine unbestimmte Anzahl von Lesern eine effektvolle Selbstmordprophylaxe boten – dieselbe Wirkung wird persönlichen Gesprächen mit ihm nachgesagt. Die Ratsuchenden mögen geahnt haben, auf welche Weise er die gesündeste Art, unheilbar zu sein, entdeckt hatte.

Ich lese Ciorans Werk der »negativen Übungen« als einen weiteren Hinweis darauf, daß bei der Hervorbringung von »Hochkultur«, was immer das im Detail heißen mag, ein unverzichtbarer asketischer Faktor am Werk ist. Nietzsche machte ihn sichtbar, indem er an das immense System rigider Dressuren erinnerte, das die Basis zum Überbau der Moral, der Kunst und aller »Disziplinen« bildet. Dieser Asketismus tritt erst in die vordere Sichtlinie, wenn die augenfälligsten Standardübungen der Kultur, »Traditionen« genannt, in die Verlegenheit des Kafkaschen Hungerkünstlers geraten: Sobald man sagen kann, das Interesse an ihnen »sei in den letzten Jahrzehnten stark zurückgegangen«, werden die Bedingungen der Möglichkeit ihres Bestehens eigens auffällig. Wenn das Interesse an einer Lebensform abebbt, wird da und dort der Boden freigelegt, über dem sich die sichtbaren Partien der Aufbauten erhoben.

Erwachen im Reich der Eifersucht
Notiz zu René Girards anthropologischer Sendung

Nichts ist an der Menschenwelt so erstaunlich wie die Fähigkeit der Zusammenlebenden, mit den Unterschieden zwischen ihnen zurechtzukommen. Was ist Zusammenleben anderes als ein permanenter Test auf die Lebbarkeit der Differenzen zwischen den Mitgliedern einer Gruppe? Jeder Tag, in Gesellschaft verbracht, ist ein Appell an die soziale Urteilskraft, die festzustellen hat, mit welchen Unterschieden zwischen den Menschen man sich abfinden kann und mit welchen nicht. Was man den *sensus communis* nennt, ist die Teilhabe aller am Wachheitsklima der frei flottierenden Gruppeneifersucht. Es gehört zu den Wundern der demokratischen Lebensform, daß sie, man weiß nicht wie, es fertigbringt, die Grundstimmung alarmbereiter Mißgunst in Bürgersinn und Kooperationsbereitschaft zu transformieren – jene Momente ausgenommen, in denen sie sich, wie zur Entspannung, auch einmal eine Hetze gönnt.

Das gruppenerotische Feld wird in allen menschlichen Assoziationen unter Druck gesetzt, indem die Zusammenlebenden mittels ständiger subakuter Selbstirritation ein Fluidum von begehrlicher Aufmerksamkeit auf die Unterschiede zwischen ihnen produzieren. Dadurch wird ein Eifersuchtsklima mit eigentümlichen atmosphärischen Gesetzen hervorgerufen. Wie sich das physikalische Klima vor allem durch Temperatur- und Luftdruckdifferenzen und deren Zwang zum Ausgleich bestimmt, so wird das soziale Klima durch ritualisierte Konkurrenzspiele in Zirkulation und Fluß gehalten. In dieser Dimension manifestiert sich der Eros nicht so sehr als duallibidinöse Spannung zwischen Ego und Alter, sondern als trianguläre Provokation. Ich liebe dich, mich reizt deine schöne Gestalt, sobald ich annehmen darf, daß ein anderer dich begehrenswert finden kann und deine Gestalt ihn genügend reizt, um sich für ihre Vereinnahmung zu seinen Gunsten zu engagieren. Seit die Erotologie bis drei zählen kann, ist das Regime des Idealismus auch auf diesem Feld gestürzt. Platons Diotima mochte das Wesen des Eros noch als direkte Attraktion der einzelnen Seele durch das Schöne deuten; es rechnet unter die Härten der modernen Analyse, daß jetzt auch der Eros als eine Nebenwirkung der Konkurrenz begriffen werden muß. Ein gut Teil der Erregung, die die sogenannte Liebe begleitet, entspringt aus der Irritation über die Vorteile, die andere Bewerber um die Vorzüge eines möglichen Liebesobjekts sich verschaffen wollen.

Erotische Prozesse in der Gruppe bilden demnach die Grundform des Wettbewerbs – ausgelöst durch die imitative Beobachtung des Strebens anderer nach der Beschaffung von Seins-, Besitz- und Geltungsvorteilen. Sobald im Verkehr der Zusammenlebenden nicht mehr die frühesten und frugalsten Verhältnisse herrschen, differenzieren sich die Bewohner des humanen Raums zunehmend unter den Gesichtspunkten: von dem, was einer mehr ist; von dem, was einer mehr hat; und dem, was einer mehr darstellt. Zur Gruppen-Lebensweisheit gehört darum stets eine Form des Eifersuchtsmanagements, das der Natur der Sache entsprechend auf alle drei Dimensionen von Ungleichheit achtet. Sollen die Selbstirritationen der Gruppe durch ihre internen Wunschwettbewerbe in einem lebbaren Tonus gehalten werden, braucht das Kollektiv ausreichende Diskretionen für die Seinsdifferenzen, die Besitzdifferenzen und die Statusdifferenzen, die in seinem Inneren auftreten. Diskret ist, wer sich im Minenfeld der Differenz umsichtig bewegt. Man weiß dann, was man nicht bemerkt haben soll. Hat man sich lang genug auf dem Markt der aktuellen Ungleichheiten umgesehen, entwickelt man einen Sinn für die subtile Bemühung der Einwohner um die Wahrung ihrer Gleichgültigkeit gegenüber den vernachlässigbaren Differenzen – und ihrer angestrengten Unempfänglichkeit gegenüber den nicht-vernachlässigbaren. Man hat das oft für Verdrängung gehalten. Es ist das bewußte Schweigen davon, daß der Erlkönig unter uns ist.

Der Neid schafft, wie der Haß, seine eigene Zeit. Wenn er warten kann, so weil er zerstreut von der Revanche träumt; wenn er intelligent ist, so nur, weil er Sinn für die Gelegenheit besitzt. Daher ist es realistisch, darauf gefaßt zu sein, daß in allen Gruppen periodisch der Furor den Sieg über die Diskretion davonträgt. Im geeigneten Moment tritt das Verlangen, die Träger von vorteilhaften Differenzen zu erniedrigen, aus der Latenz. Dann schlägt für die Leidenschaft der Umverteilung die Stunde, und es kommt »jene abscheuliche Mischung aus Wollust und Grausamkeit, die mir immer als der eigentliche ›Hexentrank‹ erschienen ist«, zu voller Wirkung, von der Nietzsche in seiner Schrift über die *Geburt der Tragödie* festgehalten hatte, daß sie die Essenz der von der apollinischen Kultur noch nicht gezähmten Dionysien ausmache.[1] Um diese so schreckenerregenden wie süchtigmachenden Ausbrüche der affektiven Pest zu verhindern, muß jede Gesellschaft eine Schule des richtigen Begehrens errichten. Sie benötigt eine Moral, die als Hygienefilter gegen den Ausbruch der Wut auf die für andere vorteilhaften Unterschiede dient. Weil der irritierte Eros die Hingezogenheit zu den Vorzügen des positiv unterschiedenen Objekts bedeutet, drückt sich diese gierige Liebe im Verlangen nach einem Stück von der Beute aus oder – wenn die Teilung nicht möglich ist – in der Enteignung des Besitzers. Der Objektbereich dieser gereizten Liebe deckt Geschlechtspartner und Parteigänge, Haus- und Grundbesitz, Tiere und Kapital, Rekorde und Werke in nahezu gleicher Weise ab.

---

1 Friedrich Nietzsche, Sämtliche Werke. Kritische Studienausgabe, Band 1., München 1980, S. 32.

Der erste Unterricht in der Schule des richtigen Begehrens wird in allen Kulturen durch die Verbote erteilt. Auf ihr lernt man das Nötigste durch das Tabu und das Du-sollst-nicht. Hier dürfte die Regel gelten, je ruhiger der Besitz, desto eher wird Eskalation von Rivalitäten verhindert. In jedem machtvoll wirksamen Verbot macht sich die Anwesenheit eines Dritten bemerkbar, der bereits zwischen Mich und Dich getreten ist, bevor wir uns auf einem empirischen Markt begegneten: Dieser garantieleistende Dritte trennt mich von meinem naiven Begehren nach den Vorteilen des anderen ebenso wie er dem Anderen die Exhibition seiner Begünstigungen untersagt. Ohne gemeinsame Orientierung an einer unverfügbaren dritten Macht, die uns beobachtet und in die Schranken weist, ist wahrscheinlich Zivilisation schlechthin nicht möglich.[2] Da aber weder Verbote noch Tabus die schielende Aufmerksamkeit auf das verbotgeschützte fremde Gut neutralisieren können, sondern eher zu weiterer Fokussierung des Begehrens auf das Entzogene beitragen, müssen fortgeschrittene Kulturen zur aktiven Desinteressierung der Menschen gegenüber den Objekten ihrer Eifersucht übergehen. Dies gelingt nur, wenn an ihre Stelle höhere Güter gesetzt werden, deren ideelle Natur keinen provokativen Privatbesitz erlaubt. Dies ist der

2 Der Begriff des *tiers garant* geht auf Pierre Legendre zurück, der dieses Konzept ins Zentrum einer Reflexion über die Notwendigkeit positiver Normenüberlieferung stellt. Vgl. Pierre Legendre, Sur la question dogmatique en occident. Paris 1999. Nicht ohne Grund hält Legendre den gängigen Kommunikationstheorien und Diskursethiken vor, sie verschleuderten das »symbolische Kapital der Menschheit«. Die patrizentrische Institutionen- und Normenlehre Legendres, die sich wie eine lacanianische Antwort auf Gehlen lesen läßt, mündet in eine Zeitkritik, die an der Schwächung der Funktionen des Vaters, des Gesetzgebers, des Über-Ichs, der symbolischen Ordnung, des allgemeinen Normengehorsams und des garantieleistenden Dritten in der modernen Zivilisation Anstoß nimmt; dem entspricht die Warnung vor dem allgegenwärtigen kommunikativ-konsumptiven Subjekt, das alles darf und »die Grenze nicht kennt«.

tiefere Sinn der flachen Rede von den geteilten Werten. In gemeinsamen Wertfeldern soll die Sympathie den Vorrang vor der Konkurrenz gewinnen.

Von dem Aufatmen, das diese Erhöhung des Begehrens bewirkt, lebt von der Antike an bis zum heutigen Tag alles, was irgendwie einen Bezug zum Geistigen hat. Die hochkulturellen Ethiken im Osten wie im Westen setzen jedoch einen Sinn für Hierarchien voraus – im Blick auf menschliche Ränge nicht anders als bei Werten, Werken und Genüssen. Sie arbeiten mit der Ironie, daß Menschen, die sich um Gutes streiten, unweigerlich Besseres versäumen. Die Engel, sagte Emerson, verlassen uns nur, damit Erzengel kommen mögen. War hier Erzengel heißt, steht für das Reich der unbegrenzt teilbaren Güter, die zu allen Prätendenten gleichen Abstand halten. Gab es im 20. Jahrhundert einen Verrat der Intellektuellen, so indem sie die Ironie umkehrten und begannen, das sogenannte Höhere zu belächeln, entschlossen, ihre eigene Portion von den niederen Gütern nicht zu versäumen. »Überbau« – Sie verstehen schon. Seither stellt die Arena, in der um die Verteilung knapper Vorzugsgüter gespielt wird, wieder alles dar, was der Fall ist. Die große Politik ist nach 1914 die Universalisierung von Eifersuchtskämpfen ohne höhere Ebene. In ihr sind die Zuschauer allesamt zu Kombattanten bei den bösen Spielen geworden; nur die unbeschäftigten Erzengel hüten melancholisch die reine Betrachtung.

Im Platonismus sieht man den Stufengang, der von der sinnlichen, parteilichen und polemogenen Liebe zu der geistigen, überparteilichen und irenischen Liebe führt, in freier Förmlichkeit vorgezeichnet. Auch der Stoizismus hat in seiner Ethik des Sich-Losmachens vom Vielbedürfen die Versuchung gedämpft, sich an den allesdurchdringenden Aneignungskämpfen der Weltmenschen zu beteiligen. An diesen beiden antiken Modellen moralischen und spirituellen Athletentums konnte die christliche Bewegung anknüpfen, um einen eigenen Vorschlag, wie anders zu wünschen wäre, zu entfalten. Wer die Schwäche des Christentums in unserer Zeit verstehen will, muß sich vergegenwärtigen, wie wenig Elan dieses noch besitzt, um in die Formung alternativer Ambitionen einzugreifen.

Die reifste Gestalt einer Ethik der Desinteressierung ist ohne Zweifel in der buddhistischen Lehre von den Anhaftungen und ihrer Durchtrennung durch das Schwert der Einsicht erreicht worden. Mit seiner subtilen Analyse der Kausalkette, die an den leiderzeugenden Fixierungen hängt, hat der Buddhismus den Versuch unternommen, wenigstens eine gewisse Zahl von Menschen einzeln aus der Begehrens-Arena herauszuführen und von dem Gefühl des unvermeidlichen Verliererseins zu emanzipieren. Es war nicht zufällig Friedrich Nietzsche, der im Buddhismus die vornehmste Form der affektiven Hygiene für das Individuum wie die Gruppe zu erkennen vermochte – derselbe Nietzsche, dem die Analyse des Ressentiments als Bindung des Verlierers an das Objekt, mit dem er sich zu seinem Nachteil verglichen sieht, bis heute so gut wie alles verdankt. Halten wir fest, daß auch die bürgerliche Kultur in ihrer idealistischen Phase einen Begriff von der Sphäre der Kunst besaß, der ganz auf Sympathie und geteilte Begeisterung für das Überlegene und Geglückte gegründet war.

Unter einer gröberen Form, die den Vorzug der Deutlichkeit besitzt, hatte schon der jüdische Dekalog, insbesondere in seinem Schlußgebot, eine Stopregel für das gefährliche Konkurrieren des Begehrens artikuliert, wenn auch nur für seine handfesten sexuellen und possessiven Aspekte:

»Du sollst nicht nach dem Haus deines Nächsten verlangen. Du sollst nicht nach der Frau deines Nächsten verlangen, nach seinem Sklaven oder seiner Sklavin, seinem Rind oder seinem Esel oder nach irgend etwas, das deinem Nächsten gehört.« (Exodus 20,17)

In all seinem Konkretismus, der eine kleine oder mittlere

Viehhalter- und Sklavenhalter-Existenz um 1000 vor Christus mit ihren typischen Dramen widerspiegelt, läßt das zehnte Gebot einen Ansatz zur Formulierung einer allgemeinen Wunsch-Abstinenzregel erkennen, die der Senkung von Spannungen im erotischen Konkurrenzraum zugute kommt. Es ist also nicht unverständlich, wenn René Girard eine anthropologische Neudeutung des zehnten Gebots ins Zentrum des Resümees seiner Untersuchungen zu den Wirkungen der mimetischen Konkurrenz gestellt hat, das er 1999 unter dem neutestamentlichen Titel *Je vois Satan tomber comme l'éclair* publizierte. Mit diesem Buch überschreitet der Autor heiter die Grenze, die die wissenschaftliche Abhandlung von dem christlichen Genre der Apologie trennt. Seit vierzig Jahren hatte Girard in grandioser Monotonie seine Studien über die kulturprägenden Wirkungen der Wunschkonkurrenz und der Affektnachahmung verfolgt. Mit autohypnotischer Wucht wiederholte er in dieser Zeit seine ursprüngliche Einsicht, daß alles menschliche Leben unter dem Bann von Triangulierungskonflikten steht und nur durch eine explizite Ethik der Eifersuchtsdämpfung den Durchbruch zur Emanzipation vom Fluch der neidgeborenen Gewalt zu erreichen vermag. Was 1961 mit der aufsehenerregenden Publikation seiner Untersuchung über die Struktur von erotischen Dreieckskonflikten im realistischen Roman des 19. Jahrhunderts begonnen hatte, wurde in den folgenden Jahrzehnten zu einer integralen Lehre von der *conditio mimetica* des Menschen ausgearbeitet. Girards Meisterwerke *Das Heilige und die Gewalt*, 1972, und *Der Sündenbock*, 1982[3], die tiefe Einsichten in die Psychomechanik des religiösen Opfers und die perfide Struktur des Konsensus offenlegten, konnten ihre Wirkung auf die zeitgenössischen Humanwissenschaften nicht verfehlen. Wenn sich

---

3 Die Jahreszahlen beziehen sich auf die Erscheinungsdaten der französischen Bücher.

nichtsdestoweniger Reserven gegen Girard und seine Schule artikulierten, so gingen diese in erster Linie auf den zwar reservierten, doch immer spürbaren bekennenden Unterton dieses Diskurses zurück. Tatsächlich machte der Gelehrt im Gang seiner Forschungen immer weniger Hehl aus der Überzeugung, daß Anthropologie nur als dogmatische Wissenschaft sinnvoll sei. Im Zentrum seiner charakteristischen Dogmatik steht jene Analyse der sakrifiziellen Gewalt, die mit der Unwiderstehlichkeit eines primären Dramen-Mechanismus aus den mimetischen Rivalitäten entspringt. Dieses Kernstück der Girardschen Lehre ist heute bis in die Feuilletons durchgesikkert. Nichtsdestoweniger kann man das Theorem nur angemessen würdigen, wenn man in ihm eine wissenschaftliche Fassung der Erbsündenlehre erkennt. Die Originalität der neuen Analyse der Erbsünde liegt darin, daß sie deren altruistische Struktur herausarbeitet: Nicht aus Selbstsucht begeht der Mensch die erste Verfehlung, wie eine jahrtausendealte Egoismuslegende gelehrt hat, sondern aus Angleichungssucht gegenüber dem Anderen; nicht in der vergifteten Stille des eigenen Herzens wird das erste Unrecht begangen, sondern im Tumult des kollektiven Ressentiments. Man wird sich nach Girard an den Gedanken gewöhnen müssen, daß der Neid eine der Grundformen des Altruismus und der Empathie ist.

Man könnte im Blick auf Girards letzte Ambitionen von einer Neustiftung des Christentums aus dem Geist der mimetischen Anthropologie sprechen. Das Engagement dieses flammenden Vertreters einer normativen Wissenschaft vom Menschen läßt sich in der Behauptung zusammenfassen, daß menschliche Koexistenz nur gelingt durch eine ständige Lossagung der Individuen von den bösen Spielen der Eifersuchtserregung, in welche sie durch Natur und Kultur involviert sind – wobei er sich immer expliziter zu der Überzeugung bekennt, daß die sich selbst überlassene weltliche Zivilisation der Moderne, mitsamt der kurzen Weisheit ihres Pragmatis-

mus, vor dieser Aufgabe versagen muß. Wie schon die alt-
europäische Spätantike nach einem neuen ethischen Kodex
verlangte – und diesen in der christlichen Synthese aus Helle-
nismus und Judaismus fand –, so braucht auch die an sich selber zweifelnde Moderne eine neue Verständigung über das,
was moralisch not tut. Für Girard steht fest, daß das Christentum – zumal wenn dieses seine jüdischen Quellen kreativ
meditiert – noch immer die beste Immunisierung der Seele
gegen die Epidemien der mondänen Niedertracht bietet. Man
mag darüber denken, wie man will – dem Religionswissen-
schaftler wird immerhin auffallen, daß Girards bekennendes
Verhältnis zum Christentum von einer heimlichen Ironie
durchzogen ist, weil er die christliche Lehre im ganzen zu
einem bloßen Beispiel für die von ihm beschriebenen Mechanismen der Gewaltentstehung und des religiösen Gewaltma-
nagements in den Kulturen herabsetzt. Sollte Girard in Wahrheit ein Gnostiker im Gewande des Kulturtheoretikers sein?

Zum Schaden für sein eigenes Projekt hat Girard kaum
davon Notiz genommen, daß manche nicht-christlichen Kulturen in ihrer Therapie des Begehrens durch Desinteressierung an knappen polemogenen Gütern und seine Umlenkung
auf teilbare sympathogene Güter ebenso weit gelangt sind wie
die Dekalog-Religionen, zu deren Apologeten er sich macht,
vielleicht sogar weiter – wie er auch Mühe hat zu begreifen,
daß Nietzsches Moralkritik durchaus nicht einer Wiederein-
führung der Eifersuchtsgewalt in die Kultur das Wort redet.
Das ambivalente Schlußkapitel von Girards neuem Buch, das
von dem doppelten Erbe Nietzsches handelt, zeugt exemplarisch von dieser Verkennung. Indem er Nietzsche als den
ersten wirklichen Psychologen der Kultur würdigt, kommt
Girard zwar dem Ereignis nahe, das sich in dessen Genealogie der Moral verkörpert, aber er macht vor der spirituellen
Pointe von Nietzsches Ethik des Geschenks kehrt und greift
auf theologisch-kulturkämpferische Aussagen über den »Neo-

paganismus« zurück – ein wenig zu unbesorgt gebraucht er jenes Apologetenwort, in dem sich seit dem 19. Jahrhundert die katholische Angst vor der Weltlichkeit der Moderne symptomhaft ausdrückt. Benommen von seiner eigenen Mission, entgeht dem Mimetologen, daß der Autor von *Also sprach Zarathustra* etwas im Sinn hatte, was seinen wohlverstandenen eigenen Intentionen sehr nahekommt, jedoch diese an reformatorischer Spannkraft noch übertrifft. Während Girards ethische Empfehlungen im Modus der konservativen Rückbesinnung auf die Quellen formuliert sind, ist Nietzsches Intervention ganz in der Tonart des schöpferischen Entwurfs gehalten. Er war darauf aus, eine Synthese zwischen den Errungenschaften einer Abstinenzpsychologie buddhistischen Typs und einer neo-dionysischen Lehre von der Bejahung zu entwerfen – mit dem Ziel, das altabendländische Kraftfeld der Neid- und Mucker-Moral durch die Wendung zu einer Ethik der Großzügigkeit zu entgiften. Den angstloseren theologischen Interpreten Nietzsches ist der spirituelle Gehalt dieses Versuchs – und die radikale Christlichkeit dieses reformatorischen Antichristentums – nicht entgangen. Immerhin bleibt zuzugeben, daß das Wagnis von Nietzsches ethischem Projekt, die Überbietung des Evangeliums durch eine Kombination der überweltlichen Ethik der Desinteressierung mit einer Ethik des erneuerten Interesses an weltlicher Fülle, noch nicht zu einer angemessenen Darstellung gefunden hat.[4]

Von der Tragweite der durch Girard und Nietzsche verhandelten Probleme kann sich nur einen Begriff bilden, wer zugleich davon Kenntnis nimmt, daß die Gegenwartszivilisation sich in einer psychologischen und ethischen Konfusion befindet, von der noch niemand sagen kann, ob sie vorkatastrophisch oder vorreformatorisch ist. Das Experiment der Mo-

---

4 Eine anregende Charakterisierung dieses Zusammenhangs gibt Boris Groys, Unter Verdacht. Eine Phänomenologie der Medien. München, Wien 2000, S. 126 ff.

derne, soweit es die Konsum- und Konkurrenzverhältnisse betrifft, hat zu einer nahezu schrankenlosen Deregulierung des erotischen Felds geführt. Noch in keiner vorangehenden sozialen Formation ist die systematische Aufreizung des Begehrens nach allem, was andere besitzen, so explizit für die Motivierung des Verhaltens eingespannt worden. Die *Feuer des Neides* – die Girard in seinem Buch über Shakespeares dramaturgische Analyse auf die eindrucksvollste Weise studiert hat[5] – sind von der Konsumgesellschaft in Dienst genommen und zu kraftwerk-analogen Energiekreisen zusammengeschaltet worden. Moderne Gesellschaften stellen aus dieser Sicht marktintegrierte Eifersuchtsreaktoren oder Neidkraftwerke dar, die unentwegt die Aufgabe bewältigen müssen, das Erniedrigungs- und Haßpotential zu binden, das sie durch ihre geschichtlich beispiellose Ambitions- und Appetenzpublizistik schüren. Daß moderne Gesellschaften sich ihre typischen Wunsch-Enthemmungskampagnen leisten können, ist der Ausdruck ihrer systemtragenden Orientierung an Bereicherung und Gütervermehrung. Sie meinen, die anthropologisch bedenkliche Aufheizung von Eifersuchtswettbewerben um knappe Güter riskieren zu dürfen, weil sie zugleich eine epochale Mobilmachung der Produktion zur Entknappung eben dieser Güter ins Werk setzen.

In makrohistorischer Perspektive bietet die moderne Welt das singuläre Schauspiel einer Kultur, die auf der Koppelung von entfesselter Masseneifersucht und entgrenzter Konsumgüterproduktion beruht. Dies ist das Geheimnis der unsichtbaren Hand, die den Dogmatikern der Marktwirtschaft zufolge für den Ausgleich der Kräfte durch freien Wettbewerb sorgt. Weil die Koppelung der beiden Entgrenzungen in der Weltwirtschaft nachhaltig etabliert ist, kommt der Rede vom Eifersuchtsreaktor mehr als metaphorische Bedeutung zu; Re-

5 Vgl. René Girard: Shakespeare ou les feux de l'envie, Paris 1990.

aktortechnik, physikalisch wie psychologisch, beruht auf der Hemmung von Explosionen und ihrer Umwandlung in Arbeit. Aus der Mitspieler-Perspektive wird üblicherweise von Chancengleichheit und vom Markt als einem demokratischen Forum gesprochen, und von der egalitaristischen Rhetorik wird sogar ein Genießen für alle in Aussicht gestellt. Indessen zeigt schon die elementare Analyse, wie der Egalitarismus nur als Blende über dem unlösbaren Paradoxon der Wunschnachahmung fungiert. Ein privatisierendes Genießen aller von allem ist strukturell unmöglich, weil im Neid- und Eifersuchtsfeld die Knappheit immer schneller wächst als das Angebot, auch wenn es ökonomisch möglich wäre, noch mehr Genußobjekte billig zu machen, und wenn es soziologisch in unserer Macht stünde, noch mehr bequeme Plätze für Sehr Wichtige Personen zu schaffen. Die Kritiker der naiv gelobten Globalisierung haben zu Recht darauf aufmerksam gemacht, daß der Weltmarkt im ganzen mehr Exklusion als Inklusion produziert – so faszinierend und kreativ das erreichte Ausmaß der Vernetzung aus immanenter Sicht erscheinen mag. Es gibt keine »Anspruchsgesellschaft« – um das törichte Wort aus dem Arsenal des Neokonservatismus zu zitieren –, aber es gibt eine zunehmende Kontamination der Gesellschaft durch die Freisetzung von Ressentiments aufgrund enttäuschter Gewinnerwartungen. Das kollektive Feld erleidet, auch in der Zone der Gewinner, eine progressive psychologische Verstrahlung, die bewirkt, daß egalitäre Gesellschaften bei steigendem Wohlstand immer verdrossener werden. Man muß kein Systemtheoretiker sein, um zu begreifen, daß die aktuelle Spielregel zu einer ständigen Vermehrung derer führt, die mit dem Gefühl, Verlierer zu sein, vom Platz gehen – so wenig, wie man Sozialpsychologe sein muß, um zu verstehen, warum die Stimmung gerade in den ökonomisch prosperierenden Gesellschaften kontinuierlich absinkt. Sollte das Wohlstandsversprechen durch wirtschaftliche Krisen in Gefahr geraten, so wären die ohnedies brüchigen Systeme der Verliererabfindung, der Rivalenzähmung und der Präpotentenablenkung vom Zusammenbruch bedroht. Was es bedeutet, wenn der historische Kompromiß zwischen Siegern und Verlierern zerfällt, indem die Frustrierten, an den neutralisierenden Märkten und Disziplinen vorbei, sich alternative Wege zur direkten Genugtuung erfinden: davon geben die militanten Verliererideologien des 20. Jahrhunderts, die in die Katastrophen führten, einen Begriff.

Wenn die heutige Kulturtheorie und Moralphilosophie – nicht zuletzt unter der Anregung von René Girard – eine Frage an das 21. Jahrhundert formulieren dürften, es wäre die: wie die Moderne ihr Experiment mit der Globalisierung der Eifersucht wieder unter Kontrolle bringen will?

Daß die gesamte Geschichte der abendländischen Philosophie nichts anderes sei als eine lange Serie von Fußnoten zu Platon: wenn es denn nötig wäre, die bekannte Sottise des britischen Spätidealisten Whitehead zu widerlegen, so dürfte man sich nicht damit begnügen, auf Ausnahmen und Gegenströmungen zu verweisen. Schlüssiger wäre es, wenn man sich auf ein alternatives Denken berufen könnte, das sich seinem gesamten Habitus und Duktus nach dem platonischen oder, allgemeiner gesprochen, dem alteuropäischen Projekt metaphysischer Wesenswissenschaften entzogen hätte. Tatsächlich kündet sich seit der Etablierung der bürgerlichen Gesellschaft im späteren 18. Jahrhundert eine solche Revolution der Denkungsart in verschiedenen Wellen an. Mit der junghegelianischen Wendung zu einer Realphilosophie von unten – sei es als Arbeitsanthropologie, sei es als materialistische Trieblehre, sei es als Existentialismus – stand die Forderung nach einem radikal veränderten Modus des Philosophierens auf der Tagesordnung einer Intelligenz, die entschlossen war, dem Prozeß der Moderne seine angemessenen Denkmittel zu geben. Dieses Denken »von unten« sollte sich im Laufe des 20. Jahrhunderts zu einem Denken des Außen radikalisieren. Doch erst nach Nietzsches Inversion des Platonismus und nach Heideggers Neuansatz der philosophischen Besinnung von einem »anderen Anfang« her ließ sich mit größerer Bestimmtheit erkennen, was es mit einem Denken auf sich haben würde, dessen generativer Pol effektiv aus dem Bannkreis metaphysischer Wesenstheorie herausgetreten wäre. Es würde sich um ein Denken handeln müssen, das sich energisch genug von den eleatischen Versuchungen befreit hätte und das sich darauf verstünde, sich an das Abenteuer eines ganz verzeitlichten und bewegten Daseins auszuliefern, ohne Rückhalt zu suchen in den klassischen Fiktionen eines transzendenten Subjekts oder eines absoluten Objekts.

Die nachmetaphysische Herausforderung hat im 20. Jahrhundert eine Reihe von charakteristischen Antworten provoziert, unter denen es einige nicht nur zu prägnanten Projekten, sondern auch zu öffentlicher Resonanz und zu akademischen Wirkungen gebracht haben. Es sind hier vor allem zu nennen: der relativistische Neopragmatismus, die postmarxistische Theorie des kommunikativen Handelns, die Leibphilosophie der neophänomenologischen Schule, die dekonstruktivistische Textkritik, die soziologische Systemtheorie und die neokynische Ästhetik des Alltäglichen. Erst vor den Hintergrund solcher weitläufig verwandten intellektuellen Praktiken gesetzt, tritt die spezifische Differenz des Foucaultschen Denkens in seiner großartigen Eigensinnigkeit und Radikalität hervor. In ihm wird vollends erst erkennbar, was es für »den Menschen« bedeutet, aus dem Tode Gottes Konsequenzen zu ziehen. Bei Foucault, so scheint es, hat die Kunst, keine Fußnoten zu Platon zu schreiben, sich erstmals zu einer alternativen Klassizität entfaltet, und dies, obwohl er durch seine lodernde Intellektualität in das Geschäft der philosophischen Untersuchungen ein hohes manisches Potential einbrachte, das zu anderen Zeiten unweigerlich als ideale Mitgift für das Denken des Einen wirksam geworden wäre. Das Phänomen Foucault gleicht hierin dem Nietzsches, bei dem auf analoge Weise quasi-platonische Leidenschaften in antiplatonische Exerzitien mündeten. Das Foucaultsche Denken, das so resolut allen Illusionen von der Geborgenheit des Besonderen in der Einheit des Sinns den Rücken gekehrt hatte, wies mit Stolz auf die Prägungen hin, durch die es während seiner formativen Phase zu der Überzeugung gebracht wurde, ganz auf der Höhe des Gedankens zu manövrieren: Bekenntnishaft datiert es sich in eine Zeit, in der Nietzsche, Blanchot und Bataille schon Epoche gemacht haben. Diese Autoren, diese Werke, diese Vorstöße sind für Foucault die Garanten einer zeitgenössischen Sensibilität, die sich ebenso dem Taumel der Entgrenzungen wie der Schärfe der Analyse geöffnet hatte. Sie sind die Denker, die ihre Leser mit dem Wahnsinn impfen und mit dem Ungeheuren vermitteln. Jedoch war es nicht nur die poetische Aufhebung der Metaphysik in Surrealismus, die bei der Initiation des jungen Philosophen den Ton angeben sollte; für Foucault, den künftigen neuen Historiker, den Archäologen, wird auch die Verwandlung der idealistischen Wesenswissenschaften in Strukturalismus entscheidend werden – ein Vorgang, der für einen relativ kurzen, aber überaus folgenreichen Zeitraum dem französischen Denken den Primat in der Zeitgeschichte der Humanwissenschaften und ihrer Philosophie verschafft hat.

Allein in dieser unwiederholbaren Konjunktur, die eine entscheidende Phase in der nachmetaphysischen Transformation des philosophischen Denkens markiert, konnte sich vollziehen, was man später das Ereignis Foucault nennen wird. Hatte Nietzsche verkündet, Dionysos sei Philosoph geworden, so setzt Foucault auf die These: Dionysos wird Archivar. In den Aktenkellern der psychiatrischen Anstalten, der Asyle, der Kliniken und später auch der Gefängnisse macht sich ein junger Gelehrter an eine ungeheure Sichtungsarbeit, beflügelt von der Bereitschaft, auch in dem Grau der Verwaltungssprachen vergangener Epochen den Blitz des Ereignisses wahrzunehmen, von dem die Literaturontologie des Spätsurrealismus nur im Blick auf die Seinsweise der Sprache im autonomen Gedicht gehandelt hatte. Bei diesen Forschungen des dionysischen Archäologen formte sich jene singuläre Synthese aus Flamboyanz und Strenge, von monumentaler Gelehrsamkeit und eklatantem Gelächter, die bis heute nicht aufgehört hat, die akademische Umwelt zu irritieren und die verwandten Intelligenzen zu begeistern. Foucaults Subversion des philosophischen Wissens verrät sich nicht zuletzt in seiner Abkehr von den Problemspielen der offiziellen Philosophie und in seiner resoluten Hinwendung zu »materialen« Arbeiten; man könnte den frühen Foucault nahezu mit einem Psychologen und einem Literaturkritiker, den mittleren und späten um ein Haar mit einem Sozialhistoriker und einem Sexualwissenschaftler verwechseln.

Dennoch bleibt Foucault, auch wenn er sich in den Archiven der Humanwissenschaften und der Disziplinarpraktiken vergräbt, im eminentesten Sinne Philosoph, und jede Seite seiner Schriften dementiert die Möglichkeit einer Verwechslung mit dem Diskurs der Einzeldisziplinen. Immerhin, es gibt in seinem Œuvre kaum einen Text, der im Sinn der Zunft als ein Beitrag zu den sogenannten Grundproblemen der Philosophie geschweige denn als Klassikerexegese gelesen werden könnte. Gleichwohl hielt Foucault das Universum des orthodoxen metaphysischen Denkens mit professioneller Kühle im Blick; wie kaum ein anderer wußte er, was es zu meiden, zu überwinden, zu ersetzen galt, wenn das Unternehmen eines Denkens jenseits der abgekarteten Spiele von Substanz, Subjekt und Objekt gelingen sollte. »Welt als Sphäre, Ich als Zirkel, Gott als Zentrum – das ist die dreifache Blockade des Ereignis-Denkens.« Mit dieser ruhigen Nebenbemerkung legt er einen weltenweiten Abstand zwischen den metaphysischen Klassizismus mitsamt seinen halbmodernen Anpassungen in der phänomenologischen Bewegung und in den freudo-marxistischen Sozialphilosophien und das andere, das neue Denken, das sich für ihn zunächst und vor allem in der minutiösen Untersuchung regionaler und datierter Diskurs- und Machtregime artikulieren sollte.

Maliziös und temperamentvoll hat er registriert, wie gewisse Philosophen ihn als den verlorenen Sohn der Transzendentalphilosophie beklagten, während manche Historiker seine Arbeiten als wilde und allzu glanzvolle Geschichts-Fiktionen beargwöhnten. Vertreter beider Disziplinen taten sich schwer mit der Einordnung eines Denkers, der sich nicht für die Akkumulation eines Kapitals an bleibenden Wahrheiten zu interessieren schien, sondern der auf die Bühne trat wie jemand, der eine Geschichte der Blitze zu schreiben im Sinn hatte. Falls Foucault sich mit ontologischen Absichten getragen hätte – er könnte in der Tat behauptet haben, daß alles wahrhaft Seiende von der Natur der Blitze sei. Der Sinn von Sein ist nicht Bestand und zeitlose Wesensbewährung, sondern Ereignis, Horizonteröffnung und Zeitigung von vorübergehenden Ordnungen. Während aber die deutschen Adepten Nietzsche und Heideggers den Begriff Ereignis meist in einer kultischen Besinnlichkeit verschwimmen lassen, ist Foucault der Durchbruch zu einer ereignisphilosophisch orientierten »Grundlagen«forschung gelungen, für die er den leise ironischen Titel Archäologie in Vorschlag brachte. Deren Prinzip und Absicht hat niemand besser verstanden als Gilles Deleuze, der mit der glücklichen Formel von der »Universalgeschichte des Zufälligen« seine eigenen eng verwandten Intentionen prägnant umschrieb.

Foucaults Philosophentum wäre aber nicht vollständig gewesen, hätte es nicht zugleich mit dem Epistemologen und Archäologen auch den Politiker und Ethiker Foucault gegeben, der sich der Herausforderung stellte, das Kernstück aller Philosophie, die Theorie der Freiheit, neu zu denken: nicht mehr im Stil einer philosophischen Theologie der Befreiung alias Entfremdungstheorie, sondern als eine Lehre von dem Ereignis, das den einzelnen freigibt und in dem er sich selbst gestaltet und aufs Spiel setzt. Was er in einem Nachruf auf einen verstorbenen Freund, den christlichen Kantianer Maurice Clavel, bemerkte, läßt sich auch als eine hellsichtige und freimütige Charakteristik seines eigenen Unternehmens lesen: »Er stand im Herzen dessen, was es wahrscheinlich an Wichtigstem in unserer Epoche gibt. Ich will sagen: eine sehr umfassende und sehr tiefgreifende Veränderung in dem Bewußtsein, das der Okzident sich nach und nach von der Geschichte und von der Zeit gebildet hat. Alles, was dieses Bewußtsein organisierte, alles, was ihm seine Kontinuität gab, alles, was ihm seine Vollendung versprach, zerreißt. Gewisse Leute würden es gern wieder zusammenflicken. Er hingegen sagte uns, daß man – sogar heute – die Zeit anders leben muß. Vor allem heute.[1]

1 Michel Foucault. Vivre autrement le temps. In: Le Nouvel Observateur Nr. 775, 4.-6.5.1979, S. 88 (M. F., Dits et Ecrits, Band III, Paris 1994, S. 790 (deutsch: Dits et Ecrits, Band III, Frankfurt am Main, Die Zeit anders leben, S. 984-987).

Derrida ein Ägypter
Über das Problem der jüdischen Pyramide

Vorbemerkung

Nichts scheint natürlicher, als daß die Lebenden die Toten vergessen, und nichts so selbstverständlich, wie daß die Toten die Lebenden heimsuchen. Unter allen Äußerungen, die Jacques Derrida im Angesicht des Endes während des Sommers 2004 zu Protokoll gegeben hat, findet sich keine, die mir so häufig in Erinnerung kommt wie jene, in der er bekannte, hinsichtlich seiner posthumen »Existenz« von zwei völlig gegensätzlichen Überzeugungen durchdrungen zu sein – zum einen von der Gewißheit, vom Tag seines Todes an vollständig vergessen zu werden, zum anderen von der Gewißheit, das kulturelle Gedächtnis werde doch etwas von seinem Werk aufbewahren. Beide Überzeugungen, erklärte er, bestanden, gleichsam unverbunden, nebeneinander. Eine jede sei begleitet von dem Gefühl völliger Evidenz, und jede sei auf ihre Weise in sich schlüssig, ohne auf die entgegengesetzte These Rücksicht nehmen zu müssen.

Ich möchte im folgenden den Versuch machen, mich der Figur Derridas im Licht dieses Bekenntnisses zu nähern. Mir will es so vorkommen, als zeige diese Äußerung nicht einfach einen Menschen in seiner zufälligen Widersprüchlichkeit. Vielmehr besitzt sie, kraft ihrer schroffen Setzung von zwei alternierend gültigen Feststellungen, eine expressive Dimension, die etwas von Derridas philosophischer »Grundstellung« verrät – wenn man diesen Heideggerschen Ausdruck für dies eine Mal *ad hominem* verwenden darf. Was Derrida ausspricht, ist eine Selbstbeschreibung, der nahezu die Qualität einer metaphysischen Aussage zukommt. Er konzediert damit: Es gibt »im

Realen«, was immer das heißen mag, so etwas wie nicht synthesefähige Gegensätze, die koexistieren, obwohl sie sich gegenseitig ausschließen. Weil diese Gegensätze ins eigene Denken und Erleben des Sprechers fallen und ihn bestimmen, folgt aus dieser Konzession zugleich eine Feststellung über den Philosophen, nämlich, daß er sich selber als einen Ort erfuhr, an dem das nicht zur Einheit führende Zusammentreffen von miteinander unverträglichen Evidenzen stattfand. Man könnte sich, von dieser Beobachtung ausgehend, die Frage stellen, ob das unermüdliche Beharren auf der Mehrdeutigkeit von Zeichen und der Mehrwertigkeit von Aussagen, das von der Physiognomie dieses Autors nicht wegzudenken ist, nicht auch ein Hinweis darauf war, daß er sich selbst als Behälter oder Sammelstelle von Oppositionen erlebte, die sich zu keiner höheren Einheit zusammenfügen wollten.

Mit dieser Bemerkung könnte schon die Hauptkontur für ein philosophisches Portrait Derridas gezogen sein: Seine Bahn war bestimmt von der immer wachen Sorge, auf eine bestimmte Identität festgelegt zu werden – einer Sorge, die ebenso mächtig ausgeprägt war wie die Überzeugung, sein Platz könne nur an der vordersten Front der intellektuellen Sichtbarkeit sein. Es gehört zu den am meisten bewundernswerten Leistungen dieses philosophischen Lebens, daß es die Gleichzeitigkeit von höchster Sichtbarkeit und beharrlicher Nicht-Identität mit irgendeinem fertigen Bild seiner selbst durchzuhalten wußte – in einer leuchtenden Parabel, die vier Jahrzehnte einer Existenz als *public character* überspannt.

Es gibt im Grunde nur zwei Verfahren, einem Denker Gerechtigkeit widerfahren zu lassen. Das eine besteht darin, seine Werke aufzuschlagen und ihm in den Bewegungen seiner Sätze, im Fluß seiner Argumente, in der Architektonik seiner Kapitel zu begegnen – man darf dies eine singularisierende

Lektüre nennen, bei welcher Gerechtigkeit als Assimilation an das Einmalige ausgelegt wird. Sie läge ganz besonders nahe bei einem Autor wie Derrida, der nie etwas anderes sein wollte als ein radikal aufmerksamer Leser der großen und kleinen Texte, deren Summe das okzidentale Archiv konstituiert – vorausgesetzt, man mißt dem Wort Leser eine hinreichend explosive Bedeutung zu. Das andere Verfahren geht vom Text zum Kontext über und zeichnet den Denker in überpersönliche Horizonte ein, aus denen etwas über seine wahre Bedeutung hervortritt – auf die Gefahr hin, daß sein eigener Text weniger Gewicht erhält als der größere Zusammenhang, in dem seine Worte Widerhall hervorrufen. Diese Vorgehensweise läuft auf eine desingularisierende Lektüre hinaus, bei der man Gerechtigkeit als Sinn für Konstellationen versteht. Derrida selbst bevorzugte eindeutig den ersten Weg und versprach sich vom zweiten in der Regel nicht viel Gutes, da er nur zu genau wußte, daß letzterer vor allem für Leute attraktiv ist, die es sich mit ihm zu leicht machen wollten. So setzte er sich aus gegebenem Anlaß, höflich und deutlich, gegen den Versuch von Jürgen Habermas zur Wehr, ihn zu einem jüdischen Mystiker zu erklären. Mit feiner Ironie bemerkte er in Antwort auf diese unbequeme Identifizierung: »... also verlange ich auch nicht, daß man mich liest, als ob man sich vor meinen Texten in eine intuitive Ekstase versetzen könnte, aber ich verlange, daß man vorsichtiger mit den Vermittlungen ist, kritischer bei Übersetzungen und Umwegen über Kontexte, die oft sehr weit von meinen entfernt sind.«[1]

Wenn ich mich, diese Warnung im Gedächtnis, für den zweiten Weg entschieden habe, so aus zwei sehr verschiedenen Gründen. Zum einen weil ich denke, an ekstatisch-buchstäb-

[1] Jacques Derrida, in: Florian Rötzer, Französische Philosophen im Gespräch, München 1987, S. 74.

lichen, um nicht zu sagen hagiographischen Derrida-Lektüren in aller Welt bestehe ohnehin kein Mangel; zum anderen weil ich den Eindruck nicht loswerden kann, daß man bei all der berechtigten Bewunderung für diesen Autor nur selten auf ein hinreichend distanziertes Urteil über seine Stellung im Feld der zeitgenössischen Theorie trifft. Die Forderung nach Distanz steht hier im Dienst der Wertschätzung, denn wenn man sie auch als Gegengift gegen die Gefahren einer kultischen Rezeption verstehen darf, so ist sie doch erst recht vonnöten, um sich von dem geistigen Gebirgszug ein Bild zu machen, in dem *la montagne Derrida* als eine der höchsten Erhebungen aufsteigt. Ich skizziere im folgenden sieben Vignetten, in denen der Denker zu Autoren der jüngeren Tradition und der Gegenwart in Beziehung gesetzt wird: Es sind dies Niklas Luhmann, Sigmund Freud, Thomas Mann, Franz Borkenau, Régis Debray, Georg Wilhelm Friedrich Hegel und Boris Groys.

1 *Luhmann und Derrida*

Von allen möglichen Konstellationen, in die das Werk von Derrida versetzt werden kann, ist die mit dem Œuvre Luhmanns die befremdlichste, doch zugleich auch die aufschlußreichste. Von beiden Denkern ist das Höchste und Problematischste gesagt worden, was von einem Autor auf dem Feld der Theorie behauptet werden kann: daß er der Hegel des 20. Jahrhunderts gewesen sei. Nun mögen Titulierungen dieser Art für die äußere Reflexion reizvoll und für die Public Relations nützlich sein, ein ernsthaftes Interesse läßt sich mit ihnen kaum verbinden. Dennoch besitzen sie im Blick auf die beiden genannten eminenten Figuren eine gewisse charakterisierende Kraft, insofern »Hegel« nicht nur ein Eigenname ist, sondern auch ein Programm darstellt bzw. eine Position in einem Bildungsprozeß bezeichnet. Wer Hegel sagt, meint Kulmination, Non-plus-ultra und Erschöpfung; zugleich steht der Name für synthetische und enzyklopädische Energien, wie sie nur in der Ruhe nach dem Sturm – oder um nahezu mit Kojève und Queneau zu reden: am Sonntag nach der Geschichte – auftreten können. In diesem Namen koinzidieren imperiale und archivarische Ambitionen.

Es wäre selbstverständlich völlig sinnlos, Derrida und Luhmann im einzelnen auf ihre jeweils eigentümliche Hegelianität untersuchen zu wollen. Auch waren beide keineswegs Denker des Sonntags, vielmehr, ganz im Gegenteil, unentwegte Arbeiter, die den Sonntag zum Werktag machten, buchstäblich und aus prinzipiellen Gründen, und ansonsten überzeugt waren, an Feiertagen erledige man private Post oder schweige. Was festzuhalten bleibt, ist die Tatsache, daß beide Denker Vollendungsarbeiter gewesen sind, die unter dem Anschein der Innovation Abschlüsse und letzte Retouchen am fertigen Bild einer nicht weiter dehnbaren Überlieferung ausgeführt haben. Nicht ganz ohne Ironie ist heute festzustellen: All jene haben sich getäuscht, die meinten, mit der Dekonstruktion und der Systemtheorie – Gebilde, die von den siebziger Jahren an profilscharf hervortraten – sei ein neues Zeitalter des Denkens angebrochen, das die theoretische Arbeit in unübersehbare innovative Horizonte stellte. In Wahrheit waren beide Denkformen Schlußgestalten von logischen Prozessen, die das Denken des 19. und 20. Jahrhunderts durchwirkt hatten. Im Fall von Derrida kommt die linguistische oder semiologische Wende zum Abschluß, nach welcher das 20. Jahrhundert den Philosophien der Sprache und der Schrift gehört hatte. Im Fall von Luhmann vollendet sich der durch Wittgenstein proklamierte Abschied von der Philosophie, bei dem das Denken sich resolut aus der Überlieferung der Theorien des Geistes und der Sprache zurückzieht, um sich auf dem Feld der Metabiologie, das heißt der allgemeinen Logik der System-Umwelt-Differenzen, neu in Stellung zu bringen. Beide Effekte haben mit dem Fall Hegel gemeinsam, daß sie die letzten Möglichkeiten einer gegebenen Grammatik ausschöpfen und damit den Nachfolgern das anfangs euphorisierende Gefühl ermöglichen, auf einem Höhepunkt zu beginnen. Im weiteren Verlauf muß sich dieses umwandeln in die bestürzende Entdeckung, daß, wer auf dem Gipfel startet, nur noch durch Abstieg weiterkommt.

Die Differenzen zwischen den beiden Hegeln des 20. Jahrhunderts könnten ansonsten nicht größer sein. Eine gewisse Überlegenheit Derridas drückt sich am besten in der Tatsache aus, daß er – hierin nur Heidegger vergleichbar – immer an den äußersten Rändern der Tradition operierte und sie damit, wie zerklüftet auch immer, auf seiner Seite behielt. Hieraus erklärt sich die ungeheure Wirkung seiner Arbeiten in der akademischen Welt, in der sich die Dekonstruktion als die letzte Chance einer durch Desintegration integrierenden Theorie erwies: Indem sie das Archiv entgrenzte, bot sie eine Möglichkeit, das Archiv zusammenzuhalten. Im Gegensatz hierzu hat Luhmann das philosophische Archiv verlassen und sich mit dem scheinbar bescheidenen Titel eines Soziologen der Weltgesellschaft begnügt. Für ihn hat die philosophische Bibliothek Alteuropas Bedeutung nur noch als Reservoir von verbalen Figuren, mit denen die Priester und Intellektuellen von einst nach dem Ganzen zu greifen versuchten. Aus der Sicht der allgemeinen Systemtheorie ist die Philosophie insgesamt ein erschöpftes totalisierendes Sprachspiel, dessen Instrumente dem semantischen Horizont der historischen Gesellschaften entsprachen, indessen sie der primären Tatsache der Moderne, der Ausdifferenzierung der sozialen Systeme, nicht mehr gerecht zu werden vermögen.

Es ist zu bedauern, daß die beiden Hegel des 20. Jahrhunderts nicht reziprok und ausführlich aufeinander reagiert haben.

Daher besitzen wir von der virtuellen logischen Gipfelkonferenz des postmodernen Denkens kein Protokoll. Es wäre für die intellektuelle Mitwelt von unermeßlichem Reiz gewesen, zu erleben, wie die beiden eminenten Intelligenzen unseres Zeitalters in einer entfalteten Dialogsituation miteinander umgegangen wären. Da Derrida wie Luhmann außerordentlich höfliche Geister waren, hätten sie selbstverständlich der Versuchung widerstanden, das Werk des anderen reduktionistisch zu behandeln oder es gar kannibalisch zu verarbeiten, wie es ansonsten für Konkurrenten um die höchste Position im Feld intellektueller Reflexion typisch ist. Gleichwohl hätten sie den Versuch von assimilierenden, wenn auch nicht absorbierenden Übersetzungen des Anderen ins Eigene unternehmen müssen – was bei zwei Meistern der Skepsis gegen das Konzept des Eigenen eine stimulierende Übung ergeben hätte, und die Beobachter dieser reziproken Übersetzungen hätten das Privileg genossen, die gegenseitigen Beobachtungen der begriffsmächtigsten Beobachter beobachten zu können. Immerhin hat Luhmann das Werk Derridas aufmerksam registriert, während von einer entsprechenden Gegenbeobachtung Derridas nichts bekannt ist – er hat vermutlich die Arbeit des Bielefelder Gelehrten nie zur Kenntnis genommen.

Luhmann hielt Derridas Dekonstruktion der metaphysischen Tradition für eine mit seinen eigenen Intentionen eng verwandte Unternehmung, insofern er in ihr dieselben postontologischen Energien wirksam sah, die sein systemisches Theorieprojekt vorantrieben. Er räumte ein, daß Dekonstruktion eine aktuelle Option ist und bleibt: Sie tut in der Tat genau das, »was *wir jetzt* tun können«.[2] Demnach ist Dekonstruktion eine streng datierte Form von theoretischem Verhalten – da-

---

2 Niklas Luhmann, Dekonstruktion als Beobachtung zweiter Ordnung, in: Niklas Luhmann, Aufsätze und Reden, herausgegeben von Oliver Jahraus, Stuttgart 2001, S. 286.

tiert in dem Sinn, daß sie erst nach dem Abschluß der historischen Formation herkömmlicher philosophischer Theorie auf den Plan treten konnte und auf eine »Situation« bezogen bleibt, zu deren Charakterisierung Luhmann fünf Merkmale anführt: postmetaphysisch, postontologisch, postkonventionell, postmodern, postkatastrophal.[3] Die Dekonstruktion setzt nach Luhmann die »Katastrophe der Modernität« voraus, die als Umschwung von der Stabilitätsform der traditionellen, hierarchisch-zentralistischen Gesellschaft zur Stabilitätsform der modernen, ausdifferenzierten, multifokalen Gesellschaft zu denken sei. Wird Multifokalität als Ausgangspunkt anerkannt, so steigt alle Theorie auf die Stufe einer Beobachtung zweiter Ordnung: Es wird nicht mehr eine direkte Beschreibung der Welt versucht, sondern vorhandene Weltbeschreibungen werden wiederbeschrieben – und dabei dekonstruiert. Man könnte sagen, Luhmann habe Derrida Ehre erwiesen, indem er ihm das Verdienst zusprach, eine Lösung für die logische Grundaufgabe der postmodernen Situation gefunden zu haben, welche lautet: von Stabilität durch Zentrierung und Fundierung auf Stabilität durch Flexibilisierung und Dezentrierung umstellen. Mit gutem Gespür für das latente Pathos der Dekonstruktion fügt Luhmann seiner zusammenfassenden Würdigung den Satz an: »So aufgefaßt wird die Dekonstruktion ihre eigene Dekonstruktion überleben als die relevanteste Beschreibung der Selbstbeschreibung der modernen Gesellschaft.«[4]

Worauf es hier ankommt, ist das scheinbar harmlose Verbum »überleben«. Mit ihm rührt Luhmann möglicherweise an den motivationalen Kern der Arbeiten des anderen Hegel. Tatsächlich könnte man die These aufstellen, Derrida habe seinen

3 Ibid.
4 Niklas Luhmann, Dekonstruktion, a.a.O., S. 291.

Ehrgeiz in die Entwicklung einer Theorieform gesetzt, die für alle Zeiten zukunfts- oder überlieferungsfähig werden sollte, indem sie die Anwendung auf sich selbst erlaubt und fordert, in der Gewißheit, aus dieser Prüfung stets regeneriert und konsolidiert hervorzugehen. Dieses Kunststück zu vollbringen wäre nur eine Theorie imstande, die gewissermaßen immer schon in ihrem eigenen Grab läge, um zu wiederholten Grablegungen aus ihm heraufzusteigen. Wäre es möglich, daß die Dekonstruktion ihrem Kernimpuls nach ein Konstruktionsprojekt darstellte, das auf die Herstellung einer undekonstruierbaren Überlebensmaschine zielte?

2 Sigmund Freud und Derrida

Man gerät durch solche Fragen, bei denen es sich in Wahrheit um Suggestionen handelt, in eine träumerische Stimmung. In deren innerer Drift stellen sich, wie unter assoziativem Zwang, die Motive der klassischen Metaphysik wieder ein. Bei einer *rêverie* dieser Art sehe ich unwillkürlich Erinnerungen an Sigmund Freuds Spätwerk heraufziehen. Ich denke namentlich an die Schrift *Der Mann Moses und die monotheistische Religion*, die der Psychologe an der Schwelle des Todes verfaßt hatte und die seit ihrer Publikation in einer ersten Version 1937 sowie in der überarbeiteten Buchform 1939 ein permanenter Stein des Anstoßes geblieben ist – den Juden ein Ärgernis und den Europäern eine Torheit. Bekanntlich entwickelt Freud in dem ersten Teil der Abhandlung unter der Überschrift *Moses, ein Ägypter*, die »ungeheuerliche Vorstellung«, daß der »Mann Moses, der dem jüdischen Volke Befreier, Gesetzgeber und Religionsstifter war«,[5] in Wirklichkeit von ägyptischer Kultur und Nationalität gewesen sei. Im zweiten

5 Sigmund Freud, Der Mann Moses und die monotheistische Religion, in: Sigmund Freud, Studienausgabe, Band IX, Fragen der Gesellschaft, Urspünge der Religion, Frankfurt am Main 1974, S. 459.

Abschnitt, der unter der schwebenden Überschrift steht: *Wenn Moses ein Ägypter war …*, entwickelt Freud, vorsichtig abwägend und tollkühn in einem, die These, der vornehme Ägypter Moses müsse dann ein Anhänger der im 14. Jahrhundert vor unserer Zeitrechnung von Echnaton eingeführten solar-monotheistischen Aton-Religion gewesen sein, der nach der Reaktion der Ammonpriester in seinem Heimatland und bei seinem eigenen Volk keine Aussicht mehr sah, den unpopulären neuen Glauben zu verwirklichen. Daraufhin habe er sich mit dem Fronvolk der Juden gemein gemacht, um es aus Ägypten wegzuführen – in der Absicht, an anderer Stelle und mit anderen Menschen das monotheistische Experiment noch einmal aufzunehmen. Er habe also den Juden den ägyptischen Brauch der Beschneidung, die Gewohnheiten des religiösen Hochmuts ebenso wie die Strenge gegen sich selbst beigebracht, die eine strikt monolatrische Religion von ihren Anhängern oder besser, ihren Versuchspersonen, zu fordern hat. Die Fähigkeit, gegen sich selbst streng zu sein, ist die Quelle der mentalen Wandlungen, die Freud in der Formel »Fortschritt in der Vergeistigung« zusammenfaßt.

Man hat im Rahmen einer *rêverie* ein gewisses Recht, an diese »ungeheuerliche« Revision der jüdischen Geschichte durch den Juden Freud zu erinnern, weil sie eine Art Vorspiel zu dem darstellt, was später mit Derridas Schlüsselbegriff *différance* bezeichnet werden wird. Diese »Verschiebung« oder Entstellung betrifft in der Freudschen Auslegung zunächst die reale Umbesetzung der Rollen im monotheistischen Spiel – aber ebenso die Redaktion der Berichte hiervon, die stets unter der tendenziösen Auflage stehen, das Geschehene nach Möglichkeit unkenntlich zu machen. Freud sagt hierzu:

> »Es ist bei der Entstellung eines Textes ähnlich wie bei einem Mord. Die Schwierigkeit liegt nicht in der Ausführung der Tat, sondern in der Beseitigung ihrer Spuren. Man möch-

te dem Worte ›*Entstellung*‹ den Doppelsinn verleihen, auf den es Anspruch hat, obwohl es heute keinen Gebrauch davon macht. Es sollte nicht nur bedeuten: in seiner Erscheinung verändern, sondern auch: an eine andere Stelle bringen, anderswohin verschieben.«[6]

Demnach bezeichnet die *différance*, von Freuds Bemerkung her gesehen, nicht nur und nicht in erster Linie den Bruch mit der vollen Gegenwart (als Modus der Zeit), sondern zunächst und vor allem die Verschiebung im Raum und die Umdisposition bei der Besetzung von Rollen in einem theologischen Theaterstück. Nach Freud wird das eigentliche ägyptische Drama von da an nie mehr in Gegenwart von wirklichen Ägyptern gespielt. Von der mosaischen Intervention an findet Ägypten selbst an anderer Stelle »statt« – das litterale Ägypten hingegen bedeutet aus der Sicht der Ausgewanderten bloß eine tote Hülle, die ausschließlich dazu dient, den Ort zu bezeichnen, von dem die Flucht in die eigene Andersheit ihren Ausgang nehmen mußte. Um ein monotheistischer Neu-Ägypter im authentisch echnatonischen Sinn zu sein, hatte man, wenn Freuds These zutrifft, in Zukunft an dem religiösen Experiment des Judentums teilzunehmen, wie der Mann Moses es entworfen hatte. Konsequenterweise hatte sich dieses für eine Travestie engagierte Volk von den Tagen des Exodus an mit dem Problem seiner ungewissen Territorialisierung zu beschäftigen, oder – um einen von Derrida sehr geschätzten Ausdruck zu verwenden – es wird von diesem Problem chronisch »heimgesucht«. Der ursprüngliche Inhalt der *hantologie*, sprich der Wissenschaft von der Heimsuchung durch das unerledigte Vergangene, ist damit offensichtlich (man findet dieses geniale Wortspiel in Derridas vermutlich bedeutendster politischer Arbeit: *Marx' Gespenster*, wobei eine doppelte Anspielung auf die »Ontologie« wie auf Lacans Kalauer *hon-*

6 Ibid., S. 493.

tologie vorliegt): Er kann in nichts anderem bestehen als in den obsessiven Spuren der jüdisch-ägyptischen Ambivalenzen. Deren Quellen blieben in dem Umstand zu suchen, daß Moses die Juden, wie Freud sagte, »außer Landes führen wollte« und ihnen durch die Beschneidung eine Sitte auferlegte, »die sie gewissermaßen zu Ägyptern machte«.[7] Mit seiner Analyse der Heimsuchungen formalisiert Derrida den von Freud erläuterten Gedanken, wonach man nicht Jude sein kann, ohne in gewisser Weise Ägypten – oder ein Gespenst Ägyptens – zu verkörpern.

An der späten Arbeit Freuds ist nicht nur der Vorstoß zum Begriff der »Entstellung« bemerkenswert. Sie beeindruckt mehr noch durch die unerbittliche Konsequenz, in der sie den Mythos des Exodus »dekonstruiert«. Im Rahmen der Freudschen Spekulation gelesen, bezeichnet der Ausdruck Exodus jetzt nicht mehr die Sezession des Judentums von der ägyptischen Fremdherrschaft, sondern die Verwirklichung des radikalsten Ägyptizismus mit jüdischen Mitteln. Die Ideengeschichte nimmt von da an die Form eines gewaltigen Verschiebungsspiels an, in dem Motive des ägyptischen Universalismus durch nicht-ägyptische Akteure agiert werden.

Für den Psychologen mag hierbei besonders auffällig sein, daß Freud in seiner letzten Untersuchung den Begriff des Unbewußten seiner gängigen Definition gemäß kaum noch gebrauchte – als wäre er durch die Einführung der »Entstellung« überflüssig geworden. Man kann den *Mann Moses* in gewisser Weise wie eine Selbstkorrektur der Psychoanalyse in letzter Stunde lesen. Die Botschaft des späten Freud würde demnach lauten: In letzter Instanz ist nicht das Unbewußte für die Schicksale der Menschen von Belang. Was wirklich zählt, ist das Incognito, das die Quelle der herrschenden Ideen ver-

7 Ibid., S. 478.

194

birgt. Weil die erfolgreiche Entstellung über die aktive Verheimlichung hinausgeht, ist das ägyptische Incognito bei ihr sicherer aufgehoben, als es dies je beim Direktorium einer Verschwörung sein könnte. Naturgemäß mußte die Figur des Moses die erste sein, die von der Entstellung erfaßt wurde. Nachdem diese ihr Werk verrichtet hatte, war der Führer des Judentums selbst nicht mehr imstande, mit Gewißheit zu sagen, woher er in Wahrheit komme. In einer solchen Lage werden Projekte wichtiger als Ursprünge. Jetzt tritt die Rücksicht auf die Herkunft gegenüber dem Ausblick auf das gelobte Land in die zweite Reihe.

Denkt man die Überlegungen Freuds zur abgründigen Fabrikation der jüdischen Identität zu Ende, wird die irreversible Wirkung des Exodus greifbar: Der Auszug aus Ägypten brachte, nach Freud, die mosaischen Juden als ein heteroägyptisches Volk hervor, das unter keinen Umständen in ein vormaliges Eigentum hätte zurückkehren können, selbst wenn es gewollt hätte. Im Innersten des Eigenen hatte sich die Spur des Anderen unauslöschlich eingeprägt, mochte sie noch so sehr unkenntlich gemacht und von neuen Programmen überdeckt sein. Diese Einprägung reichte so tief, daß sogar das Zeichen für das Eigentümlichste des Eigenen von den Fremden übernommen worden war: Wenn tatsächlich die Beschneidung die Auserwählung bezeichnete, wie Freud zu betonen nicht müde wurde, so war dieses Zeichen von denen geliehen, von denen man sich als ausgewandertes Volk künftig um alles in der Welt unterscheiden wollte.

3 Thomas Mann und Derrida

An dieser Stelle klingt mir wieder die Forderung Derridas im Ohr, man möge vorsichtig sein bei Übersetzungen und Umwegen über Kontexte, die von den seinigen oft sehr weit ab liegen. Von ferne hallt in diesem Verlangen die bekannte Mahnung Nietzsches nach: »Verwechselt mich vor allem nicht!« Ich gebe zu, diese Hinweise werden besonders aktuell, wenn wir im folgenden eine Kontextuierung wagen, die den Rahmen von Derridas Selbstaussagen sprengt – und die dennoch, der extremen Verfremdung zum Trotz, möglicherweise sehr dicht an den Nukleus seiner folgenreichsten Operationen heranführt.

Ich werde mir im folgenden die Vorstellung erlauben, daß die schwindelerregende Karriere des in Algerien Geborenen – beginnend in Frankreich, dann in den USA, schließlich im Rest der Welt – auf zwar indirekte und doch persönlich treffende Weise von einem der großen Romanciers des 20. Jahrhunderts prophezeit worden ist. Dies gilt selbstverständlich nicht im Blick auf das Individuum Derrida, sondern auf den Typus des Außenseiters jüdischer Herkunft im allgemeinen, der, von den Rändern des Imperiums kommend, durch gefährliche und überragende Leistungen einen eminenten Platz in der logischen Mitte der Macht erobert. Mir entgeht nicht, daß einem Denker wie Derrida, dem der Respekt vor dem Singulären viel bedeutete, ein solches In-Beziehung-Setzen des Individuellen auf typische Formen zutiefst suspekt gewesen sein müßte – nichtsdestoweniger bin ich der Meinung, für diesmal führe auch eine Reise in der Sänfte des Typus ans Ziel (oder näher zur kritischen Zone), ohne dabei den Interessen des Einzigartigen Unrecht zu tun.

In bemerkenswerter Gleichzeitigkeit mit dem hochbetagten Freud war Thomas Mann auf die Aktualität der alttestamentarischen Stoffe aufmerksam geworden und hatte sich, wie er später in einem bekannten Statement sagte, von den späten zwanziger Jahren des 20. Jahrhunderts an der Aufgabe gewidmet, dem intellektuellen Faschismus den Mythos streitig zu machen, um ihn ins Humane umzuwenden. Man kann seiner zwischen 1933 und 1943 erschienenen Romantetralogie *Joseph und seine Brüder* eine Schlüsselstellung in der Literatur- und Ideengeschichte des 20. Jahrhunderts zusprechen – zum einen, da es das heimliche Hauptwerk der modernen Theologie darstellt, das dank einer erneuten List der »Entstellung« außerhalb der theologischen Fakultäten das Licht der Öffentlichkeit erblickte; zum anderen als eine große Parallelaktion zu den Sondierungen Freuds, in der die unermeßlichen Implikationen ausgelotet wurden, die sich aus einer psychoanalytischen und romanesken Subversion der Exoduserzählung ergeben würden. Wenn der Auszug der Juden aus Ägypten tatsächlich eine Fortsetzung des Ägyptertums mit anderen Mitteln bedeutete – und Thomas Mann gelangt auf seine Weise zu ähnlichen Konklusionen wie Freud –, konnte es nur eine Frage der Zeit sein, bis die jüdischen Heteroägypter auf die Idee kämen, ihre Beziehungen zu den Homoägyptern – wenn man sie so nennen darf – zu überprüfen.

Thomas Mann fand den Drehpunkt zwischen dem Auszug aus Ägypten und der Einwanderung dorthin in der Geschichte des jungen Joseph. Dieser war, wie man weiß, als der jüngste Sohn der Liebling Jaakobs – weswegen er von seinen Brüdern gehaßt wurde, mit der Konsequenz, daß sie ihn eines Tages überfielen und, um ihn loszuwerden, an midianitische Menschenhändler verkauften. Diesem Verbrechen haftet, wie der Erzähler zeigt, eine tiefe Mehrdeutigkeit an. Es eignet sich nicht nur dazu, das Geheimnis der Ungerechtigkeit darzustellen, das von der bevorzugenden Liebe untrennbar ist und in die Entstehung der Eifersucht einfließt; es bietet zugleich eine vorzügliche Gelegenheit, das zunächst nur blasphemisch vorstellbare Problem einer Revision des jüdischen Verhältnisses zu Ägypten zu behandeln. Thomas Manns Ironie gibt dem Leser, der bereit ist, den Wink aufzufangen, einen verborgenen Hinweis, wonach einem begabten Sohn des Stammvaters Jaakob eigentlich in seinem ganzen Leben nichts Besseres widerfahren konnte, als nach Ägypten verkauft zu werden. Wenn dieser Joseph auch, von seinen Brüdern in Ruhe gelassen, bei den Brunnen Israels ein angesehener Besitzer einer Schafherde hätte werden können, oder ein Züchter von Oliven, der mit frommer Sammlung dem Wachstum der Bäume lauschte, so standen in Ägypten doch andere Laufbahnen offen – vorausgesetzt, der Neuankömmling vermochte aus seiner unfreiwilligen Einwanderung Vorteil zu ziehen. Thomas Manns Erzählung liefert den am weitesten ausholenden Kommentar zu dem Topos »Glück im Unglück«. Tatsächlich könnte ein mittels zweiter Entstellung nach Ägypten eingeschleppter alerter Heteroägypter die Fähigkeit mitbringen, die Homoägypter besser zu verstehen, als sie sich selbst verstehen. Diese hermeneutische Überlegenheit wäre ein Geschenk seiner spezifischen Marginalität – und wirklich wird es diese sein, die sich als der Schlüssel zu Josephs ägyptischen Erfolgen erweist. Begnügen wir uns hier mit der Bemerkung, daß die Deutung der Träume des Pharao durch den bald unentbehrlich gewordenen jungen Hermeneutiker, wie Thomas Mann sie mittels einer subtilen Parodie der Psychoanalyse vorführt, zu den klangreichsten Szenen der modernen Weltliteratur rechnet.[8]

Wenn ich eben angedeutet habe, dem Romancier Thomas Mann könnte eine unfreiwillige Prophezeiung des Phänomens Derrida geglückt sein, bezieht sich dies auf die wunderbare Figur des Joseph oder, besser, auf die josephische Position

8 Da an dieser Stelle ein rein typologisches Argument entwickelt wird, brauche ich auf den Umstand, daß die chronologischen Verhältnisse der hier entwickelten Deutung im Weg stehen, keine Rücksicht zu nehmen. Da die biblische Josephsgeschichte in die Ära vor dem Exodus fällt, ist das Schema »zurück nach Ägypten« auf den ersten Joseph noch nicht so anwendbar wie bei den späteren Akteuren auf der josephischen Position.

als solche, als deren Merkmal man das Zum-Erfolg-in-Ägypten-verdammt-Sein herausstellen muß. Zu ägyptischen Erfolgen gelangt der mit leeren Händen Angekommene, wie man weiß, ausschließlich über den schmalen Grat der Kunst, die für die Ägypter nicht-lesbaren Zeichen zu lesen – im gegebenen Fall über die Traumdeutung. Thomas Mann hatte die Karriere Sigmund Freuds vor Augen, dem es dank seiner Vorschläge zu einer Wissenschaft der Traumlektüre gelungen war, die spätfeudale Gesellschaft der habsburgischen Austro-Ägypter von seinen Interpretationen abhängig zu machen. Auf seine Weise hatte Freud die josephische Position reaktualisiert und damit zahlreichen Nachfolgern einen Hinweis hinterlassen, den die Jüngeren nicht unbeachtet lassen sollten. Natürlich hatten diese Autoren für ihre Rückwege nach Ägypten nicht mehr die Straßen des Sklavenhandels benutzen müssen; die Diaspora hatte ihrerseits dafür gesorgt, daß aus dem Exodus für viele eine partielle Kehre wurde. In die logische und psychologische Zitadelle des Ägyptertums jedoch konnte man auch in moderner Zeit nur mit ebenso anspruchsvollen Mitteln wie zu Josephs Tagen gelangen, und zwar über die Wissenschaft von den Zeichen. Daher ist Traumdeutung nicht nur der Königsweg zur Psyche, sie ist zugleich das straff gespannte Seil, über das der heteroägyptische Semiologe bei seinem Weg ins Innere der pharaonischen Institutionen balancieren muß. Dabei wird ihm von Anfang an klar sein, daß er sein Glück nur versuchen kann, indem er die symbolischen Fabrikationen der Mächtigen einer für diese selbst hinreichend faszinierenden Analyse unterzieht.

Hier ist der Hinweis am Platz, daß marxistische Interpreten des Messianismus wie Ernst Bloch und Walter Benjamin, nur eine Generation nach Freud, den damals zeitgerechten Versuch unternahmen, eine zweite, nicht-freudianische Traumdeutung zu entwickeln. Bei dieser standen nicht mehr so sehr die Träume der Herrschenden (und ihrer Gattinnen) im Zentrum – vielmehr waren diese Autoren darauf aus, eine Massentraumdeutung ins Werk zu setzen, in deren Verlauf die proletarischen und volkstümlichen Träume vom besseren Leben zu einer politischen Produktivkraft erhoben werden sollten. Den Kern der zweiten Traumdeutung bildete die Deutung der Zeichen und Spuren, mit denen die Menschheit von den Tagen des Altertums an, der messianischen Deutungsweise zufolge, den Kommunismus vorwegnahm. Bemerkenswert war, wie hierbei die therapeutische Beschränkung auf den nächtlichen Traum beiseite gestellt wurde, so daß jetzt in erster Linie die Tagträume und die bewußten utopischen Konstrukte in das Geschäft der neuen Hermeneutik zu integrieren waren. Der Fall Benjamin zeigt freilich auch, wie eine josephische Karriere vor solchem Hintergrund mißglücken kann. An Ernst Bloch hingegen ist die Lektion abzulesen, wonach es dem Traumdeuter, bei ausreichend heftigem prophetischem Feuer, letztlich gleichgültig bleibt, ob sich die Massen für die politisch-theologische Deutung ihrer Träume interessieren oder nicht.

Bei dieser Präsentation der Zusammenhänge liegt auf der Hand, warum Derridas Dekonstruktion als eine dritte Welle der Traumdeutung aus der josephischen Position verstanden werden muß. Für sie war *a priori* klar, sie könne nur reüssieren, wenn sie weit genug über die Modelle der Psychoanalyse und der messianischen Hermeneutik hinausginge. Nach Lage der Dinge hatte dies in Form einer radikalen Semiologie zu geschehen, die den Nachweis erbrachte, daß die Zeichen des Seins nie die Fülle des Sinns liefern, die sie zu geben versprechen – was eine andere Art ist zu sagen: Das Sein ist kein wirklicher Absender, und das Subjekt kann kein Ort vollkommener Sammlung sein. Derrida interpretierte die josephische Chance, indem er zeigte, wie der Tod in uns träumt – oder, anders ausgedrückt: wie Ägypten in uns arbeitet. »Ägyptisch« ist das Prädikat aller Konstrukte, die der Dekonstruktion unterliegen können – ausgenommen das ägyptischste aller Gebilde, die Pyramide. Sie steht für alle Zeiten unerschütterlich an ihrem Ort, weil ihre Form nichts anderes ist als der undekonstruierbare Rest einer Konstruktion, die dem Plan des Architekten zufolge so gebaut wird, wie sie nach ihrem Einsturz aussehen würde.

4 Franz Borkenau und Derrida

Von dieser typisierenden Rahmung des Derridaschen Ansatzes zurückkommend, möchte ich eine weitere Kontextuierung seines Œuvre vorschlagen, die uns wieder näher zum Text des Philosophen führt. Diesmal handelt es sich um eine große Erzählung von den Antworten der Zivilisationen auf den Tod, wie sie von dem genialischen, interdisziplinär weit ausgreifenden Kulturhistoriker Franz Borkenau (1900-1957) in seinem posthum erschienenen geschichtsphilosophischen Hauptwerk *Ende und Anfang. Von den Generationen der Hochkulturen und der Entstehung des Abendlandes* vorgetragen worden ist. Die eingangs zitierte Konfession Derridas, nach der in ihm zwei völlig entgegengesetzte Evidenzen hinsichtlich seines Überlebens als Autor gleichzeitig oder alternierend gegenwärtig waren, ruft bei mir unmittelbar eine Erinnerung an die Grundthesen der Borkenauschen Geschichtsspekulation hervor. In Wien geboren, von halbjüdischer Herkunft, hatte Borkenau sich nach einer streng katholischen Erziehung früh dem Kommunismus zugewandt, war zeitweilig Funktionär des westeuropäischen Büros der Komintern, danach Stipendiat des Frankfurter Instituts für Sozialforschung, und wurde nach seiner Abkehr vom Kommunismus einer der frühesten Kritiker des von ihm so genannten »Totalitarismus« – er publizierte sein Werk *The Totalitarian Enemy* 1940 in London, mehr als ein

Jahrzehnt bevor Hannah Arendt mit dem Politbestseller *The Origins of Totalitarianism* dem Thema ihren Stempel aufdrückte. In seiner Kulturphilosophie geht es um die gegensätzliche Stellungnahme der Kulturen zum Tode. Während der eine Typus von Kulturen den Tod zurückweist und auf ihn mit einer Unsterblichkeitslehre reagiert, findet der andere Typus sich mit der Tatsache des Todes ab und entwickelt auf dieser Grundlage eine Kultur der engagierten Diesseitigkeit. Borkenau bezeichnete diese bipolaren Optionen als die Todesantinomie. Sie bildet die kulturelle Ausarbeitung jener doppelten Stellungnahme zum Tod, die sich in mehr oder weniger klaren Umrissen in jedem Individuum findet: daß zwar der eigene Tod gewiß ist, aber als solcher unbegreiflich bleibt. Borkenaus Ehrgeiz als Makrohistoriker ging darauf aus, mit Hilfe seiner Lehre von den gegensätzlichen, doch untereinander verbundenen Stellungnahmen der Kulturen zum Tod die geschichtsphilosophische Doktrin Oswald Spenglers zu widerlegen, nach welcher die Kulturen wie fensterlose Monaden jeweils einem unverwechselbaren eigenen »Urerlebnis« entspringen – wir würden heute sagen: einer primären Irritation –, um, ohne jeden wirklichen Austausch untereinander, in einem ausschließlich endogen geprägten Lebenszyklus von jeweils eintausend Jahren aufzublühen und zu verwelken. In Wahrheit fügen die Kulturen, nach Borkenau, sich untereinander zu einer Kette, deren einzelne Glieder nach dem Prinzip des Gegensatzes zum vorangehenden Glied miteinander verbunden sind. Dies ist der Sinn seiner Rede von Kulturgenerationen.

Es kommt nicht überraschend, daß diese ambitionierten Konzepte nicht zu einer allgemeinen Kulturgeschichte ausgebaut werden konnten. Borkenau war allenfalls imstande, eine einzige Kulturgenerationenkette halbwegs überzeugend zu beschreiben – keine beliebige freilich, da es die Sequenz ist, in welche die Hauptakteure des okzidentalen Kulturdramas involviert sind. Die Serie beginnt unvermeidlicherweise mit den Ägyptern, die durch ihren Pyramidenbau, ihre Mumifizierungen und ihre umfangreichen Kartographien des Jenseits ihrer Besessenheit von der Unsterblichkeit – insbesondere einer körperlich verstandenen – ein bis heute eindrucksvolles Denkmal gesetzt haben. Die Antithese zum Ägyptizismus wurde von den folgenden Kulturen der Todeshinnahme entwickelt, die wir als die Antike bezeichnen – zu ihnen gehören die Griechen und Juden, in zweiter Linie auch die Römer. Bei diesen Völkern wurden die enormen psychischen Energien, die im ägyptischen Regime (wie in den Industal-Kulturen) durch Immortalisierungsarbeiten gebunden waren, für »alternative Aufgaben« freigesetzt. Sie konnten folglich für die Ausgestaltung des politischen Lebens in endlicher Zeit verwendet werden – das mag einer der Gründe dafür sein, warum die Erfindung des Politischen als die gemeinsame Leistung der antiken mediterranen Sterblichkeitskulturen gelten darf. Zwischen den Polen von Athen und Jerusalem, die man sonst gern gegeneinander ausspielt, gibt es in dieser Hinsicht bezeichnenderweise keinen nennenswerten Gegensatz. Hier wie dort herrscht der Grundsatz, öffentliches Leben in moralisch anspruchsvollen Volksgemeinschaften oder sinnvoll kooperierenden Bürgerschaften kann nur entstehen, wenn die Menschen nicht unentwegt an das Überleben ihrer Körper oder Seelen im Jenseits denken, sondern für die Aufgaben der *polis* und der empirischen *communio* Kopf und Hände frei haben.

Aus den Überspannungen des Zugriffs politischer Bürgerschaften auf das Leben der Sterblichen mußte sich, Borkenau zufolge, eine neue immortalistische Reaktion ergeben – sie führte, vermittelt durch ein barbarisches Zwischenspiel, das christliche Zeitalter in Westeuropa herauf. Die »christliche Kultur« (man ist nicht sicher, ob der Kulturbegriff hier sehr glücklich gewählt ist) stellt aufgrund ihrer Neubetonung der Unsterblichkeit ganz offensichtlich eine Enkelkultur des Ägyptizismus dar, obschon sie den Akzent nun eindeutig auf die Unsterblichkeit der Seele setzt – allein im katholischen Reliquienkult kam die ägyptische Sorge um den ewigen Körper zu einem indirekten Nachleben. Auch der christliche Immortalismus rief jedoch, dem Borkenauschen Schema gemäß, aufgrund seiner Exzesse erneut die Gegenthese hervor: Die mit der Renaissance einsetzende Neuzeit ist von neuem eine Kultur der Todeshinnahme und bewirkt wieder die Investition menschlicher Energien in politische Projekte. (Zu diesen gesellt sich, dem technischen Grundzug der Moderne entsprechend, jene Allianz von Ermächtigung und Erleichterung des Lebens, aus dem die aktuelle Konsumgesellschaft hervorgehen sollte.) Die Moderne wäre also in der Filiationsreihe der Kulturen die Enkelkultur der Antike (und *eo ipso* die Urenkelkultur Ägyptens). Ihre gemeinsame Option für die Todeshinnahme lieferte demnach den tieferen Grund für die oft bemerkte Resonanz zwischen ihnen. In dieser Wahl wären die Motive zu finden, derentwegen ein paradigmatischer Autor der Moderne wie Freud sich in der Gesellschaft antiker Philosophen stoischer, epikureischer und skeptischer Schule so spürbar wohlfühlte.

Der Reiz des Borkenauschen Modells liegt offensichtlich nicht so sehr in seiner historischen Erklärungskraft, die offensichtlich prekär bleibt; auch sein Anspruch, eine Alternative zu Spengler zu bieten, dürfte heute kaum noch attraktiv sein. Was diese spekulativen Erwägungen zur Todesantinomie aktuell und fruchtbar macht, ist die Tatsache, daß sie den Übergang von einer metaphysischen zu einer nach-metaphysischen Semantik nicht als evolutionären Fortschritt oder logische Vertiefung darstellen. Sie erklären sie vielmehr zum Effekt einer unvermeidlichen epochalen Schwankung, die in einer objektiv unauflöslichen Antinomie beziehungsweise einer unvermeidlichen und irreduziblen Doppelwahrheit gründet. Die Position Derridas innerhalb dieser Schwankung scheint zunächst der bei Sigmund Freud zu beobachtenden zu gleichen, die sich eindeutig beim modernen Extrem (und seinen antiken, jüdischen und hellenischen Allianzkulturen) plaziert. Was der Philosoph die Dekonstruktion nennt, ist ja zunächst nichts anderes als ein Akt der gründlichsten semantischen Säkularisation – sie ist semiologischer Materialismus im Vollzug. Man könnte das dekonstruktive Verfahren als eine Anleitung zur Übergabe der Kirchen und Schlösser des metaphysisch-immortalistischen *ancien régime* in die Hände der bürgerlichen Sterblichen beschreiben.

Das Merkwürdige an dem Procedere ist jedoch, daß Derrida – um im architektonischen Bild zu bleiben – nicht an die Kraft der Modernen glaubt, authentische Neubauten aufzuführen. (Wie aus seinen Gesprächen mit Peter Eisenman und mit der Wiener Architektengruppe Coop Himmelblau im übrigen ziemlich eindeutig hervorgeht, ist er der Welt der modernen Architektur zeitlebens ferngeblieben und verwendete Ausdrücke wie konstruieren/dekonstruieren rein metaphorisch, ohne je einen materialen Bezug zur Praxis der Errichtung von wirklich zeitgenössischen, das heißt entzauberten, historisch unbelasteten Gebäuden zu entwickeln.) Er schien der Annahme zuzuneigen, wonach Menschen, symbolisch gesprochen, immer zum Wohnen in Altbauten verurteilt sind – und mehr noch immerzu Spukschlösser bewohnen, selbst wenn sie der Meinung sind, in den neutralen Gebäuden der Gegenwart zu residieren. Für ihn ist ausgemacht, daß auch in den Wohnungen der Modernen die Untoten aus der Jenseitsära ein und aus gehen, ganz so wie der Eine Gott aus Ägypten nie aufhörte, seinen Schatten über die Hütten der postmosaischen Juden zu werfen.

Die Tugend des Borkenauschen Modells besteht in meinen Augen unter anderem darin, daß es die Komplexität von Derridas Position etwas deutlicher zu erkennen hilft. Denn obwohl Derrida im *modus operandi* seiner Arbeiten der mortalistischen Entscheidung huldigte, wie sie für die jüdisch-griechische Kultur und ihre moderne Enkelkultur charakteristisch ist, so blieb er stets auf den ägyptischen Immortalismus, in sehr viel geringerem Maß auch auf den christlichen, bezogen. Dieser Bezug war aber nicht nur aufklärerisch oder exorzistisch. Derrida wollte nicht allein die Geister der immortalistischen Vergangenheit austreiben, vielmehr war es ihm darum zu tun, die tiefe Ambivalenz offenzulegen, die aus der Einsicht in die Gleichmöglichkeit und Gleichmächtigkeit beider Entscheidungen folgt. Daher das Pathos seiner Bekenntnisse, nach welchen man nie ganz aus dem Kreis der Metaphysik heraustreten könne. Im Grunde jedoch beharrt Derrida immerfort auf seinem Recht, sein metaphysisches Incognito zu wahren – er möchte nicht, daß in seinem Paß unter der Rubrik »unveränderliche Kennzeichen« eine Eintragung stünde wie »jüdischer Verneiner der Unsterblichkeit« – und erst recht nicht »kryptoägyptischer Anhänger der Todesüberwindung«.

Man kann demnach Derrida in gewisser Weise als einen Freiheitsphilosophen betrachten, der freilich nicht in der Linie der alteuropäischen Idealismen steht. Seine diskrete Idee von Freiheit ist untrennbar von der Anstrengung, sich immer von neuem aus den zunächst unvermeidlichen Identifizierungen und Festlegungen zurückzuziehen, die mit dem Gebrauch bestimmter Idiome verbunden sind – weshalb übrigens manche Interpreten in ihm einen Neo-Skeptiker erkennen wollten, der dem Duktus der Schule gemäß das Schweben zwischen den Meinungen zur höchsten intellektuellen Tugend erklärt habe. Wenn aber Skepsis fürs erste nur den Unwillen ausdrückt, sich zwischen den verschulten Lehrsystemen der Antike (dem platonischen, dem aristotelischen, dem stoischen und dem epikuräischen) zu entscheiden, dann ist Derrida kein bloßer Skeptiker. Seine konstitutive Schwankung bezieht sich nicht auf alternative philosophische Doktrinen, sondern auf die vorphilosophische Entscheidung der Todesantinomie – und in diese Schwankung ist die zugleich notwendige und unmögliche Wahl zwischen Metaphysik und Nicht-Metaphysik einbezogen.

Der Ausdruck Schwankung darf natürlich nicht als eine persönliche Unentschiedenheit verstanden werden – er deutet vielmehr darauf hin, daß hier eine Wahl vorliegt, deren Pole vom Wählenden nach beiden Seiten überblickt werden können. Trifft der Denker seine Entscheidung, so spürt er nicht nur das Unrecht, das er gegen die abgewiesene Option begeht, er bemerkt auch sogleich, wie sich die Falle um ihn selber schließt. Wer gewählt hat, setzt sich dem Risiko der Identifizierung aus, und eben um dessen Vermeidung war es Derrida stets vordringlich zu tun. Vielleicht darf man die Dekonstruktion vor allem als ein Verfahren zur Verteidigung der Intelligenz gegen die Folgen der Vereinseitigung ansehen. Sie käme dann dem Versuch gleich, die Zugehörigkeit zur modernen Stadt der Sterblichen mit einer Option für den ägyptischen Immortalismus zu verbinden.

Wenn aber der dekonstruktive Gebrauch der Intelligenz eine Prophylaxe der Vereinseitigung ist, so muß sich deren erfolgreiche Ausübung gerade bei der Vorbereitung des eigenen Endes geltend machen. Der Philosoph, der als nicht-identifiziertes denkendes Objekt seinen Schülern, seinen Freunden, seinen Gegnern als stets antwortbereiter präsenter Partner gegenüberstand, war um der Wahrung seiner souveränen Unentschiedenheit willen dazu verurteilt, sich selbst, für die Zeit seiner Abwesenheit, die Option auf ein doppeltes Begräbnis offenzuhalten. Das eine sollte in der Erde des Landes stattfinden, das er kritisch bewohnt hatte, das andere in einer kolossalen Pyramide, die er sich selbst durch lebenslange Arbeit am Rande der Wüste der Buchstaben erbaute.

5 Régis Debray und Derrida

Seit dem Tode Hegels ist die Rede vom Ende der Philosophie zu einem festen Topos in dem fortgehenden Gespräch über die Philosophie geworden. Im nachhegelschen Kontext bedeutete das Wort »Ende« vor allem Vollendung und Erschöpfung. Die Nachfolgenden schienen daher nur die Wahl zu haben, sich mit ihrer epigonalen Lage abzufinden oder originell zu werden, indem sie etwas ganz anderes machten. Um 1900 trat mit den Lebensphilosophien der Versuch hervor, diese Alternative zu überwinden – nun wollte man die Epigonalität in geistphilosophischer Hinsicht mit Originalität in Hinsicht auf das vitale Substrat des Denkens, eben das Leben, kombinieren. Auf diese Weise glaubten die Vitalisten, die Philosophie durch einen philosophischen Abschied von ihr zu retten. Es ist bekannt, wie Heideggers Intervention diesen Ansatz sprengte, um der These vom Ende der Philosophie ihre fatale Bedeutung zu nehmen. Was wirklich ans Ende gekommen war, das war, nach Heidegger, die Ära der Philosophie als Metaphysik oder Ontotheologie. Älter und jünger als die Metaphysik jedoch wäre das Denken als das Fragen nach dem Sinn von Sein. Die Destruktion der Metaphysik wollte nicht nur einen anderen Anfang des Denkens in einem tieferen Altertum offenlegen, sondern auch eine andere Fortsetzung des Denkens in einer aktuelleren Aktualität ermöglichen. In deren Zentrum findet Heidegger das Tun und Leiden der Sprache, wobei er die wesentliche Sprache als die befehlende Proklamation des Seins auslegt. Daher der Satz: Sein, das verstanden werden kann, ist Sprache – man müßte wohl, um der Deutlichkeit willen, sagen: Sein, dem gehorcht werden kann, ist Sprache. Man begegnet somit bei Heidegger einer metaphysisch gefärbten Form des *linguistic turn*, der die Philosophie des 20. Jahrhunderts beherrschte. Wie man weiß, hat Derrida, indem er die Wende von der Sprachphilosophie zur Schriftphilosophie vollzog, auch in Heideggers Unternehmen noch Reste einer Metaphysik der Präsenz aufgedeckt – er hat den Idealismus des Seinsdenkens als eine letzte Metaphysik des starken Absenders decouvriert und damit die Serie der Beendigungen der Philosophie mit den Mitteln der Philosophie wohl erst wirklich zum Abschluß gebracht. Von da an lesen wir die Texte der Ideengeschichte als Befehle, denen wir nicht mehr gehorchen können. Derrida bemerkt bei einer Gelegenheit, seine Grundhaltung gegenüber den Schriften und Stimmen der Klassiker sei bestimmt durch »eine seltsame Mischung aus Verantwortungsgefühl und Gehorsamsverweigerung« (*un mélange bizarre de responsabilité et d'irrespect*) – die vollkommenste Charakterisierung der postautoritären Rezeptivität, die für die Derridasche Ethik des Lesens bezeichnend war.

Unter den Autoren der Gegenwart, die Konsequenzen aus dieser Situation gezogen haben, ragt Régis Debray in markanter Weise hervor. Früher als viele andere scheint er verstanden zu haben, daß das philosophische Geschäft nach einem Paradigmenwechsel verlangt. Wenn das letzte Wort der an ihre Ränder getriebenen Philosophie »Schrift« gelautet hatte, so mußte das nächste Wort des Denkens »Medium« heißen. Indem Debray die französische Schule der Mediologie ins Leben rief – die sich von der etwas älteren kanadischen durch ihre tiefer ansetzende politische Orientierung unterscheidet, mit dieser jedoch den Sinn für den Ernst der Religion als historisches Medium der sozialen Synthese teilt –, erschloß er dem postphilosophischen Denken nicht nur einen neuen stofflichen Horizont, er fand zugleich den lebenswichtigen Anschluß an die forschenden Wissenschaften von den Kulturen und an die theoretischen Wissenschaften von den symbolisch kommunizierenden Systemen. Debray ist somit ein aufschlußreicher Ratgeber, wenn es darum geht, das Phänomen Derrida in den kognitiven Haushalt der postmodernen Wissensgesellschaften einzuzeichnen.

Den wichtigsten Wink zu einer mediologischen Rekontextuierung Derridas finde ich in Debrays Buch *Dieu, un itinéraire. Matériaux pour l'histoire de l'Eternel en Occident* aus dem Jahr 2001. Hier ist nicht der Ort, um das quasi theo-biographische Diskursgenre zu würdigen, das Debray mit seiner Hybridisierung von Theologie und historischer Mediologie begründet hat – es genügt vielleicht, provisorisch zu sagen, daß er einen neuen Typus von säkularer, semi-blasphemischer Religionswissenschaft aus der Taufe gehoben hat, der den Vergleich mit Niklas Luhmanns Werk *Funktion der Religion* von 1977 provoziert. (Wer solche funktionalistisch-blasphemischen Ansätze von der vollendeten und poetischen Blasphemie unterscheiden möchte, müßte sie kritisch lesen gegen Franco Ferruccis von ferne kongeniales Buch *Il mondo creato*, 1986, auf deutsch: *Die Schöpfung. Das Leben Gottes von ihm selbst erzählt*).

In Debrays Erzählung vom Leben Gottes spielen naturgemäß die Migrationen eine entscheidende Rolle, denn der Gott des Monotheismus, von dem die Rede ist, hätte keine nennens- und berichtenswerte Biographie vorzuweisen, wäre er ein residenzpflichtiger Gott geblieben, verurteilt zum Ausharren am Ort seiner Erschaffung oder Selbsterfindung. Es ist der mediologischen Intuition Debrays zu verdanken, wenn wir jetzt explizit die Frage stellen können, dank welcher Medien Gott reisefähig wurde. Die Antwort hierauf finden wir in einer inspirierenden Neudeutung der jüdischen Sezession von der ägyptischen Welt. Sie hat zur Voraussetzung, daß in Debrays Begriff der Medialität das Moment der Transportabilität mitgemeint ist. Die Wissenschaft von den Religionen wird eine Teildisziplin der Transportwissenschaft. Die Transportwissenschaft ihrerseits – oder die politische Semio-Kinetik – wird eine Teildisziplin der Schrift- und Medientheorie. Die Mediologie liefert das nötige Werkzeug, um die Bedingungen der Möglichkeit von »Entstellungen« zu verstehen. Entstellung erkennt man jetzt nicht nur als einen Effekt der Schriftoperationen, wie ihn die Dekonstruktion erklärt hat, sondern mehr noch als Resultat der Verbindung von Schrift und Transport.

Wir sind somit in der Lage, die Konstellation der Begriffe *différance* und »Entstellung«, von der oben die Rede war, in einem veränderten Licht zu betrachten. Wenn die »Entstellung« einer Sache, wie Freud nahelegt, nicht mit einer bloßen Umbenennung, sondern auch mit einer Umstellung, das heißt einer Verschiebung ihrer Lage im geographischen und politischen Raum, einhergeht, dann muß man die differierende Tätigkeit wohl oder übel als ein Transportphänomen verstehen. Wie das im einzelnen zu denken ist, geht äußerst anschaulich aus dem Archetypus aller Transportgeschichten hervor, dem Bericht über den Aufbruch Israels aus Ägypten. Die biblische Exoduserzählung mag vieles im dunkeln lassen – etwa die Frage nach der Herkunft des Würgeengels, der in der kritischen Nacht die Häuser der Ägypter heimsucht und an den lammblutbemalten Pfosten der jüdischen Hütten vorbeigeht –, aber sie teilt zweifelsfrei mit, wie hier das erste schlechthin heilsbedeutsame Transportabenteuer der älteren Menschheit inszeniert werden sollte. An den Mythos des Auszugs ist der Mythos der totalen Mobilisierung geknüpft, bei welcher ein ganzes Volk sich in eine fremde bewegliche Sache verwandelt, die sich selbst entführt. In diesem Moment werden alle Dinge unter dem Gesichtspunkt ihrer Transportabilität reevaluiert – auf die Gefahr hin, alles, was für menschliche Träger zu schwer ist, zurücklassen zu müssen. Die erste Umwertung aller Werte bezieht sich somit auf die Gewichte. Ihr fallen, wie Debray in einer stimulierenden Interpretation darlegt, in erster Linie die schweren Götter der Ägypter zum Opfer, die aufgrund ihrer steinernen Unbeweglichkeit nicht auf Reise gehen können. Wenn das Volk Israel sich von da an in eine theophorische Entität verwandeln konnte, auf eine litterale Weise *omnia sua secum portans*, so deshalb, weil ihm die Umcodierung Gottes vom Medium Stein auf das Medium der Schriftrolle geglückt war – Debray sagt hierzu:

>»Du coup, le divin change de mains: des architectes, il passe aux archivistes. De monument, il devient document. L'Absolu recto verso, c'est une dimension de gagnée, deux au lieu de trois. Résultat: une sacralité plane (miraculeuse comme un cercle carré). ... Voilà reconciliés l'eau et le feu: *mobilité et loyauté, itinérance et appartenance*. ... Avec un Absolu en caisse, un Dieu coffré, l'endroit d'où l'on vient compte moins que celui ou l'on va, le long d'une histoire dotée de sens et de direction. Sans cette logistique, la flamme monothéiste aurait-elle pu survivre à tant de déroutes?«[9]

9 Régis Debray, Dieu, un itinéraire. Matériaux pour l' Histoire de l'Eternel en Occident, Paris 2003, S. 130.
  »So geht das Göttliche mit einem Schlag in andere Hände über: von den Architekten gelangt es zu den Archivisten. Vom Monument wandelt es sich zum Dokument. Das Absolute auf die Vorder- und Rückseite eines Blatts schreiben, das heißt eine Dimension sparen, statt drei nur noch zwei. Ergebnis: eine Heiligkeit in der Fläche (wundersam wie ein viereckiger Kreis). ... Nun sind Wasser und Feuer miteinander versöhnt: *Beweglichkeit und Treue, Wanderschaft und Zugehörigkeit*. Mit einem Absoluten in einem tragbaren Schrank, einem eingeschreinten Gott, wird der Ort, wohin man kommt, weniger wichtig als jener, an den man geht im Verlauf einer mit Sinn und Richtung erfüllten Geschichte. Hätte die monotheistische Flamme denn so viele Umwege überleben können ohne diese Logistik?«

Halten wir fest, daß an dieser Stelle das Wort »überleben« wiederkehrt, von dem wir gesehen haben, daß es zu den Leitbegriffen des dekonstruktiven Problemfelds gehört. Wenn hier von einer Flamme die Rede ist, die auf Papier tradiert werden will, begreifen wir unmittelbar, wie riskant die Operation sein muß, durch welche das Ewige künftig an das Vergängliche gebunden wird, indem das Sterbliche zum Vehikel des Unsterblichen avanciert. Der Abschied von der Welt der versteinerten Transzendenzen zog *eo ipso* die Trennung von den Pyramiden nach sich, die den großen Toten als Immortalisierungsmaschinen dienten. Wenn also die jüdische Verschriftlichung Gottes seine Übersetzung ins transportable Register mit sich brachte, liegt es nahe zu vermuten, es könnte dem jüdischen Volk auch die Übersetzung des Archetypus Pyramide in ein tragbares Format gelungen sein – vorausgesetzt, es habe postexodal noch ein Bedürfnis nach der Pyramide empfunden. Hierzu wollen wir nun Derridas Auskunft einholen.

6 Hegel und Derrida

Es wird niemanden, der mit Derridas Werk auch nur ein wenig vertraut ist, überraschen, wenn wir uns genötigt sehen, diese Bemerkung auf der Stelle zu modifizieren. Denn wir mögen uns anstellen, wie wir wollen, den Erfinder der Dekonstruktion zu direkten Aussagen in der Pyramidenfrage zu veranlassen wird uns kaum gelingen. Im Zeitalter der Diskursanalyse ist, wie man weiß, Direktheit insgesamt außer Kurs gesetzt worden. Auf breitester Front haben reflektierende Autoren den Habitus angenommen, nicht in eigener Sache über einen Gegenstand zu sprechen und zu schreiben, sondern über andere Autoren zu sprechen und zu schreiben, die zum Gegenstand gesprochen oder geschrieben haben. Dieses Beobachten von Beobachtungen und Beschreiben von Beschreibungen kennzeichnet eine Epoche, die aus der Not des Zuspätkommens in allem die Tugend der Second-Order-Beobachtung gemacht hat. Wer diese logischen Spiele mit einem bösen Blick betrachtet, könnte leicht auf den Verdacht kommen, in ihnen revanchiere sich die nihilistische Mediokrität der Kommentatoren am Genie der Verfasser von Primärtexten. Ein solcher Verdacht jedoch wird gegenstandslos, sobald der erste Autor Hegel heißt, der zweite Autor Derrida. Sollte also Hegel bereit gewesen sein, Aussagen erster Ordnung zum Thema Pyramide zu treffen, bekommen wir eine Gelegenheit, Derrida mittelbar zur Sache zu hören. Bei einer Konstellation dieses Ranges darf man abermals von einer interhegelischen Beziehung sprechen, und wenn sie auch nicht den Reiz des Direkten besitzt, trägt sie nicht weniger die Züge einer Schlüsselszene.

Mit dieser Szene vor Augen werden wir zu Beobachtern dritter Ordnung – und als solche zu Zeugen einer dramatischen Operation. Sie kommt der Schlußsitzung einer langwierigen Psychoanalyse gleich, in deren Verlauf der letzte Pharao der Metaphysik von ihrem letzten Joseph behandelt wird. Derrida nimmt, wie es sich gehört, geräuschlos hinter Hegel Platz und läßt dessen freien Monolog sich entfalten. Selbstverständlich spricht der Philosoph nicht in der Horizontalen, er steht aufrecht am Pult seines Berliner Lehrstuhls, wo er auf der Höhe der Begriffsgewalt die Enzyklopädie der philosophischen Wissenschaften vorträgt, leicht vorgebeugt, um sich zu seinem Manuskript und dem Ernst der Sache zu bekennen. Der dekonstruktive Analytiker tut fürs erste nichts anderes, als auf die Metaphern, die Sprünge, die Lücken, die Pausen und Versprecher zu lauschen, die möglicherweise verraten, daß im Vortrag des vollendeten Wissens Motive am Werk sind, die seine völlige Schließung in sich sabotieren.

Mit einem Mal steigt die Spannung: Hegel beginnt soeben, über die Funktion der Zeichen in der Bewegung der Rückkehr der Idee zur Selbstpräsenz zu sprechen – wir befinden uns inmitten der Paragraphen über die Theorie der Einbildungskraft oder die allgemeine »Phantasiologie«, einem wichtigen Kapitel im Diskurs über den subjektiven Geist. Während Hegel vorträgt, sehen wir, wie Derrida, der bisher reglos zugehört hatte, anfängt, Notizen zu machen. Wir können diese in dem Band *Randgänge der Philosophie* nachlesen, wo sie unter dem Titel *Der Schacht und die Pyramide. Einführung in die Hegelsche Semiologie* veröffentlicht wurden.[10] Sofort wird klar: In dieser Szene entscheidet sich das Schicksal der Dekonstruktion – denn wenn Derrida in seinen frühen Arbeiten zu Husserl gezeigt hatte, wie die Schrift die diaphane *entente cordiale* zwischen der Stimme und dem Phänomen trübt, so mußte er in der Auseinandersetzung mit Hegel die höchste Hürde nehmen, um zu demonstrieren, wie die Materialität, Differentialität, Temporalität und Äußerlichkeit der Zeichen die Rückkehr der Idee zum vollen Selbstbesitz behindert.

Ohne großen Aufwand kann Derrida nachweisen, daß Hegels Semiologie platonisch inspiriert ist: Haben Zeichen einen Sinn, so deswegen, weil ihre geistige Seite einer Seele gleicht, die einen Körper bewohnt – oder die in einem Körper, wie Derrida mit bezeichnender Vorsicht sagt, »deponiert ist«.[11] Der träge Körper des Signifikanten wird sozusagen von der Intention des Signifikats belebt. Gleichwohl ist dieser Belebung eine harte Grenze gesetzt, weil das Zeichen als solches rettungslos tot bleibt, mag auch die lebende Seele in ihm anwesen. Das Zeichen ist ein Ort, an dem das Lebendige mit dem Toten unmittelbar zusammentrifft, ohne daß das Tote auf-

10 In: Jacques Derrida, Die différance. Ausgewählte Texte, Stuttgart 2004, S. 150-217.
11 Vgl. Jacques Derrida, Der Schacht und die Pyramide, a.a.O., S. 168.

hört, tot zu sein, und ohne daß das Lebende aufhörte, am Leben zu sein – obschon allein in einer mortifizierten Form, nämlich als postmortale Seele. Signifikate wären demnach unsterbliche Seelen nach ihrer Grablegung im toten Signifikanten – die Totheit desselben jedoch bezeugt den Triumph der Seele, die durch Anwesenheit im Fremden ihren Vorrang vor dem äußeren Material geltend macht.

Damit kehrt das bekannte Schema *soma/sema* wieder: Der Körper ist das Grabmal der Seele, dem ewigen Refrain des Platonismus entsprechend. Sind aber Zeichen Monumente, in denen verewigte lebende Seelen residieren, dann darf im Pharaonengrab, der Pyramide, das Zeichen aller Zeichen gesehen werden. Hegel zögert keinen Augenblick, diese Konsequenz zu ziehen. Semiologie wäre dann in gewisser Weise nur als allgemeine Pyramidenkunde möglich – jedes Lexikon enthielte nichts anderes als die Alleen der vokalen Pyramiden mitsamt ihren Schriftzeichen, in denen die ewig lebenden Signifikate aufbewahrt sind, mit jedem einzelnen Eintrag die Hegemonie des bestatteten Atems vor dem Gehäuse bezeugend. Jedes Zeichen ist, nach Hegel, »die Pyramide, in welche eine fremde Seele versetzt ... und aufbewahrt ... ist« (*Enzyklopädie*, § 458). Entscheidend ist hieran, daß an dieser Stelle nicht nur die Lehre von der Arbitrarität der Zeichen eingeführt wird, die später das Markenzeichen de Saussures abgeben wird, sondern daß diese auch eine philosophische Motivation erhält, weil erst durch die Beliebigkeit der Zeichenwahl die Freiheit des Geistes an die Macht gelangt – im Gegensatz zur Gebundenheit der Symbole und der Symptome.

Von hier aus kostet es wenig Mühe einzusehen, wieso Hegels Interesse an den Zeichen eine Richtung verfolgte, die vom Ägyptizismus soweit als möglich wegstrebt. Er darf sich, um seine Theorie des Geistes zum Ziel zu führen, weder bei der

Schwere der Pyramiden noch bei der Rätselhaftigkeit der Hieroglyphenschrift aufhalten – beides muß überwunden werden, bis der Geist sich in eine Sprachhülle kleiden kann, deren Leichtigkeit und Diaphanität es ihm erlaubt, zu vergessen, daß er auf eine äußere Ergänzung angewiesen ist. Dieses Vergessendürfen bedeutet keinen Fehler; es bezeugt die Hervorbringung einer hinreichend leichten und durchscheinenden Sprache, um der Rückkehr der Idee aus dem Außersichsein zu sich selbst keine Hindernisse in den Weg zu legen. Die Ägypter bleiben für Hegel in dieser Sicht für immer Gefangene der Äußerlichkeit, ebenso wie die Chinesen, deren Sprache und Schrift ein einziges System von Schranken und Störungen bildet, die den erfüllten Augenblick des distanzlos sich beiwohnenden Sich-reden-Hörens des Geistes unmöglich machen.

Es erübrigt sich, hier zu zeigen, wie die Dekonstruktion mit diesen Thesen im einzelnen verfährt. Die Grundoperation der dritten Traumdeutung ist deutlich genug: Sie besteht darin, mittels minimal-invasiver Gesten den Text der Metaphysik auf seine innere Traumdrift, das Delirium der unbehinderten Selbstaneignung, zu beziehen und dessen unvermeidliches Scheitern aufzuweisen. Sie hat genug getan, wenn sie die Behinderung nachweist, die dieser Erfüllungsphantasie im Wege steht. Deswegen muß Derrida ein passioniertes Interesse an der ägyptischen Pyramide entwickeln, weil sie das Urbild der sperrigen Materien darstellt, die bei der Rückkehr des Geistes zu sich nicht mitgenommen werden konnten. Doch auch Hegel, der Denker im Zeitalter der leichten und scheinbar überwindbaren Zeichen, entgeht dem Schicksal nicht, daß ein sperriges Ding der letzten Schließung des Kreises in die Quere kommt. Selbst wenn der Gang des Geistes durch die Kulturen einem zirkulären Exodus gleicht, bei dem die zu schweren Objekte zurückgelassen werden, bis der wandernde Geist leicht, reflexiv und transparent genug geworden ist, um sich für die

Rückkehr in den Anfang reif zu glauben, bleibt ein gedrucktes Buch zurück, das seiner Handlichkeit zum Trotz noch immer viel zuviel Äußerlichkeit und Widersetzlichkeit besitzt, um ganz übergangen werden zu können. Noch als Taschenbuch ist die *Phänomenologie des Geistes* ein träges und opakes Ding, das seinen Inhalt dementiert. Sobald jemand mit dem Finger auf den Buchkörper und das Schwarz seiner Buchstaben deutet, ist das Fest für immer verdorben.

Mehr noch als für die Pyramide wird sich Derrida für den toten König darin interessieren, da er das einzige Subjekt ist, dessen Träume zu deuten sich wirklich lohnt. Man könnte so weit gehen zu sagen, daß zwischen dem König und seinem Traumdeuter eine Art von Komplizenschaft aufkommt, da der Traumdeuter, um Königsträume auszulegen, sie bis zu einem gewissen Grade selber träumen können muß – obwohl sein primäres Geschäft im Widerstand gegen den Pharaonismus und dessen Politik der Unsterblichkeit besteht. Der dekonstruktive Philosoph schwebt immer in Gefahr, sich in die Objekte der Dekonstruktion zu verlieben – es ist dies die Gegenübertragung im post-metaphysischen Rapport. Als lesende Intelligenz ist er das Opfer seiner Rezeptivität, so wie Sokrates das Opfer des Geredes der Athener war, das er in die Weite seines Zuhören-Könnens aufnahm. Wenn sich das Volk von Athen auf der Agora zu Diskussionen versammelte, so war das Ohr des Sokrates die Agora in der Agora. Nicht zufällig hat Derrida in einem seiner geistreichsten Essays, den er 1987 unter dem Titel *Chora* zu einer Festschrift zu Ehren von Jean-Pierre Vernant beisteuerte, von dem Protophilosophen gesagt: »Sokrates ist nicht *chora*, aber, wenn sie jemand oder etwas wäre, so würde er ihr sehr ähnlich sein.«[12] Dieses Bonmot enthält, kaum verschlüsselt, Derridas Selbstportrait: Er kenn-

12 Jacques Derrida, Chora, Wien 1990, S. 46.

zeichnet die *chora* als eine Art von Behälter ohne Eigenschaften, »befähigt und berechtigt, alles zu verstehen und folglich alles aufzunehmen (so wie wir, genau hier) ...«[13] In die verstehende Seele des Dekonstruktivisten dürfen die Delirien der ältesten Pyramidenbauer aufgenommen werden, weil es nichts gibt, was nicht in dieser empfänglichen Weite Platz fände – vielleicht sogar seinen gerechten Ort.[14] Als radikaler Partisan der Nicht-Einseitigkeit wollte Derrida dank der Vernunft der Sterblichkeit die Traumgebilde der Immortalisten zur Ordnung rufen, mit der Erinnerung an die Politik der Unsterblichkeit hingegen korrigierte er den blinden Mortalismus der bloß pragmatischen Vernunft.

Noch suchen wir nach einem beweiskräftigen Indiz dafür, daß Derrida selbst die Kontinuität bewußt war, durch die das Immobilienunternehmen Pyramide mit dem jüdischen Projekt verbunden blieb, Gott ein mobiles Format zu geben. Wir finden den Beleg an einer Stelle von Derridas Meditation über den Schacht und die Pyramide, an der sich der Autor plötzlich in eine schwindelerregende, den Kontext weit überfliegende Spekulation stürzt. Er hat gerade Hegels Theorie der Einbildungskraft als Erinnerung referiert, nach welcher die Intelligenz einem Schacht gleicht (einem Brunnen oder einem Bergwerk gleich senkrecht in die Tiefe führend), auf dessen Boden Bilder und Stimmen aus dem bisherigen Leben »*bewußtlos aufbewahrt*« werden (*Enzyklopädie* § 453). In dieser Sicht ist die Intelligenz ein unterirdisches Archiv, in dem, wie Inschriften vor der Schrift, die Spuren des Gewesenen lagern. Hiervon sagt Derrida plötzlich etwas sehr Überraschendes:

13 Ibid., S. 56.
14 Ich vermag nicht zu beurteilen, ob und in welchem Maß Derrida sich der Ähnlichkeit zwischen seinem Verständnis der platonischen *chora* und den mittelalterlichen Theorien des tätigen Intellekts bewußt gewesen ist.

»Von diesem nächtlichen Schacht, dessen Todesstille von der verhaltenen Kraft all der Stimmen erfüllt ist, die er in sich hortet, führt ein Weg, den wir nachgehen werden, zu jener aus der ägyptischen Wüste mitgebrachten Pyramide, die sich bald über dem nüchternen und abstrakten Gewebe des Hegelschen Textes erheben wird ...«[15]

Was ins Auge springt, ist die Wendung von der aus Ägypten »mitgebrachten Pyramide«. Der Ausdruck ist um so expressiver, als er durch den Kontext wenig motiviert ist – er bricht wie ein Bekenntnis in die Entwicklung des Arguments ein. Er beweist, daß Derrida die Pyramide als eine transportable Form dachte – das Geheimnis ihrer Transportierbarkeit ist ohne Zweifel in ihrer Leichtmachung durch die Verschriftlichung zu suchen. Doch mit diesem Beweis für die Idee, wonach sich nicht nur der Eine Gott, sondern auch das ägyptische Grabmal auf die Wanderschaft begibt, ist es nicht getan: Derrida geht an dieser Stelle das Wagnis ein, die Traumfabrik der Metaphysik überhaupt in einem Bild von extremem Pathos zu präsentieren. Hier liegt, wie er bemerkt, ein Rätsel vor, das verlangt, entziffert zu werden, nämlich: »Daß dieser Weg ... zirkulär verläuft und die Pyramide neuerlich zum Schacht wird, der sie wohl immer gewesen ist ...«[16] Woher weiß Derrida das? Worauf stützt sich seine Behauptung, es gebe einen Weg vom Schacht zur Pyramide und zurück? Auf die Annahme, die Metaphysik insgesamt, die nach Heidegger die Onto-Theologie heißt, sei selbst genau diesen Weg gegangen! Was war die Metaphysik denn anderes als die Fortführung des Pyramidenbaus mit den logischen und skripturalen Mitteln der Griechen und Deutschen? Mittels dieser Suggestion, die den Status eines luziden Phantasmas beanspruchen darf, deutet der Philosoph an, es existiere eine einzige Mög-

15 Jacques Derrida, Der Schacht und die Pyramide, a.a.O., S. 160f.
16 Ibid., S. 161.

lichkeit, die ansonsten undekonstruierbare Pyramide zu dekonstruieren – indem man sie den ganzen Weg zurücktransportiert, den sie auf den Pfaden der Schriftlichkeit durchlaufen hat, von Kairo nach Berlin via Jerusalem, Athen und Rom. Man muß sie nur so lange ent-entstellen, bis sie sich wieder in den Schacht verwandelt, der sie anfangs war: Dieser Schacht drückt die Tatsache aus, daß das menschliche Leben als solches immer schon Überleben ist. Von Grund auf besitzt es die Form der Erinnerung an sich selbst. Dasein im Augenblick heißt, sich bis hierher selbst überlebt haben. In jedem Moment, in dem es sich auf sich besinnt, steht das Leben an seinem Grab-Schacht, seiner selbst gedenkend – aus der Tiefe tönen die Stimmen des eigenen Gewesenseins. Wer dies versteht, begreift, was es heißt, das Gespenst des Pharao in die Sphäre der Brüderlichkeit zu integrieren. Man könnte sich Derrida gut als Besucher in Ägypten vorstellen, wo er im Gedanken an das ausradierte Grabmonument Amenophis' IV. den Vers *mon semblable, mon frère* rezitierte.

7 Boris Groys und Derrida

Nach Hegels bekanntem Schema ist der Gang des Geistes durch die Geschichte dem Lauf der Sonne vom Orient zum Okzident nachgebildet. Er ist von der Erfolgsgeschichte der Freiheit untrennbar. Während im despotischen Orient nur einer frei war, brachte das aristokratisch-demokratische Griechenland die Freiheit einer Mehrzahl von Personen hervor, bis schließlich der christliche Westen einen Weltzustand erzeugte, der formal auf der Freiheit aller beruht. Man könnte diese Bewegung im Lichte der oben angestellten Überlegungen ein zweites Mal erzählen und dabei den Akzent auf die Politik der Unsterblichkeit setzen – woraus sich eine etwas veränderte Linie ergibt. In Ägypten war anfangs nur einer unsterblich – und seine Konservierung war höchster Staatszweck (obschon sich später Ansätze zur Popularisierung der Unsterblichkeit bemerkbar machen), in der griechisch-römischen und jüdischen Antike gab es Unsterblichkeit für niemand, in der christlichen Ära hingegen Unsterblichkeit für alle. In der Moderne wiederum trat eine Lage ein, in der offiziell zwar alle Menschen wieder sterblich sind, obwohl *de facto* die relative Unsterblichkeit für eine Mehrzahl von Personen erreichbar ist.

Ich möchte dieses Schema an den Anfang der Bemerkungen über das Werk von Boris Groys stellen, mit denen ich diese Reihe von Kontextuierungen des Phänomens Derrida abschließe – in der Überzeugung, es eigne sich ganz besonders dazu, die post-derridasche Situation zu beleuchten. Man kann das Œuvre von Boris Groys, soweit es sich bis heute überblikken läßt, wohl am besten als die radikalste aller möglichen Neu-Interpretationen des Phänomens Pyramide bezeichnen. Für Groys ist allerdings nie so sehr die Frage von Belang, wie man den Körper der Pyramide transportabel macht. Ihn interessiert allein der *hot spot* der Pyramide, die Grabkammer in ihrem Innern, in der die Mumie des Pharaos deponiert ist. Wenn es bei Groys ein Problem des Transports oder der Umstellung gibt, so bezieht es sich ausschließlich darauf, ob man die Kammer aus der Pyramide herausnehmen kann, um sie an anderer Stelle zu installieren. Die Antwort hierauf ist positiv und überraschend. Man wird, nach Groys, vom Kunstsystem der modernen Kultur nie etwas verstehen, wenn man nicht darauf achtet, wie die pharaonische Kammer in ihr wiederbenutzt wird. Die letzte Wohnung des Pharao bildet den Archetypus eines toten Raums, der anderswo zitiert und wieder aufgebaut werden kann – und zwar überall dort, wo Körper, auch nicht-pharaonische, zum Zweck der verewigenden Aufbewahrung deponiert werden sollen. Die Pyramidenkammer ist somit ebenfalls ein Objekt, das auf Reisen geschickt werden kann – sie landet mit Vorliebe in den Gegenden der modernen

Welt, in denen die Menschen von der Idee besessen sind, Kunst- und Kulturgegenstände sollten um nahezu jeden Preis konserviert werden. Der tote Raum ägyptischen Stils wird demnach überall re-installiert, wo es Museen gibt, sofern diese nichts anderes sind als heterotopische Orte inmitten der modernen »Lebenswelt«, an denen ausgewählte Objekte mortifiziert, defunktionalisiert, dem profanen Gebrauch entrückt und der andächtigen Betrachtung angeboten werden.

Auch Groys, könnte man sagen, ist ein Denker, der aus einer josephischen Position operiert, sofern er, als postkommunistischer Emigrant jüdischer Herkunft, aus Rußland die Gabe der Marginalität mitbringt. Er leitet aus ihr jedoch keine Ambition ab, die Mitte zu erobern. Im Unterschied zu Derrida praktiziert er keine Traumdeutung im textuellen Zentrum der Macht mehr; er hat vielmehr das Geschäft der Traumdeutung durch das der Traumkuratierung ersetzt. Er ist davon überzeugt, daß die Träume der Alten wie der Heutigen keine neuen Interpreten brauchen – es gibt von ihnen mehr als genug. Die Träume der Reichsbewohner, ihre Texte, ihre Kunstwerke, ihre Abfälle, verlangen vielmehr nach originellen Sammlern und Kuratoren. Der Kurator der Träume hat es *eo ipso* mehr mit dem Körper der Traumobjekte als mit deren tieferen Sinn zu tun – in dieser Hinsicht knüpft er an Derridas ontosemiologischen Materialismus an. Aber er ist sich nicht sicher, ob er Derridas romantischen Tendenzen, seinem Flirt mit der Unendlichkeit und der absoluten Alterität, Kredit geben soll – er sieht in diesen Figuren eher professionelle Deformationen, die durch die ständige Beschäftigung mit den Fiktionen der Erleuchteten und Unsterblichen entstehen. Sogar Derridas Anspruch auf die Einsicht, wonach es keine Erleuchtung gibt, ist ihm noch zu sehr im Modus einer Erleuchtung formuliert. Im höchsten Maße ist Groys sich bewußt, daß Derrida, nach Freud, de Saussure, Wittgenstein und Heidegger, die Grenzen der Sprach- und Schriftphilosophie ausgemessen hat und somit ein Vollender war. Er hat daher keine Zweifel an der quasi-hegelschen Statur des Denkers – um so mehr ist er davon überzeugt, daß die Arbeit der Philosophie aus der jungderridianischen Position nur weitergeht, wenn ihre Träger die Richtung wechseln und etwas anderes tun.

Um die Richtungsänderung zu bezeichnen, die Groys im Après-Derrida vorschlägt, könnte man sagen: Wo Grammatologie war, soll Museologie werden – für letztere wäre der Name Archivtheorie einsetzbar. Groys ist der Feuerbach Derridas, zugleich jedoch auch schon sein Marx. So wie Feuerbach von Gott auf die wirklichen Menschen zurückkommt, geht Groys den Weg von Derridas Gespenstern zu den wirklichen Mumien. Und wie auf Hegel Denker vom Typus Kierkegaard und Marx folgen konnten, die den Existentialismus und die Kritik der politischen Ökonomie erfanden, so folgen auf Derrida einerseits die politische Ökonomie der heterotopen Sammlungen, anderseits die Allianz der Philosophie mit der erzählenden Literatur – für beides sind Beispiele bereits heute gegeben, zahlreiche andere Formen werden sich im Lauf des 21. Jahrhunderts entwickeln, mit oder ohne expliziten Bezug auf die Dekonstruktion und ihre Konsequenzen.

In welchem Sinn Groys sich zu Derrida verhält wie Marx zu Hegel, ist am besten am Begriff des Archivs zu erläutern, der im Denken beider Autoren eine Schlüsselrolle spielt. Für Derrida ist das Archiv der Statthalter des Unendlichen im Endlichen; es gleicht einem Gebäude mit fließenden Mauern, wie Salvador Dalí es entworfen haben könnte – in Wahrheit sogar einem Haus ganz ohne Mauern, das unendlich viele Bewohner mit unvorhersehbar verschiedenen Meinungen bewohnen. Für Groys hingegen ist das Archiv eine endliche und diskrete Institution. Es ist nicht das imaginäre, sondern das intelligente

Museum. In dieser Eigenschaft ist es von neo-ägyptischer Exklusivität. In ihm werden immer nur konkrete Innovationen mit konkreten Objekten der bisherigen Sammlung verglichen und auf ihre Sammlungswürdigkeit hin bewertet. Das Groysche Archiv ist ein Bestattungsinstitut der Weltkunst und der Weltkulturen – es ist der Ort, an dem, wie angedeutet, nach einem nie ganz durchschaubaren Gesetz der Auswahl eine Mehrzahl von Personen mit ihren Werken die Unsterblichkeit erlangen können.

Die museologische Wende der Philosophie darf nicht mit dem Übergang in eine andere Gattung verwechselt werden; sie hat auch nichts von einem Ausweichen in weniger anspruchsvolle Bereiche an sich. Sie bleibt im präzisen Sinn des Wortes philosophisch, weil sie den tiefsten Gedanken der Metaphysik, die ontologische Differenz, wie Heidegger sie beschrieb, auf die kompakteste Weise neu interpretiert. Der Unterschied zwischen Sein und Seiendem – vormals zwischen dem Ewigen und dem Vergänglichen – erhält bei Groys ein hartes und konkretes Format: Er bezeichnet jetzt den Gegensatz zwischen dem, was in der generalisierten Grabkammer der Pyramide, das heißt im Archiv oder Museum, gesammelt werden kann, und dem, was für immer außerhalb dieser Kammer bleibt – die endlose und beliebige Fülle der Phänomene, die unter Titeln wie Lebenswelt, Wirklichkeit, Existenz, Werden, Geschichte und dergleichen beschrieben werden.

Hieraus folgt, daß Groys Derridas Deutung der platonischen *chora* nicht zustimmen kann, so genial diese sein mag. Ein solcher aufnehmender Raum ohne Eigenschaften ist nicht psychischer oder introszendenter Natur, er ist nicht der Hegelsche Schacht, der nach innen führt, er gleicht nicht der hörenden Seele des Sokrates, er ist nicht eins mit Derridas wunderbarer Geduld gegenüber den Texten. Er ist ganz einfach der tote

Raum der Grabkammer, der in der Moderne als Schau-Raum der Kunst und Kultur wiederbenutzt wird. Es ist der Raum, der die Erbärmlichkeiten des zerstreuten Lebens und die Prätentionen des Werdens unterbricht, um die Kontemplation zu ermöglichen. Indem er ihn immer wieder besucht und mit erstaunlicher Unermüdlichkeit neu beschreibt, samt den Objekten, die in ihm liegen, ist Groys, der philosophische Kommentator der Kunst der Gegenwart, der wirkliche letzte Metaphysiker. Als Metavitalist fragt er nach der Verwandlung des bloßen Lebens durch seine Verschiebung ins Archiv. Unter den Lesern Derridas ist er derjenige, der ihn ehrt, indem er die Wege der Nachahmung und der Exegese verläßt.

Ich möchte diese Reihe von Dekontextuierungen und Rekontextuierungen des Derridaschen Werks mit einer persönlichen Notiz abschließen. Nie werde ich den Moment vergessen, als mich Raimund Fellinger, mein Lektor im Suhrkamp Verlag, bei meinem Besuch der Frankfurter Buchmesse im Oktober 2004 fragte: Du weißt, daß Derrida gestorben ist? Ich wußte es nicht. Mir war zumute, als ob ein Vorhang fiele. Der Lärm der Messehalle lag mit einem Mal in einer anderen Welt. Ich war allein mit dem Namen des Verstorbenen, allein mit einem Appell zur Treue, allein mit der Empfindung, die Welt sei plötzlich schwerer und ungerechter geworden, und mit dem Gefühl der Dankbarkeit für das, was dieser Mann gezeigt hatte. Was war das letztlich? Vielleicht dies, daß es noch möglich ist, zu bewundern, ohne wieder zum Kind zu werden. Sich als Objekt für Bewunderung anzubieten auf der Höhe des Wissens – ist das nicht das größte Geschenk, das die Intelligenz ihren Rezipienten und Partnern machen kann? Diese Dankbarkeit hat mich seither nicht mehr verlassen. Sie ist begleitet von der Vorstellung, daß die Grabkammer dieses Mannes an einen hohen Himmel rührt. Was ich seither entdeckt habe, ist das Glück, mit diesem Bild nicht allein zu sein.

Dank

An dieser Stelle möchte ich Daniel Bougnoux danken, der mir bei einer Begegnung in Villeneuve-les-Avignons von der Veranstaltung »Ein Tag Derrida« berichtete, die für den 21. November 2005 im Centre Pompidou in Paris vorgesehen war.

Er schlug mir später vor, ich solle ebenfalls Derrida danken, indem ich Derridas gedenke. Diese Einladung brachte mich dazu, den vorliegenden Text zu schreiben.

Immerhin kam Bruno Latour meinem Wunsch nach Mithilfe bei der Besorgung biographischer Informationen auf eine andere Weise entgegen. Er fügte seiner Antwort ein Foto bei, auf dem man seine Eltern in ihren jüngeren Tagen sah, und zwar bei der zermürbenden Tätigkeit, die man die Hochzeitsreise nennt. Das Bild wurde, wie es in der begleitenden Information hieß, im Jahr 1930 aufgenommen. Die beiden eleganten jungen Menschen, die in die Kamera lächeln, lehnen sich an eine steinerne Balustrade vor der Silhouette einer Stadt an einem südlichen Gewässer. Wenn man weiß, daß die Szene in Bellagio spielt, dann weiß man auch, daß die Wasserfläche hinter ihnen der Comer See ist.

Zwei Dinge waren es, die mich an diesem Bild sofort frappierten. Es war zum einen die Jahreszahl, die mir fast unglaublich vorkam: Man fragt Bruno Latour im Spätsommer 2008 nach seinen Eltern und bekommt ein Bild zu sehen, das schon *in illo tempore* zu datieren ist, in die verlorene Zeit zwischen den Kriegen: Man geht nur eine Generation rückwärts und findet sich in der Welt von gestern wieder, zu der man in anderen Familien allein über einen zusätzlichen Generationenschritt zurückgelangt.

Zum anderen sprang mir die Kleidung dieser glänzenden jungen Leute ins Auge – Latour *senior* trägt einen eleganten Anzug mit Weste – über die Farbe erlaubt das Schwarz-Weiß-Foto keine Aussage, außer daß es keine Abendfarbe ist. Irgend etwas sagt mir, daß dieses Outfit nicht nur ein Zugeständnis an die Erfordernisse einer *voyage de noce* darstellt, sondern einen Habitus reflektiert, der tiefer in die Person eingedrungen war. Der gutaussehende junge Mann, der durch seine Hornbrille gesammelt und leise spöttisch in die Kamera schaut, hat bereits die Luft der Moderne geatmet, soweit sie sich bis in das nördliche Rhônetal zu verbreiten vermochte. Er steht vor dem Geländer am See neben seiner Braut mit jener Lässigkeit, für die man in Englands besseren Kreisen die Formel *the easy conscience of effortless superiority* anbietet. Einen Augenblick lang kommt es mir vor, als sähe ich den großen Gatsby von Dijon. Die Art, wie er sich an das Geländer zurücklehnt, drückt aus, es komme für ihn nicht in Frage, vor einer Kamera gerade zu stehen. Was ihn von dem amerikanischen Gatsby unterscheidet, ist die Entschlossenheit, bei aller Modernität der Tradition zu geben, was der Tradition gebührt – und dazu gibt es offensichtlich kein besseres Mittel als die Ehe. Wie könne man deren Anfänge besser unterstreichen als durch eine *lune-de miel*-Woche in Italien?

Der Soziologe Latour dürfte hierzu den Grundsatz assoziieren, daß die Konvention die engste Komplizin des Ausnahmezustands ist – einen Satz, den die Anarchisten des 19. und 20. Jahrhunderts bedauerlicherweise zu spät oder nie begriffen. Während aber der amerikanische Dandy im Nichts verschwindet, entschlossen zu einem Dasein ohne Nachkommen, weiß dieser junge Mann, was es heißt, in einer Überlieferung zu leben. Ich habe über das Haus Latour ein wenig recherchiert und herausgefunden, daß man dort Grund für Selbstbewußtsein hat. Wer zu einem Clan gehört, der 1797 an der Côte d'Or mit dem Weinbau begann – das ist das Jahr, in dem Napoleon den Gipfel seiner Erfolge im Italienfeldzug erklomm – und dieses Geschäft heute in der zehnten Generation betreibt, der kann nicht gut mit gesenktem Kopf durch die Welt laufen. Was die lächelnde junge Dame angeht, die später Bruno Latours Mutter sein wird, so erfüllt auch sie den eleganten Imperativ vollkommen. Sie gibt die Muse des burgundischen Gatsby an ihrer Seite mit jener Natürlichkeit, die man nur durch ein langes Training erwirbt, allenfalls könnte man an der Art, wie sie in die Kamera blickt, eine gewisse

Unerfahrenheit ablesen. Sie gibt sich keine Mühe, ihr bestes Kameragesicht zu machen, statt dessen strahlt sie eine naive Herzlichkeit aus, die einer heiteren Braut am besten steht. Im übrigen ist auch sie, was ihr Kleid angeht, kein Kind der Bürgerzeit mehr, geschweige denn eines des *ancien régime*. Ganz offenkundig ist sie vom frischen Wind der Moderne erfaßt. Im Berlin der frühen Dreißiger hätte man dieses locker hängende Gebilde als todschick bezeichnet. Es wäre reizvoll, sich einen Essay aus der Feder von Gabriel Tarde über die Hochzeitsreisekleider der Damen von Beaune vorzustellen, in dem der Frage nachgegangen würde, auf welchen imitativen Strahlen die neuen Schnitte ins Rhônetal gelangten – leider spricht die Chronologie dagegen, Tarde hat im Jahr 1904 das Zeitliche gesegnet, und Bruno Latour, der glühendste Tardianer unserer Tage, muß auf den virtuellen Kommentar des Meisters zu dem Kleid seiner Mutter verzichten, sosehr uns dieser unter soziologischen Aspekten unentbehrlich scheint.

Ersatzweise möchte ich die Überlegung beisteuern, daß um 1930 die kubistische Revolution des Sehens, mit der die bildende Kunst der Moderne im engeren Sinn begonnen hatte, längst in die Alltagskultur übergesprungen war. Nicht zuletzt hatte die weibliche Mode der zwanziger Jahre den Kubismus rezipiert und widmete sich der Herausforderung, die moderne Frau mit Hilfe von ungewohnten Schnitten in Würfel, Säulen und Tetraeder zu verwandeln – als wolle sie den Satz einüben: zum Frau-Sein in unseren Tagen gehört die Fähigkeit, Designer- Abstraktionen von der Weiblichkeit zu tragen. Wie dem auch sei, Monsieur Latour gefällt, was er sieht, er findet auch nicht-kubistische Zugänge zu Madame – und, was das Entscheidende ist: er findet sie über lange Jahre hinweg, ja über Jahrzehnte. Kurzum, die Botschaft des Bildes ist evident: Wer sich für das Phänomen Latour interessiert, sollte es nicht versäumen, über das Problem der Dauer nachzudenken, nicht so sehr über jene Dauer, die der große Henri Bergson unter dem anregenden Begriff der *durée* zur Debatte gestellt hat, sondern über die Dauer, durch die sich manche burgundische Ehen auszeichnen.

Meine Damen und Herren, nun muß ich um Ihre Nachsicht dafür bitten, daß ich der Versuchung nicht widerstehen kann, noch einmal auf den virtuellen Roman zurückzukommen, der über das tiefe Frankreich von damals geschrieben werden könnte. Ich weiß nicht, ist es ein gutartiger, ist es ein boshafter Geist, der mir einflüstert, es müsse in dem burgundischen Epos eine Szene geben, die von der philosophischen Erleuchtung eines jungen Mannes aus Beaune handelt. Nehmen wir an, der junge Mann sei sechzehn, siebzehn Jahre alt – das ist das Alter, in dem sich die erwachende Intelligenz am meisten vor den Redensarten ekelt und am heftigsten Abstand nimmt von allem, was bloße Konvention und verklebte Üblichkeit ist.

Darum kommt es vor, daß er sich an manchen Abenden in Gesellschaft seltsam benimmt: Als einmal ein Besucher aus Paris im Hause Latour bei Tisch den biederen Römerspruch zitiert: *in vino veritas*, springt der junge Mann wütend auf und verläßt den Speisesaal, indem er die Tür hinter sich laut zuschlägt. Marx hat er noch nicht gelesen, aber was Produktionsverhältnisse sind, weiß er schon sehr genau. Er kann die Phrasen von Positivisten nicht mehr ertragen, die Resultate von komplizierten Verfahren wie Naturobjekte nehmen – er weiß also, es müßte heißen: *in vinificatione veritas*, doch soviel kann man von Parisern, von Angebern, von Etikettenfetischisten nicht verlangen. Nehmen wir weiter an, der junge Mann liebe es, Ausflüge zu machen und sich gelegentlich im Schatten patinierter Mauern niederzulassen.

Nehmen wir zusätzlich an, ein solcher Ausflug führe ihn zu der kleinen romanischen Kirche von Montcombroux, die um das Jahr 1000 errichtet wurde, einen Ort, den er auch in seinen Mannesjahren noch frequentieren wird. Er hat sich vor der Außenmauer des Gebäudes auf eine Steinbank gesetzt und denkt nach – er denkt nach auf eine Weise, wie es nur den jungen Hochbegabten widerfährt, in deren Selbstgespräch noch über den allgemeinsten und scheinbar klarsten Sätzen ein hoher Himmel von ungesagten Dingen steht, die auf Artikulation drängen.

Was nun folgen soll, stellt an die Kunst des Romanciers nicht ganz alltägliche Anforderungen. Er müßte zeigen, wie der junge Mann eine Art von Erleuchtung erlebt, deren Nachklang seine weitere Existenz begleitet. Die Szene wäre literarisch anspruchsvoll, weil sie genau der von Sartre in seinem Roman *La nausée* geschilderten Erleuchtung seines Helden Roquentin im öffentlichen Park einer nordfranzösischen Provinzstadt entsprechen müßte – mit dem wesentlichen Unterschied, daß hier nicht eine Kastanienbaumwurzel im Zentrum der Vision stünde, sondern ein Stück Holz von einem alten Rebstock, das am Boden liegt und zufällig ins Blickfeld unseres Helden fällt. Das Kunststück bestünde darin, Sartre im innersten Kreis seiner Stärke zu widersprechen. Bekanntlich erlebt Roquentin beim Anblick der Kastanienbaumwurzel eine Art von ontologischer Illumination – er spürt, wie sich die Materialität des Baums in den Vordergrund spielt, um den Betrachter mit dem Andrang der puren Existenz zu überschwemmen. Was sich für Sartres Held in der aufsässigen Präsenz der Baumwurzel enthüllt, ist das nackte Daß der Existenz. Von diesem Daß meint Roquentin unmittelbar zu erleben, daß es ein pures Zuviel ist – eine schwere und abscheuliche Zugabe zur schwebenden unverwirklichten Idee. Das wirkliche Vorhandensein der realen Sache stürzt auf den Betrachter ein wie ein prahlerischer, durch nichts zu rechtfertigender Überschuß, es bildet eine Überwältigung, die der Reinheit des Nichts die Besudelung durch die Existenz hinzufügt. Die Besudelung ergibt sich nicht zuletzt dadurch, daß dieses Zuviel, diese Schwere, diese Geilheit des gärenden Daseins sich auf beide Seiten verteilt, den Baum wie seinen Beobachter. Die Reaktion auf diese Enthüllung kann nur der Ekel sein, sofern dieser das Sich-Aufbäumen der Freiheit gegen das obszöne Eingetauchtsein in die unableitbare Faktizität zum Ausdruck bringt. »Es erdrückt mich«, sagt Roquentin, »überall dringt die Existenz in mich ein, durch die Augen, die Nase, den Mund.« Ihm wird klar, »daß es zwischen der Nicht-Existenz und dieser lustvollen Üppigkeit keinen Mittelweg gab. Wenn man existierte, so mußte man bis *dahin* existieren, bis zum Verschimmeln, bis zum Aufgeschwemmtsein, bis zur Schamlosigkeit.«

Nun stelle ich mir vor, in dem burgundischen Roman wäre das präzise Gegenteil der Sartreschen Erleuchtung zu beschwören. Der Junge soll auf die Rebstockwurzel schauen und eine Lektion von völlig anderer Tendenz erfahren. Was sich ihm zeigt, ist nicht das nackte Daß dieser Wurzel da, scholastisch gesprochen ihre Quodditas. Was ihn ergreift, ist das Wunder ihrer Aktualität, die man in einer anderen Terminologie ihre Konkretheit nennen würde. Diese Aktualität ist völlig unabhängig von der Tatsache, daß ein Stück totes Rebstockholz, dürr und ausgezehrt, wie es zufällig vor der Mauer der Kirche liegt, den vitalen Wettbewerb mit der triumphalischen Fettleibigkeit der Kastanienwurzel von vorneherein verloren hätte. Was der Junge sieht, ist vielmehr die Unglaublichkeit des Sieges über die Unwahrscheinlichkeit, den das Aktuelle errungen hat, indem es dieses scheinbar beliebige Stück Holz in die Gegenwart stellte. Was er sieht, ist die Zusammenkunft der Bedingungen, die das Ding zu dem machen, was es ist. Das sind nicht bloß die Bedingungen der Möglichkeit, von denen die Philosophen reden, auch nicht die Bedingungen der Wirklichkeit, die Historikern zu denken geben, sondern die Bedingungen der Aktualität – die Bedingungen des Erfolges, die dieses Ding in seinem Streben nach dem Hier-und-Jetzt-Sein tragen.

Später wird Latour dies die Bedingungen der Wohlgeratenheit nennen – *conditions of felicity*. Er erkennt in der trockenen Wurzel vor seinen Augen die Spitze einer ontologischen Erfolgsreihe. Er meint etwas zu sehen, was nicht weniger ist als eine Versammlung, die Zusammenkunft der zahllosen Partikel zu dieser Form, und in eins damit: die Wiederholung einer milliardenfach erprobten Form in dieser aktuellen Variation. Was ihn mit einer unwiderstehlichen Evidenz durchdringt, ist also nicht eine homogene Masse ohne Eigenschaften, es ist nicht der farblose und klebrige Teig der Existenz, die den Essenzen vorhergeht. Es ist die ungeheure Maschinerie der Wiederholungen, die all die zahllosen Qualitäten trägt und von der in diesem Augenblick ein einzelnes Werkstück, eine Wurzel, ein bedeutungsloses Stück Holz, so ausgezehrt wie wunderträchtig, eine Kostprobe bietet. Daher hat diese Offenbarung nicht wie bei Sartre die Klangfarbe der Obszönität, sie impliziert nicht die Herablassung zu der Gemeinheit, in der das Zuviel sich austobt, gleich, ob es in vor Dasein platzenden Kastanienbäumen oder in trägen Menschenkörpern erscheint. Die alternative Offenbarung legt in dem einzelnen Ding die Serie offen, zu der es gehört, sie macht den generativen Strom fühlbar, der in die ältesten Voraussetzungen der Entstehungen zurückverweist. Zwar setzt sie wie bei Sartre den Bruch der Dämme voraus, die das Subjekt von den Objekten trennen, aber anders als beim Denker des Ekels läßt sie die Existenz nicht wie eine eigenschaftslose und widerwärtige Lava erscheinen, die durch den Beobachter wie das Beobachtete strömt. Sie eröffnet vielmehr den Zugang zu einer ontologischen Solidarität, die jedes Ding als eine Versammlung erscheinen läßt und jeden Beobachter als einen versammelten Sammler von Versammlungen.

Kurzum, unser Romancier hätte keine ganz leichte Aufgabe zu bewältigen. Im übrigen müßte er zugleich die Rolle eines Moralisten übernehmen, der, ohne den Zeigefinger zu heben, durch die Art der Darstellung, zu verstehen gibt, daß Sartres Modus, von Kastanienbäumen zu reden, biologisch suspekt und philosophisch verwerflich ist – immerhin verdankt man der berühmten Szene die Einsicht, daß manche Philosophen fähig sind, nicht nur Bäume zu vergewaltigen, sondern sogar eine Neigung mitbringen, sich von Bäumen vergewaltigen zu lassen.

Jean-Pierre Chevènement
La France – est-elle finie?

Eine Woche vor Weihnachten war mir ein Exemplar eines Buchs unter dem Titel *La France – est-elle finie?* zugesandt worden, kurz zuvor bei Fayard erschienen, verfaßt von Jean-Pierre Chevènement, einem Politiker der französischen Linken mit starkem national-souveränistischem Pathos, von dem ich bisher kaum etwas wahrgenommen hatte. Ich wußte nur, daß er unter Mitterrand Verteidigungsminister war und daß Bernard-Henry Lévy in ihm den Gottseibeiuns in Person sieht – wie seinem Manifest für eine neue französische Linke *Ce grand cadavre à la renverse* zu entnehmen war. In einer persönlichen Widmung sprach mich der Autor als »Sparringspartner« an – vermutlich weil er sich in seinem Buch an einigen Stellen mit meinen Thesen über die französischen Lebenslügen nach 1944 und meinen Ausführungen über das »Welttheater der Drohungen« auseinandersetzt, zwar überwiegend defensiv, doch höflich.

Frankreich am Ende? Üblicherweise schlage ich Bücher von Politikern mit rhetorischen Fragen im Titel nicht auf, doch dieses hatte ich mir als Urlaubslektüre bereitgelegt, ein wenig ironisch, doch auch aus wirklichem Interesse, dazu einen Band mit Essays des in Deutschland unbekannten britischen Publizisten Henry Fairlie, *Bite the Hand That Feeds You*, den ich bei der letzten New-York-Reise gefunden hatte, sowie Michel Tourniers *Der Wind Paraklet*, von dem ich mir nicht sicher war, ob ich es nicht schon vor langer Zeit gelesen hatte, dazu einen Band mit den Kriegsreden de Gaulles, herausgegeben von Régis Debray.

Wie, wenn Frankreich am 17. Juni 1940 gestorben wäre? – dem Tag, an dem Pétain den Waffenstillstand anbot. So denkt offenkundig Régis Debray in seinem Vorwort zu den de-Gaulle-Reden. Im Dienst welcher Leiche haben sich dann die Politiker und Intellektuellen des Landes seit 1944 abgemüht – de Gaulle selbst allen voran, der demnach ein Leben lang einen nekrophilen Kult betrieben hätte?

Nicht unelegant eröffnet Chevènement seinen Traktat über die französische Misere mit einer Verbeugung vor Mitterrand: »Nur ein Mann, der nicht aus der Linken kam, konnte die Union der Linken herbeiführen.« Die Linke einen – das setzt voraus, ihre internen Varianten nicht allzu ernst zu nehmen. Das gelingt nur dem, der genügend Distanz mitbringt, um als ihr *rassembleur* von oben zu handeln. Versammeln heißt Gräben zuschütten: Seit den siebziger Jahren weist die französische Linke in ihrer Mehrheit die zerstörerische Alternative von Reform oder Revolution zurück, die vormals die Ideologen entzweite. Etwas früher hatte André Gorz von »revolutionärem Reformismus« gesprochen und damit die kommunistische Dogmatik unterlaufen.

In diesem Klima kann Mitterrand den Plan fassen, die Kommunisten, damals noch die stärkere Kraft auf dem linken Flügel, vor den Karren seiner neuen sozialistischen Partei zu spannen. Hätte man damals schon zugegeben, daß die als »revolutionär« bezeichnete Dynamik aus dem Innovationsstress der kredit- und zinsgetriebenen Unternehmensform kommt und nicht aus dem zornigen Unbehagen überrollter Volksschichten, man hätte eine nahezu realistische Sicht der Dinge erreicht.

Als Mitterrand 1981 einen historischen Sieg erringt, gelangt die Ironie an die Macht. Denn noch während die sozialistische Partei ihren Triumph feiert – in Deutschland verzögert sich das Fest aufgrund des Kohl-Blocks bis zum Wahlsieg Gerhard Schröders 1998 –, zeichnet sich weltweit bereits die aufsteigende Konjunktur des Neoliberalismus ab. Frankreich will die Ausnahme sein – und kann es nicht, weil die Zeit ihre Kinder zwingt, der Regel zu folgen. Mitterrand wahrt die Form, er resigniert im stillen, da er keine Alternative sieht. Er hat eingesehen, daß die Zukunft vom Wettbewerb der Volkswirtschaften diktiert wird – der sogenannte Neoliberalismus ist selbst eine Antwort auf die Tatsachen des erweiterten Wettbewerbs, nicht deren Erfinder. Die neuen Forderungen nach dem Sozialismus in einem Land waren aus dem Stoff gemacht, aus dem die Fabeln sind.

Seither ist Frankreich gespalten in eine Fraktion, die bereit ist, den Geboten der Lage zu genügen, und eine linkskonservative Strömung, die gegen Wind und Wetter den Sonderweg in einen Sozialismus mit französischem Antlitz weitergehen möchte.

Wie könnte Frankreich wieder zu der Leuchtturm-Nation werden, die Chevènement im kollektiven Begehren neu aufrichten will? Wie sollte sich das Land von seiner Konfusion erholen, die aus dem Zerfall seiner Nachkriegsillusionen folgt? Eine Wiedererhebung Frankreichs ist von heute aus gesehen ebenso unwahrscheinlich wie die *libération* aus der Sicht von 1940. Wer soll diesmal das Wunder bewirken und für die müde Nation den Kopf hinhalten? Die Deutschen, indem sie Frankreich freiwillig den Vortritt lassen? Die Russen, indem sie sich mit den Franzosen zusammentun, um das deutsche Übergewicht zu neutralisieren? Ganz unverhohlen spekuliert Chevènement mit beiden Optionen, ja, ungeniert gibt er sich Phantasien über die Einbeziehung Rußlands in die Europäische Gemeinschaft hin.

Es ist unmöglich, dieses Buch zu lesen, ohne die Gegenwart eines dem Autor unerträglichen Gedankens zu spüren. In den Pausen seines hypnotischen Plädoyers flüstert ein Dämon ihm ins Ohr: *La France est une passion inutile.*

Ein Interview

Spiegel: Herr Sloterdijk, Sie haben vor zwei Jahren den Mont Ventoux mit dem Rad erklommen, einen der mythischen Berge der Tour de France und 1900 Meter hoch. Warum?

Sloterdijk: Vielleicht um zu beweisen, daß Herren um die 60 noch nicht ganz zum alten Eisen gerechnet werden müssen. Die Beweisnot war akut: Man ist ja mit einem intuitiven Bild seiner Gesamtlebensspanne ausgestattet, und trotz des angeborenen Leichtsinns, der uns hilft, die ablaufende Zeit nicht immer wahrzunehmen, gibt es Zäsuren, an denen man meint zu spüren, wie es im freien Fall dahingeht. 60 zu werden ist so eine Zäsur.

Spiegel: Und waren Sie gedopt?

Sloterdijk: Keine Spur, mein holländischer Freund und ich haben uns so viel Zeit gelassen, daß der sportliche Wert des Unternehmens nicht übertrieben hoch zu veranschlagen war, viel niedriger jedenfalls als bei Sportlern, die immer am Limit und ohne Absteigen hochfahren.

Spiegel: Wie lange haben Sie gebraucht?

Sloterdijk: So um die zweieinhalb Stunden. Man muß wissen, daß der Mont Ventoux eine sehr bizarre abweisende Aura hat. Wenn man die Vegetationsgrenze erreicht, ist man plötzlich in einer lunaren Landschaft. Die Rennradfahrer spüren davon natürlich nicht viel, weil sie vor Anstrengung blind sind. Wir Amateure waren am letzten Aufstieg so phänomenal langsam, daß man ständig diese todeszonenhafte Stimmung des Gipfelbereichs gespürt hat. Wenn man dann auch noch an dem Denkmal für den armen Simpson vorbeifährt, der da 1967 kurz vor dem Gipfel verendete, ist man schon ziemlich demoralisiert und denkt für ein paar Sekunden über die Sinnhaftigkeit des Unternehmens nach.

Spiegel: Warum ist Radfahren Ihr Sport geworden?

Sloterdijk: Eher zufällig. Ich war früher mehr ein Läufer, aber ich habe mit der Zeit bemerkt, daß die Gelenke das nicht gern haben. Inzwischen hat sich meine Vorliebe fürs Radfahren so weit rumgesprochen, daß mir Kollegen zum Geburtstag ein Gelbes Trikot geschenkt haben.

Spiegel: Wie viel fahren Sie?

Sloterdijk: Da kommen in einem Sommer schon ein paar tausend Kilometer zusammen. Radfahren bedeutet für mich eine Rückkehr zu dem alten Savannen-Adam, der bei der Jagd den ganzen Tag läuft und dabei immer high ist.

Spiegel: Bekommt man auf dem Mont Ventoux ein Gefühl dafür, was ein Radprofi beim Erzwingen eines solchen Berges leisten muss?

Sloterdijk: Es geht noch weiter: Man begreift, daß das, was diese Männer leisten, alles übersteigt, was Normalsterbliche begreifen können. Das erinnert fast an ein theologisches Studium: Man braucht den ersten Grad der Einweihung, um zu verstehen, daß man nichts versteht. Das Geistreichste, was je über die Tour geschrieben wurde, stammt von dem frühen Roland Barthes, der nicht zufällig eine regelrechte Theologie des Radsports entwickelt. In seinem Essay über das Epos namens Tour de France findet man einen Passus, worin er den Mont Ventoux wie einen Gott des Bösen beschreibt, der Opfer fordert. Barthes setzt die Helden des Radsports mit den Kriegern Homers in der Ilias gleich. Für ihn wiederholt sich das Urduell zwischen Hektor und Achilles unter den Fahrern am Berg. In der Ebene kämpfen kann schließlich jeder, aber wer am schlimmsten Berg bis zuletzt zweikampffähig bleibt, ist schon darum Hektor oder Achilles.

Spiegel: Barthes schreibt in diesem Essay aus dem Jahr 1957 bereits über Doping.

Sloterdijk: In seinen Augen war das Doping unverzeihlich, weil es eine Profanisierung bedeutete. Barthes erbaute sich an der Vorstellung, daß die Kraft, mit der der Fahrer die schwersten Abschnitte meistert, nicht nur aus ihm selbst kommt.

Spiegel: Sondern von den Göttern?

Sloterdijk: Etwas in dieser Art, ja. Da soll ein numinoser Sprung passieren, wie man es zuletzt 2003 an Lance Armstrong auf der Pyrenäenetappe nach Luz Ardiden beobachten konnte, als sein Lenker bei einem Anstieg in der Plastiktüte eines Zuschauers hängenblieb, so daß er stürzte, elf Kilometer vor dem Ziel. Daraufhin geschah das, was Barthes ein halbes Jahrhundert zuvor den »Jump« genannt hatte. Ein plötzlicher Energiestoß, der Armstrong erlaubte, mit dem Zorn des Achilles noch einmal anzugreifen. Der trieb ihn zum Gipfel und an allen Konkurrenten vorbei.

Spiegel: Armstrong war vielleicht gedopt?

Sloterdijk: Wie alle übrigen, doch das spielte in dieser Szene keine wesentliche Rolle – der Jump war authentisch. Man versteht übrigens sehr gut, warum Barthes im Doping ein Sakrileg sah: Das war für ihn, als stehle man Gott das Vorrecht des Funkens. Daß Barthes letztlich recht hatte, hat man im vorigen Jahr bei der Tour de France grausam erlebt. Plötzlich ist der Schleier hochgezogen, und man sieht keine Kämpfer mehr, nur noch Radproletarier bei einem dubiosen Job. Die Poesie ist dahin, das Erhabene ist eingeebnet, die Fahrer sind plötzlich hundsgewöhnliche Berufstätige, sie leben nicht mehr in der Sphäre des Glanzes, sie sind nur noch Fachidioten für Sprinten, Rollen, Klettern. Noch ärger ist die Vulgarität, mit der ein früherer Tour-de-France-Sieger wie Bjarne Riis seine Enttarnung als Doper kommentierte: »Das Gelbe Trikot liegt in einem Pappkarton in meiner Garage. Ihr könnt es abholen.«

Spiegel: Das tut Ihnen weh?

Sloterdijk: So etwas hätte nie gesagt werden dürfen, das ist dänischer Nihilismus in Vollendung. So reden letzte Menschen bei der letzten Ungezogenheit. Der große Radfahrer von früher war ein Nietzscheaner in den Bergen gewesen, jemand, den man beobachtete, wie er die Schwerkraft besiegte und

Übermensch wurde. Jetzt tritt der Pseudoübermensch als letzter Mensch auf und rülpst in alle Mikrofone. Selbst das Symbol seines größten Erfolges bedeutet ihm weniger als nichts. Es stellt sich heraus, daß es für ihn nie diese höhere Dimension gegeben hat, kein Ehrgefühl, kein symbolisches Mehr, kein Glanz, keine Spannung von oben – das Trikot nur ein sinnloser Fetzen. Wenn man die Ehrendimension des Sports und seine Symbole herabzieht, ist alles vorbei. Eine so dreckige Bemerkung aus dem Mund eines Fahrers zu hören, der einmal weit oben war, ist etwas vom Fürchterlichsten.

Spiegel: Sie glaubten, Sie sehen Hektor und Achilles, unterstützt von den Göttern, und in Wahrheit waren es Bjarne Riis und Jan Ullrich, wahrscheinlich mit Epo im Blut. Sind Sie enttäuscht?

Sloterdijk: Nicht wirklich. Seit ich selbst ein wenig Rad fahre, weiß ich, daß es wohl unmöglich ist, wenn ein Fahrer auf einer Bergetappe sechs Stunden lang eine Durchschnittsleistung von 280 Watt auf die Pedale bringt, mit Phasen von 450 Watt und mehr an den schweren Steigungen. Schon physiologisch geht das nicht ohne chemische Helfer. Wer die ausschalten will, schaltet letztlich die Idee der Spitzenleistung als solcher aus.

Spiegel: Soll man das Doping freigeben?

Sloterdijk: Es wäre plausibel und ist doch völlig unmöglich. Man hat die Wahl zwischen zwei Unmöglichkeiten, wie bei jedem starken Dilemma. Im Grunde erinnert die Situation im Radsport heute, und im Hochleistungszirkus überhaupt, daran, wie die frühen Christen den Römern die Freude an ihren grausamen Spielen verdorben haben. Mir scheint, man muß heute tatsächlich in so weiten Analogien denken. Der Widerstand der Christen gegen die römischen Spiele zog sich über mehrere hundert Jahre hin, doch zuletzt setzten sie sich durch, und die Spiele verschwanden. Heute ist es nicht das Christentum, das den Spielen zusetzt, sondern die Gesundheitsreligion und ihre Ärzte-Priesterschaft, aber der Effekt ist der gleiche. Deutschland steht heute im Zentrum der neuen Reaktion gegen die Spiele. Ein Land, in dem nicht mehr gedopt werden darf und wo alle Sportler hygienische Protestanten werden müssen.

Spiegel: In Italien und Spanien hält man nicht viel vom deutschen Anti-Doping-Kampf.

Sloterdijk: Dort gehört die katholische Tradition der fröhlichen Selbstzerstörung zur Volkskultur. Die Italiener können es einfach nicht fassen, daß da oben im Norden schon wieder protestantische Barbaren ihr Unwesen treiben. Die glauben im Ernst, wir sind verrückt geworden. Doch Italiener und Spanier sind Angehörige einer Kultur, in der die Abspaltung des Scheins vom Sein zur populären Metaphysik gehört. Die Deutschen, speziell die protestantischen, wollen dagegen die Wörter und die Dinge wieder zur Deckung bringen. Wir sind, glaube ich, die einzige Nation auf der Welt, wo man an ehrliche Neuanfänge glaubt. Wir bleiben unberechenbar, 1945 wurden wir demokratisch, 2007 dopingfrei.

Spiegel: Ein Neuanfang ist nicht möglich?

Sloterdijk: Man muß eher mit einem endlosen Fortgang der Malaise rechnen, folglich mit einem allmählichen Ruin der Sportidee überhaupt. Mitten in dem weltweiten Körperboom spürt doch jeder, daß da etwas zu Ende geht. In fast allen Disziplinen sind die Rekorde in den physiologischen Grenzbereich vorgestoßen. Bei den Olympischen Spielen 2008 in Peking erfolgt der größte Aufmarsch der Gedopten, seit der erste Mensch einen Stein schleuderte. Doch der Verdacht frißt alles an, zuletzt sogar die Freude an den Siegen der eigenen Landsleute – die nach wie vor den Schlüsselaffekt für die Anteilnahme an Sportereignissen liefert.

Spiegel: Die besten Brüste, die wir sehen, sind gemacht. Die stärksten sexuellen Höchstleistungen sind durch Viagra befeuert. Warum regen wir uns über Sportler auf, die Vergleichbares tun?

Sloterdijk: Das hat einen klar benennbaren Grund: Der Sport verhält sich zum Alltag wie das Heilige zum Profanen. Er bildet eine Modellwelt, in der sich alles, was man aus der Durchschnittswelt kennt, in einer höheren Verdichtung darstellt. Hier gelten dieselben Werte wie anderswo, aber eben in Reindarstellung. Deswegen ist dort der Gedanke der reinen Leistung bedeutsamer als überall sonst. In der Grauzone des Normalen ist der Betrug normal, in der Modellwelt muß er verpönt sein. Diese von klaren Regeln umrahmte Sonderwelt ist von sich her als künstliche Sphäre reiner Leistung verfaßt, und deswegen steht sie unter einem besonderen Auftrag. In ihr feiert die meritokratische Gesellschaft ihre Grundsätze. Sie ist darum, wenn man so will, eine immanent transzendente Zone. Sportler können keine Heiligen und keine Priester sein, aber sie müssen wenigstens als Heldendarsteller etwas taugen – und wenn sie das nicht mehr wollen oder können, dann sind sie wie alle übrigen – und wir können sie auf Hartz IV schikken.

Spiegel: War das jahrzehntelange Lügen der Radsportwelt also eigentlich sinnvoll, um die Transzendenz zu erhalten?

Sloterdijk: Der Radsport ist auch hierin strukturell katholisch: ohne Heuchelei nicht überlebensfähig. Eine Reformation der Tour de France bleibt unvorstellbar, weil man dann lauter Ernüchterte auf die Piste schicken würde, das wäre der Natur des Ereignisses nicht gemäß. Die Tour ist einer der wenigen Mythen des 20. Jahrhunderts, der bis vor kurzem noch halbwegs funktionierte.

Spiegel: Deutsche Radsport-Teams versuchen, den Sport zu säubern. Geht das?

Sloterdijk: Rolf Aldag wurde im vergangenen Jahr mit einem Bonmot zitiert: Man sollte diesmal den letzten drei die Medaillen geben. Das drückt eine ziemlich tiefe Einsicht in die moralische Situation der Tour aus. Nur: Wenn die Letzten die Ersten sein sollen, dann treiben wir nicht mehr Sport, sondern eine Barmherzigkeitsübung. Aus Niederlagen Siege zu machen ist und bleibt eine kulturell unwahrscheinliche Operation. In Italien hat man die Bestrebungen der Deutschen mit einem maoistischen Umerziehungslager verglichen, durch das die geständigen Fahrer hindurchgegangen seien.

Spiegel: Es gab in der Bundesrepublik lange die Illusion, daß nur die anderen, die Russen, die DDR, die Amerikaner dopingmäßig die Bösen sind.

Sloterdijk: Die Chemisierung der Gesellschaft ist ein globales Phänomen – und vor allem: Sie hat die breite Mitte erfasst. Man muss hierzu das Buch *No Limit* von Ines Geipel lesen, der ehemaligen DDR-Weltrekordlerin in der Sprintstaffel: Das zeigt, wie die Dinge, die in Peking passieren, in einen weltweiten Trend eingebettet sind. Mir hat mein Trainer schon vor ein paar Jahren erzählt, daß man in kaum einer Disziplin mehr ohne Doping auch nur über die Bezirksebene hinauskommt – und alle sind sich darüber völlig im klaren. Nur Berufsheuchler wie Rudolf Scharping mußten so tun, als bräche für sie die Welt zusammen, als Jan Ullrich sich erwischen ließ. Was für ein Unfug! Seit langem ist doch jedem klar, daß ein Sportprofi immer einen zweiten Beruf ausüben muß, den des Vorbilddarstellers. Die Professionalisierung macht vor der Lüge nicht halt. Wer nicht heucheln kann, kann auch nicht Rad fahren.

Spiegel: Könnte es sein, daß gedopte Sportler uns Normalsterbliche verachten, weil wir uns unserer Beschränktheit ergeben, die Grenzen unseres Körpers und die Grenzen der Schöpfung akzeptieren, während sie erkannt haben, wie man aus ihnen heraustreten kann?

Sloterdijk: Exzellente Frage. Können die Trainierten den Graben zwischen sich und den Untrainierten nur mit Verachtung auffüllen? Viel spricht dafür. Immer wenn ein sehr gesteigerter Mensch zwischen Nichtskönnern herumläuft, klafft eine unbehagliche Diskrepanz auf. Deswegen legen sich Sportler neben der Nie-gedopt-Lüge oft noch eine zweite Heuchelei zu: Sie wollen um alles in der Welt so tun, als wären sie ganz normale Leute. Ihr zweiter Zusatzsport ist die Simulation von Normalität. Kommunistische Intellektuelle hatten die Nummer seinerzeit auch im Repertoire.

Spiegel: Sind Fahrer wie Jörg Jaksche, die alles bekennen, heldenfähig?

Sloterdijk: Er gehört zu denen, die in das protestantische Lager übergewechselt sind – und die neuen Protestanten sind zur Zeit noch eine unwillkommene Minderheit. In den nächsten 100 Jahren werden wir immer Doppelsport haben. Zuerst den Wettkampf selbst und dann die Enttarnung der Schwindler. Auf diese Weise kriegen wir zwei Programme gleichzeitig geboten. Auch deswegen erinnert die Situation der Anti-Doping-Partei an die der Christen in der römischen Arena. Sie werden zwar weiterhin zum Vergnügen des Publikums von den Löwen gefressen, aber aus dem Maul des besten Löwen hängt schon ein Arm mit erhobenem Zeigefinger heraus – mit einer unangenehmen Botschaft: Wenn ihr so etwas sehen wollt, dann seid ihr moralisch am Ende!

Spiegel: Es gibt Hobbyfahrer, die schlucken Paracetamol oder Voltaren, auch Epo, bevor sie auf Tour gehen. Sie auch?

Sloterdijk: Ich hätte keine prinzipiellen Hemmungen, aber ich setze auf innere Regulierungen. Der menschliche Körper ist ein endokrinologisches Gesamtkunstwerk, man muß ihn nur richtig stimulieren, und er dankt es dir mit einer Symphonie von Innen-Drogen.

Spiegel: Tragen Sie eigentlich das Gelbe Trikot, das Ihnen die Kollegen zum Geburtstag geschenkt haben?

Sloterdijk: Sehr gerne sogar. Erstens paßt es mir halbwegs, zweitens hat man das Gefühl, als fahre man wie ein lebendes Alarmsignal durch die Landschaft.

Spiegel: Außerdem ist man den Göttern damit ein Stück näher, oder?

Sloterdijk: Ach, man wird schnell entzaubert. Da draußen fährt jeder Zweite in Gelb.

Spiegel: Herr Sloterdijk, wir danken Ihnen für dieses Gespräch.

Das Interview führten die *Spiegel*-Redakteure Lothar Gorris und Dirk Kurbjuweit

Drucknachweise

Descartes, in: Peter Sloterdijk, *Philosophische Temperamente. Von Platon bis Foucault*, München 2011, S. 46-51.

Pascal, in: Peter Sloterdijk, *Philosophische Temperamente. Von Platon bis Foucault*, München 2011, S. 52-56.

Jean-Jacques Rousseau, in: Peter Sloterdijk, *Streß und Freiheit*, Berlin 2011, S. 20-28.

Mme de Warens, in: Peter Sloterdijk, *Zeilen und Tage. Notizen 2008-2011*, Berlin 2012, S. 617.

Voltaire, Die Prinzessin von Babylon, in: Peter Sloterdijk, *Zeilen und Tage. Notizen 2008-2011*, Berlin 2012, S. 629.

Nationalversammlung, in: Peter Sloterdjik, *Sphären III. Schäume*, Frankfurt am Main 2004, 6. Auflage, S. 607-626.

Alexis de Tocqueville, L'Ancien régime et la révolution, in: Peter Sloterdijk, *Zeilen und Tage. Notizen 2008-2011*, Berlin 2012, S. 580-581.

Wenn eine Revolution nicht genügt, in: Peter Sloterdijk, *Zorn und Zeit*, Frankfurt am Main 2009, 2. Auflage, S. 171-175.

Die Botschaft von Monte Christo, in: Peter Sloterdijk, *Zorn und Zeit*, Frankfurt am Main 2009, 2. Auflage, S. 274-281.

Jules Verne, in: Peter Sloterdijk, *Weltinnenraum des Kapitals. Für eine philosophische Theorie der Globalisierung*, Frankfurt am Main 2005, S. 62-67.

Marxistische Elegie: Althusser und der »Bruch« in Marx, in: Peter Sloterdijk, *Kritik der zynischen Vernunft*, S. 184-197.

Paul Valéry, in:

    a) Peter Sloterdijk, *Scheintot im Denken*, Berlin 2012, 2. Auflage, S. 119-125.

    b) Peter Sloterdijk, *Sphären III. Schäume*, Frankfurt am Main 2004, 6. Auflage, S. 529-532.

Theorie der Nachkriegszeiten, in: Peter Sloterdijk, *Theorie der Nachkriegszeiten*, Frankfurt am Main 2008.

Von wo an Lacan sich irrt, in: Peter Sloterdijk, *Sphären I. Blasen*, Frankfurt am Main 1998, 3. Auflage, S. 543-548.

Sartre, in: Peter Sloterdijk, *Philosophische Temperamente. Von Platon bis Foucault*, München 2011, S. 130-134.

Der selbstlose Revanchist, in: Peter Sloterddijk, *Nicht gerettet. Versuche nach Heidegger*, Frankfurt am Main, S. 388-395.

Pariser Buddhismus. Ciorans Exerzitien, in: Peter Sloterdijk, *Du mußt dein Leben ändern*, Frankfurt am Main 2009, S. 118-132.

Erwachen im Reich der Eifersucht, Notiz zu René Girards anthropologischer Sendung, Nachwort zu: René Girard, *Ich sah den Satan vom Himmel fallen wie einen Blitz. Eine kritische Apologie des Christentums*, S. 241-254.

Foucault in: Peter Sloterdijk, *Philosophische Temperamente. Von Platon bis Foucault*, München 2011, S. 135-142.

Derrida ein Ägypter, in: Peter Sloterdijk, *Derrida ein Ägypter. Über das Problem der jüdischen Pyramide*, Frankfurt am Main 2007.

Bruno Latour, Ein Philosoph im Exil – oder: Der Mann, der die Wissenschaft liebt, in: Peter Sloterdijk, *Zeilen und Tage. Notizen 2008-2011*, Berlin 2012, S. 80-87.

Ein Interview, spiegel online.

Peter Sloterdijk
im Suhrkamp Verlag

Luftbeben. An den Quellen des Terrors. es 2286. 112 Seiten

Nicht gerettet. Versuche nach Heidegger. 403 Seiten. Gebunden

Regeln für den Menschenpark. Ein Antwortschreiben zu Heideggers Brief über den Humanismus. Sonderdruck edition suhrkamp. 60 Seiten

Scheintod im Denken. Von Philosophie und Wissenschaft als Übung. eu 28. 146 Seiten

Sphären I: Blasen. 644 Seiten. Kartoniert

Sphären II: Globen. 1014 Seiten. Kartoniert

Sphären III: Schäume. Pluralistische Sphärologie. 920 Seiten. Leinen und kartoniert

Sphären I-III. Drei Bände in Kassette. 2578 Seiten. Kartoniert

Tau von den Bermudas. Versuch über das Verlangen nach Neuzeit. Rede zur Eröffnung der Salzburger Festspiele 2001. Sonderdruck edition suhrkamp. 60 Seiten

Theorie der Nachkriegszeiten. Bemerkungen zu den deutsch-französischen Beziehungen seit 1945. Sonderdruck edition suhrkamp. 72 Seiten

Über die Verbesserung der guten Nachricht. Nietzsches fünftes »Evangelium«. Rede zum 100. Todestag von Friedrich Nietzsche, gehalten in Weimar am 25. August 2000. Sonderdruck edition suhrkamp. 70 Seiten

Die Verachtung der Massen. Versuch über Kulturkämpfe in der modernen Gesellschaft. Sonderdruck edition suhrkamp. 96 Seiten